Zu diesem Buch

Gina Ogden hat seit Mitte der siebziger Jahre unzählige Gespräche mit »ganz normalen Frauen« geführt, die von sich sagen, sie liebten Sex. Sie redete mit ihnen über Lust und Ekstase, über ihre Phantasien, den Orgasmus und darüber, was Sex für ihr Leben bedeutet. Diese Frauen erzählten, daß Sexualität ihnen ein Gefühl von Ganzheit gebe, eine Verbindung von Körper, Verstand, Herz und Seele, ein Gefühl des Einsseins mit dem Partner, ja mit dem Universum. Der aus diesen Gesprächen entstandene »feministische Sexualreport« schildert die weibliche Sicht der Lust, die unser Leben bereichert.

»Das Buch geht von der Behauptung aus, daß Sex beginnt, lange bevor die Frau das Schlafzimmer betritt, und noch lange danach Auswirkungen zeigt; es liefert Zusammenhänge für eine ganze Palette positiver Erlebnisse. Sexualität ist keine Freizeitbeschäftigung, sie ist Teil der ganzen Geschichte, sie gehört zur Lebensqualität und verleiht dem Leben eine andere Dimension«, so Gina Ogden in ihrer Einleitung.

Die Autorin

Gina Ogden ist Familien- und Sexualtherapeutin. Ihre Seminare und Workshops haben sie in den USA zu einer führenden Autorität auf dem Gebiet der weiblichen Sexualität in der modernen Gesellschaft gemacht.

Gina Ogden

Ich liebe Sex

Die Kraft der weiblichen Sexualität

Deutsch von
Dinka Mrkowatschki

rororo

Rowohlt

Die Originalausgabe erschien unter dem Titel
Women Who Love Sex – Enhancing Your Sexual Pleasure and Enriching Your Life
1994 im Verlag Simon & Schuster, Inc., New York.
Die deutsche Erstausgabe erschien 1995 unter dem Titel
Ich liebe Sex. Frauen berichten von ihren Orgasmuserfahrungen im Paul List Verlag.

Veröffentlicht im
Rowohlt Taschenbuch Verlag GmbH,
Reinbek bei Hamburg, Januar 1997

Umschlaggestaltung Barbara Hanke und Nina Rothfos
(Foto: PP/Bavaria)
Gesamtherstellung Clausen & Bosse, Leck
Printed in Germany
1690-ISBN 3 499 60104 4

Für eine Welt, in der Frauen ungestraft Freude am Sex haben können

Inhalt

Einleitende Gedanken 11

1 Porträt einer feministischen Sexualwissenschaftlerin 17

2 Alice: Lust und Verbundenheit 44

3 Maya: Lust, Orgasmus und Ekstase 84

4 Iris und Konsorten:
Abenteuer jenseits der Jadepforte 128

5 Suzanne: Der Orgasmus mit dem Kopf
und andere Überlegungen zu sexuellen Phantasien 156

6 Molly: Der Tanz des Gebens und Nehmens 192

7 Rosa: Wege und Umwege zur Intimität 223

8 Gedanken zum Ich, dem Geist
und der Veränderung der Gesellschaft 258

Nachwort und Danksagung 268

Anmerkungen 273

Anhang A: Fragen, die den Frauen
in den Interviews gestellt wurden 291

Anhang B: Der Text des Tonbandes
zur Steuerung der sexuellen Phantasie 299

Ausgewählte Literatur 303

Register 307

Auf den von Männern angefertigten Karten
gibt es einen großen weißen Fleck,
Terra incognita, dort lebt die Mehrzahl
der Frauen. In diesem Land stehen Ihnen alle
Möglichkeiten offen: es zu erforschen,
zu besiedeln, zu beschreiben.

Ursula LeGiun

Einleitende Gedanken

Was ist Sex? Stellen Sie diese Frage den erstbesten zehn Frauen, die Ihnen über den Weg laufen, und Sie werden feststellen, wie kraß sich die Beschreibungen unterscheiden. Je nach persönlicher Erfahrung und dem augenblicklichen Trend werden Sie hören, daß Sex ein Erguß von Leidenschaft, eine Herzensangelegenheit, ein Trost, ein Spiel, ein Experiment, eine wirtschaftliche Notwendigkeit ist. Vielleicht hören Sie auch, daß es ein soziales Konstrukt ist, eine Notwendigkeit zur Fortpflanzung, ein Bedürfnis nach Nähe, die Suche nach Liebe.

Wenn Sie von Frauen verlangen, über die gängige Vorstellung von Sex hinauszudenken – die der reißerischen Boulevardzeitungen, gebannt auf Glanzfotos von Körpern, die »es« machen –, wenn Sie sie darum bitten, über ihr eigenes Leben nachzudenken (oder über das, was sie sich für ihr eigenes Leben wünschen), werden sie Ihnen erzählen, daß Sex für sie mehr ist als nur ein genitaler Akt oder die Jagd nach dem Orgasmus. Viele werden sagen, daß sich Sex für sie nicht auf den Körper beschränkt. Wenn Sex Spaß macht und befriedigend ist, können Frauen ihn als Auslöser lebenswichtiger Energien beschreiben. Sie werden sagen, daß ihre sexuellen Reaktionen ihnen ein Gefühl von Ganzheit geben – eine Verbindung von Körper, Verstand, Herz und Seele, ein Gefühl des Einsseins mit dem Partner, mit dem Universum.

Wenn Frauen sagen, daß sie Sex lieben, bedeutet das nicht automatisch, daß sie ihn »zu sehr« lieben. Es beinhaltet auch keine Polarisierung gegenüber Frauen, die, aus welchen Gründen auch immer, Sex weniger oder möglicherweise gar nicht lieben. Es gibt nicht das Patentrezept, wie Frauen Sex zu lieben haben. Und es existiert auch kein einziger allem gerecht werdender Grund, ihn zu lieben. Frauen lieben Sex, weil er ihnen ermöglicht, der Routine ihres Alltags zu entfliehen. Sie lieben ihn, weil er ihnen die Möglichkeit gibt, mit ihrem inneren Wesen Verbindung aufzunehmen, und weil er ihnen den Weg zu Romantik, Liebe und Nähe zu Partnern, Männern und auch Frauen, weist. Und sie lieben ihn, weil er guttut, oft so gut, daß sich ihr Leben grundlegend verändert.

Es hat schon immer Frauen gegeben, die Sex lieben. Und sie liebten Sex, obwohl er sie unglücklich machte und manchmal sogar Mißbrauch und Entbehrungen, ja selbst den Tod bedeutete. Für die meisten Frauen der Welt ist von den Anfängen der Geschichtsschreibung bis heute die Lust am Sex von einer Art Schatten begleitet: Sie stehen unter Kartell, werden zum Objekt reduziert, mißbraucht und verlassen. Allzuoft mußten Frauen für ihr Vergnügen am Sex mit Schande und Ächtung bezahlen oder mit ungewollter Schwangerschaft und Krankheit. In den letzten Jahren ist das Bewußtsein, was sexuellen Mißbrauch und die aufgezwungene Opferrolle der Frau betrifft, erheblich gestiegen. Die Nachrichtenmedien von heute bersten geradezu vor Geschichten von Frauen, denen durch sexuelle Belästigung, Inzest, Vergewaltigung und das tödliche Geschenk des HIV-Virus Gewalt angetan wurde. Das geht so weit, daß man sich fragt, ob hier nicht ein weiterer Mißbrauch von Frauen betrieben wird: Ihr Elend wird aufgebauscht, um mehr Zeitungen zu verkaufen und die Einschaltquoten zu steigern. Trotz der Bereitschaft, mit großer Offenheit und bis ins letzte Detail all den Schmerz, den Sex verursachen kann, zu erforschen (die im Fernsehen ausgestrahlten Anhörungen Anita Hills sind nur ein Fall von vielen), gibt es kein vernünftiges Gegengewicht, nämlich die Erlaubnis, die positive Bedeutung des Sexes für Frauen zu erforschen, die ihn lieben, aktiv und safe.

Die sexuelle Energie ist mit dem Kern aller weiblichen Energien untrennbar verbunden. Nachdem Sex regelmäßig als Werkzeug für gesellschaftliche Kontrolle benutzt wurde – er wurde verboten, angepriesen, rationalisiert und institutionalisiert, um Frauen in ihren Schranken zu halten –, hat er selbst in den intimsten Bereichen, bis in die Körper hinein, politische Auswirkungen. Wie Frauen ihre sexuelle Energie einsetzen, welche Wege sie dabei bewußt oder unbewußt einschlagen, zeigt seine Wirkung weit über den eigentlichen Moment des Geschehens hinaus. Denken Sie darüber nach. Wenn Frauen Sex lieben und auch sich selbst mögen, schafft das eine neue Situation und eine neue Reihe von Vorstellungen dessen, was wirklich ist, ganz zu schweigen davon, was normal ist oder gefällt. Die Tatsache, daß Frauen Sex lieben und ihn nach ihren Vorstellungen definieren – ihm einen positiven Bezug jenseits von Besitz, Schlagzeilen, Gewalt oder Porno-Debatte geben –, verändert die gesamte sexuelle Ökologie, indem sie den historischen Filter männlicher Dominanz entfernt.

Doch genau dieses Maß an Affirmation bringt Herausforderungen mit sich. »Wie soll ich überhaupt anfangen?« fragen Frauen. Sie stehen sich selbst im Weg mit einem angelernten Denken, das besagt, daß die Fülle und Intensität ihrer Erfahrung nicht gelten würden. Die Sprache, die wir mit *menschlicher* Sexualität assoziieren, ist die Sprache des *Mannes*. Genau das ist der Witz, der Testosteronschub, die sogenannte Objektivität der Wissenschaft. Noch schlichter ausgedrückt: wenn Frauen ehrlich zeigen sollen, was sie wollen, müssen sie ihr Gefühl der Zugehörigkeit neu definieren. Was genau heißt es denn dazuzugehören? Frauen sind es gewohnt, sich zu krümmen oder zu strecken, um sich anzupassen, sind es gewohnt, sich anzupassen, um anziehend zu sein – selbst wenn ihre Partner Frauen sind. Unsere Wünsche nach etwas mehr im Bett sind anscheinend nie passend, oder unser Timing ist falsch. Wir beginnen uns zu fragen, ob wir überhaupt das, was wir wollen, wollen sollen, ob unsere Wünsche denn normal sind. Ehe wir's uns versehen, kann es passieren, daß unsere Sexualität in den Rahmen der Sprache der Pathologie oder Selbsthilfe gequetscht wird. Frauen, die man als zu scharf oder zu kühl oder zu anspruchsvoll wertet, riskieren es, das Anrecht auf eine Beziehung zu verlieren.

Dieses Buch ist ein Vorschlag für eine neue Theorie der Sexualität. Es stützt sich auf die Voraussetzung, daß die

Geschichten von Frauen gültig sind, es nimmt sie ernst, ohne sie auf Statistiken zu reduzieren. Das Buch geht von der Behauptung aus, daß Sex beginnt, lange bevor die Frau das Schlafzimmer betritt, und noch lange danach Auswirkungen zeigt; es liefert Zusammenhänge für eine ganze Palette positiver Erlebnisse. Es behandelt eingehend die Bedeutung sexueller Befriedigung wie auch die Suche danach. Das Buch zeigt Beispiele für ein ungestörtes Verhältnis zur Sexualität und richtet seinen Blick darauf, wie sexuelle Vorstellungen entstanden. Die Akteure in diesem Buch sind Frauen, die Theorie der Sexualität betrifft alle.

Absolut neu an dieser Betrachtungsweise ist, daß sie Ihre Mitwirkung erfordert. Sie verlangt von Ihnen, dem Leser, Ihre Definition von Sex so zu erweitern, daß sie auch Ihre eigenen Sehnsüchte und Verhaltensweisen beinhaltet. Sie verlangt von Ihnen, sich einen sexuellen Reaktionszyklus vorzustellen, der Ihr gesamtes Leben einbezieht und nicht einen, der durch vaginale Lubrikation und Orgasmen in Fahrt kommt und schließlich zur Seite rollt und einschläft. Sie verlangt von Ihnen das sexuelle Vermögen Ihres ganzen Körpers anzuerkennen, über die genitalen »Zielbereiche« hinaus. Sie sollen die Geheimnisse einer Schaltstelle von Geist und Körper erforschen. Das Buch verlangt von Ihnen, Intimität als Teil Ihrer sexuellen Ausdrucksmöglichkeiten zu sehen und nicht als etwas Isoliertes. Es verlangt von Ihnen, sich der Zeit, Erinnerung und all der speziellen Bedingungen, die den Sex für *Sie* lebendig machen, bewußt zu werden. Kurzum, es verlangt von Ihnen, daß Sie sich Ihre eigenen Fragen stellen und ganz und gar optimistisch denken.

Ich möchte jeder Frau, die dieses Buch liest, sagen: Horchen Sie auf sich selbst und auch auf Ihren Partner, wenn Sie einen haben. Sagen Sie die Wahrheit (wo sie ungefährlich ist) und pflegen Sie Ihren Sinn für Humor. Ihre Sexualität ist vielschichtig, sehr komplex. Sie beeinflußt Ihr gesamtes Wesen. Ihre angeborenen Reaktionszyklen entsprechen nicht notwendigerweise denen des Körpers, wie Ihnen bis jetzt eingeredet wurde.

Jedem Mann, der dieses Buch liest, rate ich: Machen Sie sich auf Überraschungen gefaßt. Vielleicht wissen Sie noch nicht, daß es in Ihrem eigensten Interesse ist, Frauen zuzuhören. Also hören Sie zu. Möglicherweise stellen Sie fest, daß sie Ihre Fähigkeiten erweitern können. Vielleicht entdecken Sie Freuden, von deren Existenz Sie gar nichts ahnten.

Die hier gebotenen neuen Perspektiven sind entwickelt an Geschichten von Frauen, die Sex lieben, Geschichten von Hunderten von Frauen, mit denen ich im vertrauten Umgang Gespräche geführt und zusammengearbeitet habe – seit Mitte der siebziger Jahre bis zum heutigen Tage. Bei der Überlegung, wie ich all das Gesagte am besten wiedergeben könnte, nahm ich mir ihre Hauptbotschaft vor: Gesunde Sexualität ist keine Freizeitbeschäftigung, sie ist Teil der ganzen Geschichte, sie gehört zur Lebensqualität und verleiht dem Leben eine andere Dimension und einen anderen Zweck. Es schien mir zu pedantisch, die Fallstudien eine nach der anderen aufzulisten – die übliche Aneinanderreihung von Beispielen, um etwas darzustellen –, es schien mir auch ziemlich langweilig, endlos viele Schnipsel zusammenhangloser Gesprächsfetzen anzuhängen, die nur wenig Verbindung mit dem Leben dieser Frauen haben.

Statt dessen entschied ich mich, ein paar Frauen zu kreieren, die den Geist, der hinter den Worten steckt, vermitteln. Die Alice, die Maya und Iris der folgenden Kapitel sprechen die Einsichten und das tatsächlich Gesagte vieler einzelner Frauen aus, sind aber nicht unbedingt identisch mit einer dieser Frauen. Dieses Verfahren dient dazu, die Identitäten derer zu schützen, die an den verschiedenen Phasen der Recherche beteiligt waren. Außerdem gestattet es mir, gezielt in die Gespräche einzugreifen, um zu zeigen, daß Forscher auch nur Menschen sind und daß die Fragen, die wir stellen, die Ergebnisse unserer Recherchen beeinflussen. Eine neue Theorie menschlicher Sexualität zu unterbreiten bedeutete für mich, auch zu vermitteln, daß ich diese Frauen begleitet habe, die Weite ihrer Gefühle und die Vielschichtigkeit ihrer Erfahrungen kennengelernt habe und nicht als »objektiver« Beobachter im weißen Kittel hinter einem Computer saß. Die Gespräche, die wir führten, halfen dabei, unsere Rollen gleichwertig zu machen. Sie gestatteten Einblicke in die Komplexität des Lebens von Frauen, die Sex lieben, das unter einem wechselseitigen Einfluß mit ihrer sexuellen Energie steht.

Ein bemerkenswertes, strahlendes Faktum zieht sich durch all die Jahre des Sprechens, Denkens und Schreibens, und es ist das Hauptthema der folgenden Seiten. Trotz der Risiken und Gefahren, trotz der Möglichkeit, im Laufe der Zeit zu verhärten, trotz der Anstrengungen der Verbote und Mißverständnisse: es gibt weiterhin Frauen, die Sex lieben. Frauen, für die Sex, laut ihrer eigenen Definition, eine Quelle des Gefühls ist, im Einklang mit sich und der Welt zu sein, eine Quelle von Gesundheit und Kraft, Frauen, für die Sex der Weg zur Ekstase ist.

Wer sind diese Frauen? Was bewegt sie? Was genau lieben diese Frauen am Sex? Was können wir von ihnen lernen?

Darum geht es in diesem Buch.

1

Porträt einer feministischen Sexualwissenschaftlerin

Der Terminus *männliche Sexualität* beschwört kraftvolle Bilder männlicher Begierde nach Frauen herauf, wohingegen der Ausdruck *weibliche Sexualität* bestenfalls zu Visionen von der Gebärmutter und der Vagina Anlaß bietet, zu grafischen Darstellungen des Fortpflanzungsapparates der Frauen, wie man ihn aus einem Meer von Fachbüchern in der Gesundheitsabteilung der Bibliothek oder eines Buchladens kennt. Nur wenige weibliche Stimmen wagen es, ihre Lust zu beschreiben, genau zu schildern, was sie mögen und was nicht …

Dalma Heyn

Ich bin eine Frau, die Sex liebt, also werde ich mit meiner eigenen Geschichte beginnen. Wegen dieser Liebe bin ich während meines Lebens viele unvorhersehbare Beziehungen eingegangen. Damit meine ich nicht wahlloses Herumschlafen. Ganz im Gegenteil. Was persönliche Partnerschaft betrifft, so bin ich das, was man eine Beziehungslangweilerin nennen könnte.

Aus Liebe zum Sex bin ich Sexualwissenschaftlerin geworden. Dieses Fach beinhaltet Sexualtherapie, Erziehung, Forschung und das weit umfassendere Studium dessen, wie die sexuelle Einstellung das menschliche Verhalten beeinflußt. Die Liebe zum Sex hat meinen Kosmos erweitert, indem sie mich in Kontakt mit Menschen und Situationen gebracht hat, die ich nie kennengelernt hätte, wenn ich es vorgezogen hätte, Rennwagen zu fahren oder Immobilien zu verkaufen. Ich bin mit Lehrern und Studenten, Kollegen und Patienten zusammengekommen und, seitdem ich schreibe, auch mit Agenten und Lektoren. Seit kurzem hat es mich in den Umkreis der Talk-Show-Runden gebracht – in die Welt der Witze und Mutmaßungen darüber, was dazu gehört, eine Frau im Bett in Fahrt zu bringen.

Die Liebe zum Sex hat mich sogar dazu gebracht, einen dieser modernen Rhetorikkurse zu belegen. Bei meinem ersten Fernsehauftritt, wo ich über Sex reden sollte, war ich nämlich vor Angst so gelähmt, daß mein Gehirn sich scheinbar in Brei verwandelte. Ich machte den Mund auf und grinste übers ganze Gesicht. Hilflos guckte ich in die Runde, aber ich brachte keinen Ton heraus. Jahre der Therapie, Selbsthilfe und psychischer Erforschung hatten sich als nutzlos gegen die frühen Botschaften erwiesen, die mir in der Öffentlichkeit die Kehle zuschnürten: *Nette Mädchen tun das nicht. Sie reden nicht mal drüber.*

Mein Rhetorikkurs versprach all das zu ändern und tat es auch – allerdings nicht so wie vermutet. Zur Veranschaulichung eines meiner mir aufgegebenen wöchentlichen Vorträge über das Thema »Ein Objekt, das ich häufig bei meiner Arbeit benutze« stellte ich mich vor die Klasse und zog eines der Werkzeuge meines Berufs als Sexualerzieherin in diesem Zeitalter von AIDS heraus: ein Kondom. Um seine Stärke und Widerstandsfähigkeit zu demonstrieren, blies ich es auf, bis es größer als mein Kopf war, und schlug es kräftig gegen das hölzerne Podium. Die Lehrerin schoß wie von der Tarantel gestochen den Gang entlang auf mich zu, schlug sich mit ihrem Klemmbrett gegen die Stirn und schrie: »O MEIN GOTT, EIN KONDOM!« Der ganze Saal (zum größten Teil großmütterliche Telefonistinnen und aufstrebende junge Manager) begann mit den Füßen zu stampfen und wie Teenager bei einem Rockkonzert zu kreischen. Ich spürte wie meine Stimme lauter wurde, um den Lärm zu übertönen, und brachte meine zugeteilten zwei Minuten mit Bravour zu Ende. Ein Alptraum jedes öffentlichen Redners war Wirklichkeit geworden, und ich war nicht untergegangen. Im Gegenteil, das Ganze hatte mir einen

Energieschub gegeben, ich hatte sogar ein gewisses Maß an Spontaneität und Witz gewonnen. Meine Angst davor, einfach aufzustehen und vor Fremden zu reden (jedenfalls über Sex), war ein für allemal verschwunden.

Mit die dauerhafteste Folge meiner Liebe zum Sex war, daß ich ständig mit Frauen redete – mit Hunderten von Frauen, ja sogar Tausenden, wenn man die kurzen, intensiven Treffen mitrechnet, die sich in Konferenzen und Workshops im ganzen Land ergaben. In den Gesprächen mit diesen Frauen ging es mir darum zu verstehen, welchen Einfluß Sex auf sie hat. Wie Sex ihre Gefühle, Gedanken, ihren Geist und auch ihren Körper beeinflußt. Welche Wirkung Sex auf ihre Vergangenheit, Gegenwart und Zukunft hat, wie er aus den Tiefen ihrer Erinnerung tönt, durch jede Facette ihrer Beziehung hallt. Diese Frauen sagen mir, daß Sex keine in sich geschlossene Einheit ist, sondern ein wesentlicher Bestandteil ihres gesamten Lebens. Durch sie betrachte ich Sex nicht mehr als spezifische Reihe von körperlichen Verhaltensmustern, jetzt sehe ich Sex als Teil eines Ganzen.

Zu guter Letzt hat die Liebe zum Sex mir auch noch eine überraschende Beziehung zu mir selbst beschert. Für mich war Sex immer mehr als nur eine körperliche Angelegenheit, auch wenn sinnliches Vergnügen für mein Wohlbefinden genauso unerläßlich ist wie für viele Frauen, die mit mir gesprochen haben. Stränge sexueller Bilder haben sich in mein emotionales Leben eingewoben und sind dort Auslöser für Leidenschaft, Wut, Angst, Sehnsucht, Tränen. Vorstellungen von Sex in den verschiedensten Erscheinungsformen bevölkern mein Bewußtsein und ganz sicher mein Beziehungs-Ich: Wünsche, Hoffnungen und Bilder von innerer und äußerer Schönheit. Jedesmal, wenn ich einen Schritt weiterkomme auf dem Weg zu geistiger Einheit und Intimität, entdecke ich eine weitere Verbindung mit meinem sexuellen Ich.

Das war nicht immer so. Ich wuchs in Boston gegen Ende der großen Depression auf. »Verbannt in Boston« war das Schlagwort jener Zeit, und soweit ich das beurteilen konnte, war Sex dort schon lange vor meiner Geburt verbannt worden. Wenn ich so zurückdenke, so waren in den gutbürgerlichen Kreisen der weißen Bostoner, aus denen ich stamme, die Scherze über etwas, was sie »mothing« nannten, das einzige, was für sie als Freude am Sex zu bezeichnen wäre – man ging dazu die Beacon Street hinunter und schaute in die erleuchteten Fenster, um zu sehen, was da los war. Als junges Mädchen betrieb ich pflichtschuldigst »mothing« an mehreren Tagen der Woche auf dem Heimweg vom Hausaufgabenmachen mit meiner besten Freundin. Aber etwas wirklich Aufregendes hab' ich nie gesehen. Dadurch wurde mir bewußt, daß da Entscheidendes fehlte, nicht nur hinter diesen spießigen Fenstern in der Beacon Street, sondern auch in meinem Leben. Ich war ungeheuer neugierig, was das wohl sein könnte, aber ich wuchs in einem einsamen Haushalt auf. Mein Vater, ein gutaussehender Porträtmaler, war schon längst auf der Suche nach anderen Frauen verschwunden, und meine Mutter war so enttäuscht, daß sie nur noch mit ihrem eigenen Schmerz beschäftigt war. Ich lernte also nie, Fragen zu stellen, schon gar nicht über Sex. Erst Jahre später entwickelte ich ein gewisses Geschick darin, Fragen zu stellen. Mein eigenes Leben geriet aus den Fugen, als es zur Wiederholung dessen meiner Mutter wurde. Mein Mann hatte Affären, und bei dem schmerzlichen Prozeß, mein eigenes Ich in dem Wust von Schmerz und Erinnerung und Wut zu suchen, entdeckte ich einen Beruf, der es mir erlaubte, all die Fragen zu stellen, die ich stellen wollte. Ich wurde Psychotherapeutin.

Ursprünglich war ich zur Familientherapeutin ausgebildet worden. Als Medizinalassistentin nahm ich an zehn bis fünfzehn Sitzungen die Woche teil und hörte mir an, wie ein Patient nach dem anderen seinen Sorgen und seiner Verwirrung über sexuelle Beziehungen Ausdruck gab. Die Sorge und die Verwirrung waren mir nicht fremd, da ich manch eine davon aus meinem eigenen Leben kannte. Ganz besonders die Sorgen über das, was ich jetzt als »Luststörungen« bezeichnen würde, nämlich der lethargische Mangel an sexueller Energie und sein Gegenteil, die aberwitzige Geilheit, durch die man das Verhalten eines Warzenschweins in der Brunft an den Tag legt. Aber keiner der Therapeuten, die mich ausbildeten, war dazu fähig, sich direkt mit den sexuellen Sorgen zu befassen, die die Patienten in ihre Praxen brachten – genausowenig wie meine alkoholsüchtige, manisch depressive Mutter fähig gewesen war, die Fragen zu beantworten, die ich stellen wollte, oder mein Mann mir sagen konnte, was in unserem Schlafzimmer gefehlt hatte. Auf der Suche nach einem Leitfaden stürzte ich mich auf die Literatur zur Familientherapie. Sex fand sich nicht einmal im Inhaltsverzeichnis dieser Bücher. Das weckte den missionarischen Eifer in mir, und ich machte mich auf die Suche nach einer Spezialausbildung zur Sexualtherapeutin.

»In unseren Forschungsprotokollen sind Frauen nicht vorgesehen« – Die zwei Standards in der Sexualwissenschaft

Als Doktorandin der Sexualwissenschaften Ende der siebziger Jahre wurde mir schmerzlich bewußt, daß sowohl Sexualtherapie als auch -forschung von männlichen Vorurteilen geprägt waren. Ich liebte das Studentenleben. Es war berauschend, endlich laut über sexuelle Fragen diskutieren zu können. Es war eine Offenbarung zu erfahren, daß sexuelle Unterdrückung praktisch in der ganzen Welt herrschte, nicht nur in Boston. Aber bei den Vorlesungen der Experten (weiblicher wie männlicher) über Sexualität in Politik und Religion, Medizin und Recht und bei der erneuten Beschäftigung mit der Literatur über sexuelles Verhalten und der Einstellung dazu in Geschichte und Kultur kam mir allmählich der Verdacht, all das wäre irgendwie vorprogrammiert. Ich hatte das Gefühl, ich würde das komplexe, fließende, sich ewig verändernde Thema Sex durch ein Kaleidoskop betrachten und zwar durch eines, das sich nur auf die geschlechtlichen Bedürfnisse und

Vorstellungen der Männer konzentriert. Gleichgültig, wie ich das Material drehte und wendete oder ins Licht rückte, die kleinen Splitter arrangierten sich immer wieder zur Form eines Phallus.

Ein Vorfall im besonderen machte mir mit einem Schlag bewußt, wie groß die Kluft zwischen den Geschlechtern ist, was die Erforschung der Sexualität betrifft. Ein Verhaltensforscher zeigte uns Laborfilme darüber, wie er die soziale Ordnung in einer Affengruppe gestört hatte, um sexuelle Störungen hervorzurufen. Nachdem die Affen nicht mehr motiviert waren, sich je nach Laune zu liebkosen oder zu begatten, drückten sich die vorher manischen Tiere in die Ecken, einsam und verwahrlost, und ließen lustlos die Füße über den Beton schleifen. Genau wie zu Hause, dachte ich. Genau wie in der Therapiepraxis. Störungen in der Dynamik verursachen sexuelle Störungen.

Danach zeigte uns der Verhaltensforscher Techniken zur Heilung solcher Störungen – für die männlichen Affen. Nur für die *männlichen* Affen? Die Frauen in der Klasse gingen auf die Barrikaden: »Was ist mit den Weibchen? Was haben Sie im Labor für sie getan?«

»Nichts«, erwiderte er. »Wir wissen nicht, ob die Weibchen sexuelle Störungen hatten oder nicht. Wir wissen nicht, ob die weiblichen Makaken tatsächlich zum Orgasmus kommen. In unserem Forschungsbericht sind Frauen nicht vorgesehen.«

Dieses Eingeständnis des Tierexperten unterstrich, was mir allmählich über praktisch die gesamte etablierte Sexualforschung klar wurde: Frauen haben keinen Platz darin.[1] Selbst dann nicht, wenn sie sich den Anschein gibt. Jetzt fiel mir auf, daß es eine Art Abkommen unter Sexualforschern gibt, nach dem mit zweierlei Maß gemessen wird, basierend auf *männlichen* Normen. Noch dazu schienen die linearen Methoden wissenschaftlicher Forschung nicht kompatibel mit der runden, lyrischen Art und Weise, in der Frauen laut ihren Schilderungen Liebesspiel und Sex erlebten.

Damals, in den Siebzigern, kam ich zu einem radikalen Schluß, einem Schluß, der heute noch gültig ist: Über weite Strecken werden Frauen sowohl in der Sexualforschung als auch in der Sexualtherapie unterdrückt, wenn nicht gar völlig ignoriert. Das gilt insbesondere dann, wenn die Frauen nicht jung, weiß, aus der Mittelschicht und hundertprozentig heterosexuell sind. Dieses sogenannte wissenschaftliche Studium der Sexualität zeichnet sich aus durch:

- Quantitative Befragung, meist über Störungen
- Absolut geschlechtsbezogene Normen
- Heterosexuelle Normen
- Weiße, mittelständische Normen für jugendliche, gesunde Körper
- Zielorientierte Maßstäbe für Befriedigung, insbesondere Orgasmus

Kurzum, die gängige Sexualforschung und -therapie befaßt sich hauptsächlich damit, wie oft und mit wieviel Erfolg junge (aber nicht zu junge), weiße, körperlich gesunde, heterosexuelle Paare aus der Mittelschicht den Geschlechtsakt vollziehen. Sex wird als etwas von allem anderen Gesondertes, in sich Abgeschlossenes und Körperliches betrachtet, das sich allein auf ein paar magische Zentimeter Schleimhaut konzentriert. Dazu gehören diese Begriffe, die wir alle nur zu gut kennen, wie *Vorspiel, Störung* und *Erreichen des Orgasmus*. Man könnte meinen, ein Orgasmus wäre ein Vorstoß auf den Mount Everest, inklusive Seilen und Kletterhaken.

Die gängige Sexualwissenschaft geht von einem wesentlich engeren Spektrum an positiven Erfahrungen aus, als es sich mir durch die Berichte der weiblichen Patienten, Freunde und Kollegen im Lauf der letzten zwanzig Jahre eröffnet hatte. »Für mich ist das wichtigste am Sex ein Gefühl der Verbundenheit« ist die Summe dessen, was diese Frauen mir erzählt haben. Laut ihrer Aussagen können sie körperlichen Genuß nicht von ihren emotionalen Empfindungen trennen, von ihren Beziehungen und ihrer

Lebenslage, einschließlich ihrer Träume und Leidenschaften, ihrer Ängste und Erinnerungen, ihrer Bedürfnisse, ja nicht einmal von ihrer konkreten wirtschaftlichen Situation. Und mit diesem Gefühl der Verbundenheit geht Entspannung Hand in Hand. Um es mit den Worten von Maya auszudrücken, einer Freundin und Kollegin, einer Ökologin, Philosophin, Mutter und ehrfurchtgebietenden Tante, die sich mit siebzig endlich den Titel einer weisen Frau verdient hat: »Sexuelle Ekstase ist eine Freude. Es ist ein Sichgehenlassen. Der Schließmuskel, mit dem wir das Leben kontrollieren, läßt für einen Augenblick locker.«

In den Jahren, in denen ich Paartherapie praktizierte, war es sehr schwierig, sex- und frauenbejahende Bücher zu finden, die ich meinen Patientinnen empfehlen konnte. Lediglich einige wenige Autoren beziehen ihre grundlegenden Informationen direkt aus Erfahrungen von Frauen, die wichtigsten davon sind Betty Dodson, Shere Hite, Lonnie Barbach, Sheila Kitzinger und für lesbische Leserinnen Jo-Ann Loulan.[2] Als ich jedoch allmählich mehr von dem begriff, was Frauen mir über ihre sexuellen Erfahrungen erzählten, betrachtete ich diese Autorinnen mit dem geschlechtsorientierten Kaleidoskop und stellte fest, daß sich selbst bei ihnen gelegentlich männliche Vorurteile widerspiegelten, und zwar nicht, weil sie sich auf die Befriedigung der Männer konzentrierten (all diese Autorinnen wollten offensichtlich durch das, was sie schrieben, den Frauen mehr Macht zukommen lassen), sondern dadurch, daß ihre wichtigsten Prämissen auf der gängigen Definition von Sex beruhten: Der Orgasmus ist König, und er rührt von einer Stimulation her, die körperlich ist, hauptsächlich genital. Außerdem schenkten sie dem Umstand, daß Frauen ihre sexuellen Reaktionen mit dem Rest ihres Lebens verbinden und integrieren, nur wenig Beachtung.

In dieser Literatur über die weibliche Sexualität wird noch eine andere merkwürdige Wendung vollzogen: eine Trennung von Lesben und Heterosexuellen, als wären Frauen entweder Frösche oder Fliegenpilze, zwei verschiedene Spezies ohne gemeinsame sexuelle Epistemologie.

Diese willkürliche Scheidung von lesbischer sexueller Erfahrung und heterosexueller paßt überhaupt nicht zu den Geschichten, die Frauen mir erzählt haben. Das riecht nach einer Taktik des Auseinanderdividierens und Teilens, wie man sie schon seit Menschengedenken verfolgt, um Frauen daran zu hindern, machtvolle Verbindungen miteinander einzugehen. Wie absurd dieses Schubladendenken ist, wurde mir vor kurzem bewußt, als ich eine Diskussion über Bisexualität moderierte. Eine der Teilnehmerinnen umriß, wie hartnäckig die durchschnittliche Bevölkerung die Existenz eines sexuellen Mittelwegs leugnet. Sie zitierte sogar wissenschaftliche Studien, die Frauen, die sich zu ihrer Bisexualität bekennen, als fest etablierte Vertreterinnen des Entweder/Oder polarisiert.[3]

Natürlich gibt es Unterschiede zwischen lesbischen und heterosexuellen Frauen. Erstens haben sie sich für die Liebe und den Liebesakt mit verschiedenen Geschlechtern entschlossen. Bisexuelle Frauen nehmen eine Sonderstellung ein, weil sie mit beiden Geschlechtern sexuelle Beziehungen haben. Aber wie auch immer sie orientiert sind, es gibt entscheidende Gemeinsamkeiten bei all diesen Frauen. Um noch einmal Maya zu Wort kommen zu lassen: »Wir alle werden als Mädchen gesellschaftlich dazu konditioniert, Frauen zu werden, und wir alle sind mit derselben Ausrüstung zwischen den Beinen auf die Welt gekommen – du weißt schon, die Ausrüstung, die uns laut Freud keiner neidet.« Das soll heißen, wir alle haben unser spezielles Mädchen-Frau-Päckchen herumzuschleppen, nämlich wie wir sexuelle Beziehungen zu Frauen, Männern und dem Universum einzugehen haben und wie nicht. Und das gilt, egal ob wir katholisch oder jüdisch, afro-amerikanisch oder eingeboren amerikanisch, spanischer Herkunft oder (wie Maya mich erinnert) anständige Bostoner sind.

Dennoch habe ich, abgesehen vom biologischen Diktat, festgestellt, daß es ohne Rücksicht auf Orientierung oder kulturelle Unterschiede viele Übereinstimmungen darin gibt, wie Frauen, die Sex lieben, über ihre positiven sexuellen Beziehungen sprechen. Sie können es Energie nennen,

Seele, Körper-Seele-Verbindung, wie Sie wollen, aber alle Frauen, mit denen ich mich unterhalten habe, haben anscheinend im Innersten ein positives Verhältnis zur Sexualität. Diese Frauen haben einen direkten Zugang zu ihrem sexuellen Ich gefunden, sind sich aber einig, daß es scheinbar nicht immer eine adäquate Sprache gibt, die dieses Ich in allen Einzelheiten und mit Gefühl beschreibt.

»Die Lust ist der Feind« – Die Legende vom Opfer im politisch korrekten Feminismus

In meiner Entwicklung zur feministischen Sexualwissenschaftlerin gab es einen weiteren entscheidenden Wendepunkt, der Auslöser war, meine eigenen Vorurteile kritisch zu betrachten und ein offenes Ohr für Überraschungen zu haben. An einem Wochenende im April 1967 nahm ich an zwei Konferenzen über Sexualität teil. Samstags fand eine jährliche wissenschaftliche Konferenz statt, deren Zweck es war, gelehrte Arbeiten auf dem Gebiet der Sexualität vorzustellen. Der männliche Tonangeber und gewählte Präsident der Organisation verkündete den Mitgliedern, daß feministische Kritik keinen legitimen Platz im wissenschaftlichen Studium der Sexualität hätte.[4] Sonntags gab es dann das Kontrastprogramm: eine wüste, radikal feministische Konferenz, die die Frauenverachtung wissenschaftlicher und liberaler Sexualforscher anprangerte, genau das also, was am Tag zuvor programmatisch verkündet worden war.[5] Ich kann nicht sagen, auf welcher Konferenz ich mich unbehaglicher fühlte. Nachdem ich mit viel Mühe die Äußerungen des »liberalen« Wissenschaftlers einigermaßen verdaut hatte, freute ich mich auf die feministische Gruppe als Gegengift oder Zuflucht oder wenigstens auf das Gefühl, unter verwandten Seelen zu sein. Aber das, was ich Sonntag erlebte, war keine positive Richtungsweisung, sondern hartgesottene Negativität. Eine Sprecherin behauptete kategorisch, jede Art von Geschlechtsverkehr wäre Vergewaltigung. Ihr folgte eine, die sexuelle Lust als

Werkzeug des Körpers zum Verrat an allen Frauen bezeichnete. Eine weitere charakterisierte die Frauen als Opfer aller sexuellen Begegnungen, deshalb (so behauptete sie) wäre Einverständnis als sexueller Terminus unzulässig. Überhaupt sei Heterosexualität eine Falle. Männer wären die Feinde im Krieg gegen die Frauen. Und daraus ergäbe sich, daß sexuelle Lust ebenfalls ein Feind wäre. Bei dieser Konferenz bekam man das Gefühl, als wäre eine negative Einstellung zu Sex praktisch ein Maßstab für Befriedigung – Antilust, Antiorgasmus, Antiintimität. Eine Fülle von Problemen tat sich auf, aber es wurden keine Lösungen geboten. Auf den Tischen im Vorraum war ein kaltes Buffet aus Pamphleten von Organisationen *gegen* angerichtet – alles war vertreten –, von Frauen gegen Pornographie bis zu Frauen gegen Sex.

Ich lernte da, daß selbst Frauen, die wild entschlossen sind, die Welt zu einem sicheren und kraftspendenden Ort für andere Frauen zu machen, nicht allwissend sind, zumindest nicht, was Sexualität betrifft. Die Frauen bei dieser Konferenz waren lobenswert bedacht, wichtige Fragen wie Rasse, Alter, Stand und Bildung zu behandeln. Aber während sie ihre Schlacht gegen das Patriarchat als Unterdrückungsapparat führten, waren sie scheinbar zu einer Art Lustpolizei geworden, die sich giftsprühend auf Sex als den großen Unterdrücker stürzte. Bei ihren dringend notwendigen Bemühungen, Sex von Jahrhunderten des Sexismus, der Unterdrückung, Sklaverei, Sucht, Vergewaltigung, Prügel und Inzest zu befreien und die Politisierung der Frauen in diesen Fragen voranzutreiben, entdeckte ich, daß da etwas Grundlegendes mit dem Bade ausgeschüttet wurde – mehr als etwas: Humor, Spiel, Trost, Zärtlichkeit, die transformativen Möglichkeiten, die einer ekstatischen sexuellen Beziehung innewohnen.

Wenn man Frauen eine wesentliche Quelle der Energie und Lust entzieht, dient das nur weiterer Herabsetzung und Unterdrückung. Auf jeden Fall vermindert es noch mehr die Fähigkeit der Frau, Sex zu lieben und auf jeden Fall verwirrt es die, die es tun. Die knallharte negative Einstellung zur Sexualität läßt sich durch folgende Charakteristiken beschreiben:

- »Politisch korrekte« Normen
- Konzentration auf gewalttätige und zerstörerische Aspekte der Sexualität
- Abstreiten positiver sexueller Möglichkeiten

Die Gegensätze, die sich an diesem Wochenende, als Experten die sexuellen Normen für Frauen diktierten, für mich auftaten, machten mir die Notwendigkeit einer völlig neuen Betrachtungsweise klar. Ich stellte mir eine Forschungsarbeit vor, bei der Frauen gestattet war, über die eigenen positiven Erfahrungen zu sprechen, ohne daß diese gleich von einem Dritten nach Schema F interpretiert wurden. Mein Traum war eine Forschung, die Frauen zuhört, anstatt sie zu kontrollieren versucht.

Die Suche nach dem richtigen Weg

Schon lange vor diesem entscheidenden Wochenende im April war mir klar, daß meine Doktorarbeit zum Teil aus Interviews bestehen würde, die mir erlaubten, Frauen all die Fragen zu stellen, die ich schon immer stellen wollte. Fragen, die bis jetzt unbeantwortet geblieben waren, zum Teil noch nicht einmal aufgekommen waren, weder in der Wissenschaft noch im Feminismus, in der Pornographie, in Groschenromanen oder der Popkultur.[6]

Vor allem wollte ich wissen, wie Frauen, die sich als sexuell befriedigt betrachten, ihre eigenen Höhepunkte sexueller Erfahrung schilderten. Was braucht es, um einen Orgasmus zu kriegen? Ist dazu immer ein Partner nötig oder machen sie es sich selbst besser? Wie reagieren Frauen auf Berührung? Welche Arten der Berührung? Und wo auf ihren Körpern, abgesehen von den Genitalien? Brauchen sie Berührung oder genügt ihre Phantasie, um sie in Fahrt zu bringen? Inwieweit sind ihre körperlichen Reaktionen geprägt von ihren Ideen, von ihren Empfindungen und dem Bedürfnis nach Bedeutung und dem Gefühl der Verbundenheit? Was ist mit dem breiten Spektrum von Emotionen und geistiger Bedeutung, den Variablen, die die Sexualforschung meist ignoriert, da sie nicht mit irgendeinem Maßstab meßbar sind, den Wissenschaftler anerkennen können? Wo bleiben Phantasie, Liebe, Romantik, Verpflichtung, Fürsorge, Nähe? Ist der Orgasmus wirklich all das, zu dem man ihn aufbauscht? Was ist überhaupt ein Orgasmus?

Das waren einige meiner Fragen. Wen sollte ich befragen? Ich kam zu dem Schluß, daß die naheliegendste Bevölkerungsgruppe für meine Forschungen Frauen wären, die Sex liebten. Diese Gruppe wäre willens und fähig, Licht in die positiven Aspekte sexueller Erfahrung zu bringen. Außerdem reizte mich die Tatsache, daß Frauen, die Sex lieben, nie zuvor Gegenstand ernsthafter Sexualforschung gewesen waren. Um den akademischen Anforderungen gerecht zu werden, wählte ich den Terminus *Orgasmusfähigkeit*, um die Frauen, die leicht zum Orgasmus kommen, zu bezeichnen. (Kinsey hatte Orgasmus als Maßstab sexueller Gesundheit benutzt, und das Gremium, dem ich meine Dissertation vorlegte, wurde geleitet von Dr. Wardell Pomeroy, einem der Autoren des *Kinsey Reports*.) Unter das Stichwort orgasmusfähig fallen zwar nicht alle Frauen dieser Welt, die Sex lieben, aber ich wollte ja nur fünfzig interviewen und war daher mit dem Ausdruck ganz zufrieden.

Wo würde ich fünfzig Frauen, die leicht zum Orgasmus kommen, finden? Ich war überzeugt, daß das kein Problem sein dürfte (das war in den achtziger Jahren, bevor die Menschen von AIDS wußten, bevor die Suche nach sexuellen Freuden eine Angelegenheit von Krankheit und Tod und nicht nur der Erregung und des Lebens wurde). Ich hatte ursprünglich geplant, mehrere Monate durchs Land zu reisen und mich mit Frauen zu unterhalten, die ich schon immer hatte kennenlernen wollen – Schriftstellerinnen, Künstlerinnen, Soziologinnen, Sexualwissenschaftlerinnen

– und ihnen Hunderte von Fragen über ihre schönsten sexuellen Erfahrungen zu stellen. Wer könnte sich schon einer solchen Bitte einer ernsthaften Doktorandin mit bestens entwickeltem Interviewgeschick entziehen?

Aber meine Reise endete bereits bei einer Konferenz in Pittsfield[7], wo ich im Frühjahr kurz nach meinem Examen einen Vortrag über Sexualität hielt. Ich erwähnte, daß ich im Herbst zweistündige Interviews mit Frauen führen würde, die von sich selbst behaupteten, daß sie leicht zum Orgasmus kämen, sowohl durch Masturbation als auch mit einem Partner. Ich lud alle Frauen im Publikum, die glaubten, die Beschreibung würde auf sie passen, ein, teilzunehmen. Ich rechnete damit, daß sich bestenfalls einige wenige Mutige aus den Reihen der etwa hundert anwesenden Frauen am Ende des Vortrags verschämt zum Podium schleichen würden, um sich anzumelden. Statt dessen gab es eine Art Massenansturm. Nachdem sich der Staub wieder gelegt hatte, verfügte ich über mein gesamtes Forschungskontingent von fünfzig Frauen.[8] Dieser eine Vortrag hatte keine zufällige Auswahl hervorgebracht, die repräsentativ für das ganze Land wäre, sondern eine höchst willkommene »praktische« Auswahl, in mancher Hinsicht sehr vielseitig, in anderer etwas beschränkt. Da waren Hausfrauen, Mütter, Lehrerinnen, Krankenschwestern, Schriftstellerinnen, Künstlerinnen, leitende Angestellte, Geschäftsfrauen, Therapeutinnen, Psychologinnen, Köchinnen, Restauratorinnen. Da gab es Frauen, die in lockeren Beziehungen lebten, verheiratete Frauen, die ihr ganzes Leben lang nur einen Partner hatten und nie mit irgend jemandem über ihre Sexualität gesprochen hatten, und eine ehemalige Swingerin, die zahllose Partner, weibliche wie männliche, gehabt hatte. Diese Frauen, weiß, aus der Mittelschicht, zumeist berufstätig, im Alter von vierundzwanzig bis siebzig, waren heterosexuell, bisexuell und lesbisch. Alle betrachteten sich als Frauen, die leicht zum Orgasmus kommen – und als durch und durch normal. Und zu ihrer und meiner großen Freude waren sie bereit, mir ihre Geschichten zu erzählen.

Ebenso wichtig für dieses Buch wie die ursprünglichen fünfzig Frauen aus Pittsfield, die 1980 das Podium stürmten, um an den Interviews teilzunehmen, war meine Forschungsarbeit mit vielen weiteren Frauen. Die Geschichten von Frauen, die Sex lieben, habe ich über einen Zeitraum von zwanzig Jahren aufgezeichnet, von den Anfängen meiner Ausbildung bis zum heutigen Tag. Dadurch war das Forschungsfeld nicht mehr ganz so homogen wie ursprünglich. Es handelt sich dabei um Frauen aus siebzehn amerikanischen Staaten, aus drei kanadischen Provinzen, aus England, Irland, Italien und Indien, einige Frauen sind afro-amerikanischer Abstammung, eingeborene Amerikanerinnen oder Frauen spanischer Herkunft; es sind Frauen aus der Arbeiterklasse darunter, Frauen, die in gewalttätigen Familien aufwuchsen, und andere, die von engelsgleichen Geschöpfen aufgezogen wurden. Einige der Frauen waren Patientinnen, die Mehrheit sind Freunde oder Kollegen. Alle wollten sich wie die Frauen von Pittsfield eingehend über ihre eigenen Reaktionen auf sexuelle Stimulation unterhalten, nicht unbedingt über die Reaktionen ihrer Partner: »Ich möchte Ihnen von mir erzählen, damit Sie darüber schreiben und es anderen erzählen.« Ein typisches Merkmal für Frauen, die Sex lieben, scheint ihre Bereitschaft zu sein, diesen Reichtum zu teilen, die gute Botschaft zu verbreiten, damit auch andere Frauen positive Meldungen erreichen.

Wissenschaftlich war mein Verfahren, Daten zu sammeln, nur insofern, als es um die Erweiterung des Wissens ging, aber nicht in dem Sinne, daß ich alles auf Zahlen reduziert habe, abgesehen von einigen wenigen Fällen, wo sich überraschende Vergleiche ziehen ließen. Die entscheidenden Faktoren dieses Buches aber sind die Stimmen der Frauen selbst.

An einige dieser spontanen Studien erinnere ich mich, als ob es gestern gewesen wäre. Dazu gehören Szenen aus der Zeit meiner sexualwissenschaftlichen Ausbildung, die mich dazu veranlaßten, die bestehenden Definitionen erst einmal in Frage zu stellen. Ich erinnere mich an Cynthia, eine ernsthafte Therapeutin der Freudschen Schule von Mitte Vierzig. Sie nahm an einem Massage-Workshop übers Wochenende teil. Während der letzten Sitzung versetzte sie einen ganzen Raum professioneller Körperkundler in Erstaunen, indem sie ganz still und voller Anmut einen Orgasmus hatte, während die Masseurin einige exquisit hinausgezögerte Minuten lang nicht etwa eine anerkannt erogene Zone bearbeitete, sondern ihre linke Ferse.

Ich erinnere mich an Joanna, eine junge, aber sehr entschlossene Schwesternanwärterin in unserer Doktorandengruppe, die mir als erste das beeindruckende Phänomen eines spontanen Orgasmus demonstrierte. Das geschah ebenfalls während einer Sitzung für Gruppenmassageausbildung: Ein fasziniertes Knäuel von Sexualwissenschaftsstudenten drängte sich um Joanna, während sie uns die äußeren Anzeichen für einen vollen körperlichen Höhepunkt vorführte, ohne Stimulation, abgesehen von einer todsicheren, von ihr selbst produzierten Phantasie. Mit ziemlicher Ehrfurcht beobachteten wir, wie ihr Atem schneller wurde, wie sich ihre Muskeln anspannten, ihr Hals und ihre Brust sich rosig färbten und schweißnaß wurden. Mit einem Stöhnen ließ sie uns wissen, daß sie die vaginalen und uterinen Kontraktionen spürte, die ihren Orgasmus ankündigten.

Ich erinnere mich daran, wie ich mit anderen Doktorandinnen der Sexualwissenschaft in einem Restaurant in San Francisco saß. Wir aßen Spaghetti und sprachen über unsere Arbeit. Elaine, Sylvia, Phyllis, Marian und ich waren dabei. Fünf Frauen im Alter von Ende Dreißig bis Anfang Fünfzig saßen um den Tisch, jede von uns hatte ein vielschichtiges Leben, heranwachsende Kinder und eine expandierende therapeutische Praxis. Noch ehe das Essen kam, stellten wir bekümmert fest, daß wir trotz unserer angesammelten 223 Jahre an Lebenserfahrung immer noch nicht die Parameter des Orgasmus begriffen. Auf der Suche nach einer Lösung stellten wir fest, daß wir uns von all diesen »objektiven« Kriterien entfernten und andere Reaktionen als Muskelkrämpfe, gerötete Haut und schweren

Atem beschrieben. Wir berichteten von blitzenden Lichtern und Farben. Von der Bindung an den Partner. Von sich verändernden Bewußtseinsebenen. Wir lachten und weinten, die Geschichten sprudelten nur so aus uns heraus – über die Erfahrungen ganzer Frauen, die Körper, Verstand, Herz und Seele verschmelzen ließen. Wir stellten fest, daß wir sexuelle Ekstase beschrieben.

Zu meinen jüngsten Erinnerungen gehört ein Erlebnis, das ich am schilfbewachsenen Ufer eines Sees in Minnesota hatte, der fast an der Quelle des Mississippi liegt. Wir wollten dort eine Woche zelten, und ahnten natürlich nicht, daß es sieben volle Tage lang regnen würde. Die Frauen hatten von Anfang an betont, daß sie das Bedürfnis hätten, sich regelmäßig zu treffen. Als sie hörten, daß ich an diesem Buch arbeitete, sagten sie: »Wunderbar. Setzen wir uns zusammen und reden über Sex!« Also versammelten wir uns jeden Nachmittag auf der überdachten Veranda der alten Jagdhütte und redeten, bis die Männer und Kinder der Sache ein Ende machten. Meist unterhielten wir uns über unsere Körper, wahrscheinlich ein Versuch, sie warm zu halten. Wir sprachen über Körpergröße und rühmten die göttinnengleichen Proportionen von Avis und Marge, beide groß und von rundlicher Statur. Wir sprachen über die Intelligenz des Körpers: Maureen legte sich auf den feuchten Boden und zeigte uns die Stretchübungen, die sie jeden Morgen vor dem Aufstehen machte. Edith erzählte uns, sie hätte Krebs. Sie vergoß Tränen der Dankbarkeit über ihren frischgebackenen Ehemann, erzählte, wie er ihren Körper berührt und anbetet, trotz der Krankheit, trotz der Chemotherapie. Betsy ist Pastorin, für sie ist Sexualität ein wesentlicher Teil ihres ganzen Wesens: »Ich kann meinen Körper nicht von meiner Spiritualität trennen oder von irgendeinem anderen Teil von mir.«

Sie half uns dabei, über sexuelle Schuldgefühle zu lachen, die sie »*lutherische* Schuldgefühle« nannte. Alle Frauen auf der Veranda stöhnten auf und kicherten.

»Was ist denn der Unterschied zwischen lutherischen Schuldgefühlen und katholischen?« fragte ich. (Ich hielt mich für einen Experten in Sachen katholischer Schuldgefühle, nachdem ich in Boston aufgewachsen war. Jede sexuelle Empfindung war gleichbedeutend mit Unreinheit.)

»Ich glaube, Katholiken haben viel mehr Spaß!« sagte Maureen und wackelte kurz mit dem Po.

»Sie dürfen trinken und Parties feiern«, sagte Marge, unsere Göttin.

»Katholiken können machen, was sie wollen, dann gehen sie zur Beichte und laden alles auf den Priester ab«, meinte Edith. »Wir müssen alles mit uns selbst abmachen.«

Betsy, die Pastorin, sprach das Schlußwort, während wir beobachteten, wie der Regen gegen das Schilf am Seeufer peitschte: »Man könnte wohl sagen, lutherische Schuldgefühle sind etwa so, wie in einem Bergman-Film zu leben.« Es war klar, was sie damit meinte. Schuldgefühle wegen Sex zu haben ist ein Geisteszustand. Wenn man von ihnen abstrahieren kann, muß man sie nicht ernst nehmen. Wie ein bedrohliches Bild im Kino können auch sie verblassen.

Der Weg zu einer neuen Theorie über menschliche Sexualität

Meine noch immer andauernde Forschungsarbeit begann vor fast zwei Jahrzehnten, doch die Fragen, um die es dort geht, haben sich noch lange nicht erledigt. Vielleicht sind sie heutzutage, während ich an diesem Buch schreibe, noch relevanter geworden. Trotz der Fortschritte in der Sexualwissenschaft und der Frauenbewegung gibt es immer noch herzlich wenig Informationen über das gesamte Gebiet der weiblichen Sexualität. Selbst Madonna mit ihrem erstaunlich offenen, schonungslosen Fotoband *Sex* porträtiert lediglich die körperbezogensten Aspekte erotischer Macht.[9] Eine Teilnehmerin an einem Workshop, der vor kurzem im ländlichen Maine stattfand, sagte es mir klipp und klar: »Was ich von Ihnen hören möchte, ist das gesamte Spektrum sexueller Praktiken der Frauen: Wie abgefahren ist abgefahren und wie verklemmt ist verklemmt?«

In den großangelegten landesweiten Sexualuntersuchungen von 1948 bis 1993 wurden Tausenden von Frauen Hunderte von Fragen gestellt: was sie tun, wann, wie oft und mit wem – vom ersten Masturbieren in der Jugend bis zur Häufigkeit außerehelicher Affären. Herausgekommen sind gewichtige Folianten, die von Grafiken, Tabellen und Analysen strotzen. Das neueste Werk aus dieser Produktion ist *The Janus Report on Sexual Behavior*[10], der laut Werbung die vierzig Jahre alten Kinsey-Statistiken ins einundzwanzigste Jahrhundert führt. Was fehlt hier? Warum reicht das alles nicht, um die Neugier der Teilnehmerin an dem Workshop im tiefsten Maine zu befriedigen? Abgesehen vom *Hite Report* (den etablierte Sexualwissenschaftler wegen seiner schlampigen Methodik kritisieren) gibt keine dieser Umfragen Frauen den Raum, sich darüber auslassen zu können, welche Aktivitäten ihnen die meiste Lust bereiten und warum. Keine beschäftigt sich mit der Vielschichtigkeit der sexuellen Beziehungen von Frauen oder taucht in die reichen und dunklen Gefilde von Gefühlen und ihren Bedeutungen ein. Keine einzige dieser Panoramastudien verlangt von den Frauen eine Definition dessen, was *sie* unter Sex verstehen.

Wenn wir Frauen relevante Fragen stellen wollen, müssen wir zunächst noch einmal bestimmen, was wir unter *menschlicher* Sexualität verstehen. Zumindest drei Sexualforscher haben bereits gefordert, daß es dringend notwendig wäre, sie vom Standpunkt der Frau aus neu zu definieren.[11] Trotzdem hat bis jetzt noch keiner eine Definition von Sex gebracht, die umfassend genug wäre, das gesamte Spektrum der sexuellen Erfahrung von Frauen einzubeziehen. Noch hat keiner von ihnen ein Kontinuum der Lust oder einen sexuellen Reaktionszyklus vorgeschlagen, der eher auf die Erfahrung von Frauen zugeschnitten ist als das Urknall-Modell, das Masters und Johnson verbreitet haben. Ergebnis davon ist, daß die alten Positionen sich festgesetzt haben. Ich weiß das, weil Frauen, wenn sie bei mir eine Therapie machen wollen, immer noch sagen, sie wären schrecklich verwirrt durch ihre verschiedenen »Störungen«. Eine Generation nach der sogenannten sexuellen Revolution muß ich mir immer noch ihr Gejammere anhören von wegen, sie wären wohl abartig, weil sie keine Freude am »echten« Sex, nämlich dem Koitus, haben. In den aufgeklärten Neunzigern muß ich mir immer noch anhören, wie sie des gefürchteten »F«, der Frigidität, bezichtigt werden (oder sich selbst bezichtigen), weil sie nicht von Partnern erregt werden, die nicht wissen, wie man mit ihrem Körper umgeht.

Eine neue Einstellung zur Sexualität kann Frauen wie diesen zeigen, daß sie nicht länger Opfer sein müssen – insofern sie entweder Mißbrauch oder falsche Diagnosen dulden oder sich sexuelle Lust versagen. Wenn sie erfahren, wie andere Frauen – Frauen, die Sex *lieben* – mit Sex in ihrem Leben umgehen, kann ihnen das neue Wege weisen. Ich war Zeuge, wie das in Gruppen und Workshops passierte, wo Frauen reden und zuhören und anfangen, ihre eigenen Erfahrungen zu benennen. Ich weiß, daß Frauen aktiv ihr Sexualleben bestimmen können – sehr energisch, aber auch anziehend. Den Frauen, die dieses Buch lesen, sage ich: Eure Sexualität gehört Euch. Diese Botschaft ist nicht gerade neu, aber sie verdient es, immer wieder verkündet zu werden, bis sie sich tief in das Bewußtsein eingegraben hat. Ich hoffe, die heutigen Stürme gesellschaftlicher Veränderungen ermöglichen es, daß sie sich übers ganze Land verbreitet und endlich Fuß faßt.

Nachdem ich mir so viele Geschichten von Frauen, die Sex lieben, angehört habe, komme ich allmählich zu der Überzeugung, daß das Medium selbst möglicherweise Botschaft genug ist. Vielleicht ist es eine Antwort auf die Frage nach dem gesamten Spektrum, die mir auf dem Workshop in Maine gestellt wurde, vielleicht reicht es wirklich aus zu erzählen und zuzuhören, ohne gleich über Veränderungen zu spekulieren. Vielleicht genügt es, die Geschichten von Frauen, die Sex lieben, zu genießen. Es könnte als Zeugnis genügen dafür, daß Frauen Erlebnisse haben, die sowohl eine Feier als auch eine Kriseninterventíon verdienen, dafür, daß Lust nicht notwendigerweise ein Komplott des

Patriarchats ist, daß die Orgasmen von Frauen Geschenke des Himmels sind und nicht Teil eines Punktesystems wie ein Korb beim Basketball. Zeugnis dafür, daß sinnliches Spiel allein befriedigen kann und dazu nicht immer die große Nummer geschoben werden muß. Zeugnis dafür, daß sexuelle Praxis von den Handbuchdefinitionen abweichen kann und deshalb noch lange nicht als unreif, unmoralisch oder pervers abgetan werden muß.

Während ich weiterhin aufmerksam Interviewpartnern und Patienten, Kollegen und Freunden zuhöre, entdecke ich, daß ich Sex durch ein völlig neues Kaleidoskop betrachte – durch das bunte Kaleidoskop einer Frau, in dem kein Muster dem anderen absolut gleicht. Und dennoch gibt es, betrachtet man sie im Ganzen, ein gemeinsames Muster bei den Geschichten dieser Frauen, und dieses Muster enthält eine entscheidende Botschaft für Frauen und die Partner, die sie lieben: sexuelle Lust ist gut. Mehr als gut. Sie erhöht die Lebensqualität um so mehr, je geschickter Frauen in der Erforschung des riesigen Gebietes, das die Lust ist, werden. Sex ist eine Energiequelle, die weit mehr umfaßt als irgendwelche Zufallstreffer im Bett. Die Erotik zelebrieren, sich durch Befriedigung und nicht durch Schuldgefühle und Leid motivieren zu lassen bedeutet für viele Frauen ein radikales Umdenken. Es heißt, daß Frauen Sex nicht aufgeben müssen, um sicher zu leben. Es heißt, daß sie das Positive inszenieren können, anstatt all ihre Energie darauf zu verschwenden, das Leid durch Sex abzublocken – Gefahr, Mißbrauch, Manipulation, Unterdrückung. Es heißt, umzuschalten von Kontrolle auf Macht – von der Fähigkeit, nein zu sagen, auf die Fähigkeit, ja zu sagen.

Diese aktive Energie, die aus Frauen geboren wird, die Sex lieben, ist eine gutartige Macht. Wenn ich sie durch mein neu entdecktes Kaleidoskop betrachte, zielt sie nicht darauf, Männer zu verschlingen. Vielmehr bedeutet sie eine Teilung der Verantwortung für den ersten Schritt, für das, was folgen soll, und für den Genuß. Dieses Teilen fördert Mitgefühl und Liebe, und das gilt, egal ob ihr sexueller

Partner ein Mann, eine Frau oder auch nur ihr eigener Verstand oder ihre eigene Hand ist. Wenn sie sich diese Macht zunutze macht, kann eine Frau möglicherweise die Kluft zwischen den Geschlechtern schmälern. Es kann sich ein Dialog daraus ergeben. Ein besseres Zusammenspiel von Geist und Körper, Herz und Seele.

Was genau habe ich durch die Erzählungen von Frauen, die Sex lieben, erfahren? Eine Reihe systemverändernder Fakten und Einsichten. Diese haben mir geholfen, die Geschichte der sexuellen Interaktion von Menschen neu zu schreiben, als eine Geschichte, die von körperlicher Lust bis zu den intimsten Zärtlichkeiten reicht.

Lust – die Erweiterung des Spektrums sexuellen Begehrens. Die Frauen, mit denen ich sprach, nannten nur selten körperliche Stimulation als wichtigsten Weg zu Begehren und Erregung. Obgleich die gängige Forschung geradezu davon besessen ist, detailliert die einzelnen Arten körperlicher Stimulation zu beschreiben, wie stark, wie lang, mit wem und so weiter, haben sie das links liegengelassen, was möglicherweise für die meisten Frauen das wichtigste ist. Die Frauen, die Sex lieben, sagen, daß das Lustempfinden des Körpers meist aus dem Gefühl der Verbundenheit in der Beziehung entspringt – Herz zu Herz, Seele zu Seele, vielleicht sogar Geist zu Geist. Dieser Grad an Verbundenheit beginnt damit, daß eine Frau die Verbindungen in sich selbst entdeckt.

Befriedigung – die Vorstellung von einem alternativen sexuellen Reaktionszyklus. Die Beschreibungen der Frauen von Befriedigung bei ihren erfülltesten Lusterlebnissen gingen oft weit über die Einzelheiten eines physiologischen Orgasmus hinaus, so wie ihn Masters und Johnson und andere Titanen auf dem Gebiet der Sexualität schildern.[12] Die Frauen, die Sex lieben, begriffen sexuelle Befriedigung nicht als vorhersehbares, zeitbegrenztes, stereotypes Ereignis. Sie beschrieben sie als fließendes Kontinuum von Lust, Orgasmus und Ekstase. Für sie war Befriedigung keine zweidimensionale Momentaufnahme. Weit öfter war es ein vierdimensionales Erlebnis, das von Sehnsüchten, Vertrautheit und Erinnerung genauso geprägt wurde wie durch den Augenblick.

Extragenitale Stimulation – die Erkundung von Reichtümern, die außerhalb der Vulva liegen. Die Frauen in meiner Dissertation berichteten, daß siebzig Prozent ihrer Lustreaktionen bei den schönsten Erlebnissen durch Stimulation auf dem ganzen Körper erzeugt wurden – angefangen bei den Fingern und Zehen, Hüften, Lippen, Hals und Ohrläppchen bis zu den Genitalien, von der Klitoris bis zum G-Punkt. (Die Interviewfragen finden Sie auf Seite 291 zusammen mit einer Auflistung beliebter extragenitaler Stellen.) Noch bemerkenswerter ist es vielleicht, daß von zweiundfünfzig Prozent der Frauen bestätigt wurde (wie zum Beispiel von Cynthia, der nüchternen Therapeutin mit der sensiblen linken Ferse), daß sie allein durch extragenitale Stimulation ohne Berührung der Vulva zum Orgasmus kommen könnten. Es existiert nichts in der sexualwissenschaftlichen Literatur, mit dem man diese Zahlen vergleichen könnte: extragenitaler Orgasmus ist praktisch unerforscht. Angespornt vom Schreckgespenst AIDS, beginnen jetzt Forscher, Erzieher und Therapeuten endlich damit, Lustempfinden außerhalb der Genitalien zu erforschen. Doch treu den männlichen Vorgaben auf dem Gebiet der Sexualität zielen diese Studien im einzelnen darauf, das Erlebnis für Männer anzuheizen, und nicht darauf, Methoden aufzuwerten, bei denen Frauen ja zu Lusterlebnissen sagen können, die körperlich und emotional *safe* sind.[13]

Spontane Orgasmen – neue Dimensionen in der Geist-Körper-Verbindung. Vierundsechzig Prozent der Frauen in meiner ersten Studie sagten, sie könnten »spontan« zum Orgasmus kommen, ohne körperliche Berührung, wie zum Beispiel Joanna, die Krankenschwester in unserer Massagegruppe. Diese Zahl ist wirklich erstaunlich, selbst wenn etwa ein Drittel der Orgasmen der Frauen von sogenannten feuchten Träumen stammten und selbst wenn mehrere Frauen berichteten, daß sie ihre spontanen Orgasmen steuern könnten. Womit wir ein weiteres praktisch unerforschtes Gebiet gefunden hätten. Die wichtigsten der gängigen Statistiken über spontanen Orgasmus finden sich im *Kinsey Report*[14], der zeigt, daß zwei Prozent der befragten Frauen »allein durch Phantasie« zum Orgasmus kommen können und im *Hite Report*[15], der ein Prozent angibt. Jahre nach meiner Studie über Frauen, die leicht zum Orgasmus kommen, arbeitete ich bei einem Laborprojekt mit, das die Physiologie des spontanen Orgasmus festlegen sollte.[16] Aber das ist eine weitere Geschichte aus dem Leben einer feministischen Sexualforscherin (siehe Kapitel 5).

Sexuelle Erziehung – Aufwertung der sinnlichen Möglichkeiten von Zuneigung und Altruismus. Erregung und Befriedigung entwickeln sich nicht nur durch den Empfang sexueller Energie, sondern auch aus der wollüstigen Freude, den Partner zu stimulieren. Das sagen die meisten Frauen, mit denen ich mich im Lauf der letzten zwanzig Jahre über ihre positiven sexuellen Erfahrungen mit Partnern unterhalten habe. Die Balance zu halten zwischen dem Bedürfnis zu geben und dem Bedürfnis zu empfangen, war von entscheidender Bedeutung für ihren Genuß des Geschlechtsaktes. In Kapitel 6 bezeichnet Molly einen solchen Balanceakt als »Tanz des Gebens und Nehmens«. Diese Vorstellung stellt die oft publizierte Dichotomie zwischen dem Durchsetzungsvermögen beim Sex und der gefürchteten Phrase *zu sehr zu lieben* in Frage. In der aktuellen Selbsthilfeliteratur werden diese Konzepte als polare Gegensätze dargestellt, geradezu karikiert: die aggressive Domina im Vergleich zu der selbstvergessenen Haushälterin, die ihren Partner ohne Rücksicht auf ihre eigenen Bedürfnisse bedient.[17] Mit solchen Etiketten macht man es sich dann doch zu einfach, wenn es nicht sogar heißt, den Frauen die Schuld zuzuschreiben und sie zu pathologisieren.[18] Die Frauen, mit denen ich gesprochen habe, waren weder machtbesessene Monster noch arme Mauerblümchen. Sie schilderten schlicht und einfach die gesamte Bandbreite ihrer ekstatischen Erlebnisse, ohne zu versuchen, ihre Reaktionen zu kategorisieren oder sie in starre Rahmen zu pressen.

Sexuelle Intimität – die Vereinigung von Romantik, Liebe und Verpflichtung. Die meisten Frauen behaupteten, daß eine vom Herzen kommende liebevolle Verbundenheit mit sich selbst und dem Partner absolut notwendig für und untrennbar vom Erlebnis sexueller Ekstase wäre, obgleich das männliche medizinische Modell Sex hartnäckig von Intimität getrennt sieht.[19] Die Frauen betonten, daß diese intimen Bande die Bereitschaft fördern, lähmende Moralgesetze umzuwerten und die nötige Schützenhilfe geben, damit man sich über Erinnerungen an Mißbrauch und entsprechende Verhaltensschienen hinwegsetzen kann. Sie geben einem den Optimismus, der Angst vor der Lust die Stirn zu zeigen. Das wichtigste war aber wohl, daß sexuelle Intimität den Frauen, mit denen ich sprach, ein Gefühl der Sicherheit gab. Obwohl Safer Sex ein Ausdruck ist, der im allgemeinen mit AIDS-Verhütung in Zusammenhang gebracht wird, ist emotionale und geistige Sicherheit ebenfalls von entscheidender Bedeutung für Frauen. Ohne diese Sicherheit behalten die Frauen in ihren Beziehungen in den intimsten Momenten ihre Rüstungen an und müssen feststellen, daß sie gerade zu dem Zeitpunkt, an dem sie körperlich am verwundbarsten sind, keine echte Verbindung zu ihren Sexualpartnern haben.

Was ist normal?

Die Berichte der Frauen in meiner Studie, zusammen mit denen einer Vielzahl anderer Frauen, die Sex lieben, haben einige der gängigen Vorstellungen von sexueller Normalität in Frage gestellt. Diese Frauen mögen vielleicht nicht stellvertretend für alle Frauen der Welt sein, aber sie stehen für sich selbst und zeigen, daß es gesunde Frauen gibt, deren positive sexuelle Erfahrungen nicht in die Normen passen, in die Sex üblicherweise gepreßt wird. Und auch wenn fünfzig oder selbst mehrere hundert Frauen eine relativ geringe Zahl sind, so waren es doch genügend, mein Denken nachhaltig zu beeinflussen. Wie Kinsey und andere schon sagten, eine Reihe von schematisierten, eingehenden Interviews geben einem die Gelegenheit, Frauen genau zuzuhören und die Komplexität ihrer Reaktionen zu begreifen.[20]

Im Lauf der Jahre sah ich mich veranlaßt zu fragen, was genau es denn eigentlich für Frauen bedeutet, wenn ein Verhaltensmuster als »sexuell« bezeichnet wird. Bedeutet sexuell genital? Koital? Körperlich? Den Orgasmus? Die Frauen, die Sex lieben, haben mir durch ihre Berichte von überwältigend positiven Reaktionen auf extragenitale Stimulation begreiflich gemacht, daß die konventionelle Auffassung von Sexualität äußerst kritisch und unnötig begrenzt zu verstehen ist. Sie haben gezeigt, daß wir unseren Horizont in bezug auf das, was sexuell ist, erweitern können, indem wir eine Vielzahl von Stimulationen einbeziehen, die Befriedigung bringen können, gleichgültig ob sich die Stimulationen auf die Vulva konzentrieren oder zu einem Koitus oder einem Orgasmus führen.

Diese Berichte haben mich dazu veranlaßt zu fragen, was denn die genaue Bedeutung von sexueller Begierde und Befriedigung für Frauen wäre. Was bedeuten *sexuelle* Funktionsfähigkeit und Funktionsstörung? Und weiter, wie – und durch wen – ist das zu definieren und zu messen? Mit dem, was die Frauen von einem Kontinuum von Lust, Orgasmus und Ekstase erzählten, haben sie demonstriert, daß ein physiologischer Orgasmus ein viel zu begrenzter Begriff ist, um als Kriterium oder sogar als entscheidendes Kriterium für die wirkliche Funktionsfähigkeit und Befriedigung standzuhalten. Frauen, die Sex lieben, haben angedeutet, daß wir unsere Definitionen erweitern können, indem wir die emotionalen und geistigen Dimensionen einer Persönlichkeit mit einbeziehen, auch den Verstand. Ihre Worte sind ein Plädoyer für die Macht der Selbsteinschätzung und der Selbstdefinition und nicht für die Bewertung und Definition durch andere – durch Partner, Ärzte oder Forscher. Ihr Vorschlag ist es, einige der Ergebnisse der Sexualforschung mit einer gehörigen Portion Skepsis zu betrachten, das Moralisieren, Neinsagen und Manövrieren sein zu lassen und den Wust von Botschaften, die in unserer Kultur eingemauert sind, zu ignorieren. Frauen haben die Fähigkeit, ihre eigenen Erfahrungen von Funktionieren und Befriedigung ohne den Segen unbeteiligter Experten auszuwerten.

Schließlich, und das ist von allergrößter Wichtigkeit, haben diese Reaktionen, wie sie die Frauen, die Sex lieben, schilderten, potentiellen Wert als Informationen für andere Frauen, als Vorbilder, als Kraft, als Hoffnung. Bis zu dem Tag, an dem es einen offenen Dialog ohne Rücksicht auf das Geschlecht geben kann, ist es notwendig, das Bedürfnis der Frauen zu achten, von den positiven Erfahrungen anderer Frauen in der altbewährten Weise zu hören: im Erzählen. Vielleicht passiert es sogar, daß die kritische Marke überschritten wird, wenn genug Geschichten mit ausreichend vielen Standpunkten erzählt werden. Frauen, die Sex lieben, werden zur Norm werden.

Das hier sind ungewöhnliche Geschichten von ganz gewöhnlichen Frauen, die nach neuen Möglichkeiten zur Betrachtung sexueller Beziehungen suchen, sie mehr zu genießen und sie in ihrem alltäglichen Leben zu verwirklichen.

Hören wir uns jetzt an, was die Frauen selbst dazu zu sagen haben.

2
Alice

Lust und Verbundenheit

> Sexualität kann uns den fließenden Übergang lehren, der zwischen einem Begehren, das auf intensive körperliche Erfahrung zielt, und einem Begehren, das durchdrungen ist vom Interesse an einem anderen, besteht.
>
> *Judith V. Jordan*

Alice ist eine jener Patientinnen, die meinen Beruf als Therapeutin zu einer Ehre und einem Vergnügen machen. Sie spazierte eines Tages auf der Suche nach Hilfe in meine Praxis, und als sie Monate später meine Räume ein letztes Mal verließ, hatte ich von ihr genausoviel gelernt, wie sie von mir. Vielleicht sogar mehr. Das war vor einigen Jahren, gerade als ich die außergewöhnlichen Interviews mit den ersten fünfzig Frauen, die Sex lieben, beendet hatte. Alice, eine wissenschaftliche Bibliothekarin, war auf der Suche nach Informationen über sich selbst, und mir half die Arbeit mit ihr, die Flut von Informationen aus den Interviews in geregelte Bahnen zu lenken. Alice' Geschichte steht hier, weil sie ein so deutliches Beispiel für den Unterschied zwischen der Entfremdung, die zu schwache sexuelle Begierde begleitet, und dem Gefühl von Verbundenheit ist, der so entscheidend für die Entwicklung einer Vertrautheit mit der eigenen Sexualität ist.

Alice ist eine Frau, die Sex liebt, ohne sich dessen, als wir uns kennenlernen, bewußt zu sein. Ihr augenblickliches Problem ist, daß sie unfähig ist, sexuelle Begierde zu empfinden, gleichgültig wie viele Bücher zu diesem Thema sie zu lesen versucht und gleichgültig wie viele Stunden sie eingesperrt in ihrem Zimmer mit stimmungsvoller Musik und Vibrator verbringt. Außerdem ist der Verkehr für sie durch mangelnde vaginale Lubrikation schmerzvoll: »Manchmal fühlt es sich an, als würde ich mit Schleifpapier bearbeitet.« Sie ist auf der Suche nach professioneller Hilfe für ihre Lustprobleme, weil eheliche Streitigkeiten drohen, ihre Schlafzimmertür aus den Angeln zu heben.

Die Worte, mit denen sie das Gespräch eröffnet, sind wie ein Hilferuf: »Ich habe schon eine Sexualtherapie gemacht, und es hat nicht funktioniert. Ich will meinen Mann nicht verlieren, nur weil es keinen Spaß macht, mit ihm ins Bett zu gehen, verstehen Sie? Wir sind seit neun Jahren verheiratet, und ich liebe ihn. Wir leben gern zusammen. Er gibt mir Sicherheit. Er ist mein Rettungsanker. Und er ist der Vater meiner Kinder.«

Ich glaube ihr, daß diese Beziehung es wert ist, um sie zu kämpfen, und frage sie, was genau mit dem Sex los sei und warum die vorhergehende Therapie denn nicht funktioniert habe.

Alice sitzt mir gegenüber, mit gesenktem Kopf, ihr Gesicht ist verdeckt von Haaren, die bis zum Kinn hängen. Sie hebt kurz den Kopf, als sie die Freitagnummer im Bett schildert, die Frank verlangt. Ihr vorgeschobenes Kinn und die Dunkelheit hinter ihren Pupillen sprechen Bände über ihre Wut und Demütigung. Mit schwacher Kleinmädchenstimme beklagt sie sich über ihren Mangel an Kraft, diese Situation zu ändern.

Frank kontrolliert jede Einzelheit dieser Paarung (was er bei der nächsten Sitzung stolz bejaht). »Er hat gern schummrige Beleuchtung, also haben wir schummrige Beleuchtung. Er mag es, wenn ich schwarze Spitze trage, also trag' ich schwarze Spitze. Er mag Regelmäßigkeit, also gehen wir's jeden Freitag um elf Uhr an.«

Diese Pflichtübung beginnt immer damit, daß Frank mit dem Verschluß des Freitagabend-BHs, der Alice' Brüste bedeckt, kämpft. Zuverlässig wie der Pony-Express kann ihn weder Regen noch Hagel noch finsterste Nacht von seiner vorgeschriebenen Route abbringen.

Frank stellt die Regeln auf, und Sex bedeutet für Alice nur eins: den Geschlechtsverkehr vollziehen, sie nennen das auch «das große V«, weil beide Probleme damit haben, ein eindeutig sexuelles Wort zu gebrauchen, ohne einen Witz daraus zu machen. Auf weiteres Befragen bestätigt Alice, daß sie aus Protest gegen ihre römisch-katholische Erziehung vor ihrer Heirat mit Frank sexuelle Beziehungen mit drei anderen Männern hatte. All ihre sexuellen Erfahrungen hatten nur ein Ziel gehabt: das große V. In ihren ganzen achtunddreißig Jahren, vor dem Ehegelübde und danach, hat sie sich nie die Mühe gemacht zu überlegen, was sie eigentlich im Bett will, ganz zu schweigen davon, wie sie schon den Versuch genießen würde, es auch zu kriegen.

Während einer unserer ersten Sitzungen sagt Alice: »Mein ganzes Leben lang haben Männer mir gesagt: ›So ist es richtig. Beeil dich. Nein, das ist die falsche Spur.‹ Und erst jetzt, in dieser Minute, hab' ich begriffen, daß das daher kommt, daß sie wie Züge funktionieren, auf einer festen Schiene hin und her fahren, und ich habe versucht, sie zu befriedigen, indem ich auf dieser einzigen Schiene mitfuhr, auch wenn das für mich überhaupt keinen Sinn macht. Ich bin nicht so. Ich glaube, ich bin da eher wie ein Hubschrauber, der vorwärts und rückwärts und seitwärts und auf und nieder fliegen kann. Mein Sichtfeld beträgt 360 Grad. Ich möchte mehr, als er haben will. Ich möchte mehr als nur das große V. Ich will Beweglichkeit und Spaß. Ich will eine Beziehung im Bett. Ich möchte das große B haben.«

Die Informationen aus meinen Interviews über erfüllte sexuelle Erfahrungen sind mir noch sehr präsent. Ich überlege, daß einiges von dem, was die Frauen erzählten, Alice helfen könnte. Wie viele Klienten mit Lustproblemen hat Alice nur wenig Übung darin, über Lustempfindungen oder auch nur die Fakten zu sprechen. Sie hat eine gewisse kindliche Unschuld, als wäre sie noch nicht ganz im zwanzigsten Jahrhundert angelangt, hätte nie eine Frauenzeitung gelesen und nie so richtig die Botschaften gehört, die ihr Körper ihr sendet.

Es ist mir eine Freude, die interviewten Frauen nicht nur als Vorbilder zu zitieren, sondern als Experten. Was am Anfang wohl am wichtigsten ist: Wenn ich von deren Erfahrungen erzähle, kann ich ganz unverkrampft und beiläufig eine Vielzahl eindeutiger Begriffe ins Gespräch einfließen lassen, und Alice sieht selbst, daß sich die Erde nicht auftut und uns beide verschluckt, wenn wir uns über dieses Tabuthema unterhalten. Zum Beispiel hatten mir die Frauen genau gesagt, wo auf ihren Körpern sie gerne berührt würden, unter anderem erwähnten sie Finger und Zehen und Ohrläppchen, Lippen, Brüste und Nippel, Klitoris und Vagina. Während ich von diesen verschiedenen Körperteilen spreche, wird sich Alice eines für sie überraschenden Phänomens bewußt: die Welt geht nicht unter. Da ist kein Blitzstrahl aus heiterem Himmel, es wackeln und zittern noch nicht einmal die Bilder an den Wänden. Schließlich gibt sie zu, daß die Nonnen in ihrer Sonntagsschule offensichtlich falsch informiert gewesen waren.

»Und trotzdem«, sagt Alice, »ist es für mich ein sehr seltsames Gefühl, wenn ich höre, wie normal und selbstverständlich Sie solche Worte gebrauchen.«

Und jetzt zittert sie selbst. Ihr Körper drückt damit aus, was sie noch nicht in Worte fassen kann – das Abschütteln der eingebleuten Regel: Sprechen über Sex ist eine läßliche Sünde, vielleicht sogar eine Todsünde. Sie pflichtet mir bei, als ich sage, ihr Körper schüttle auch den Glauben ab, Sex bestünde allein aus dem Geschlechtsverkehr: »Mein ganzes Leben lang und in jedem Buch, das ich gelesen habe, war es genau das. Und Sie wollen mir jetzt sagen, es wäre möglich, daß Frauen etwas anderes fühlen – mit ihrem ganzen Körper?«

Ebenso bahnbrechend ist für Alice die Feststellung so vieler dieser Frauen, daß emotionale Nähe bei ihren erfülltesten sexuellen Erlebnissen unbedingt erforderlich ist. Die Männer, die Alice' sexuelle Erfahrungen diktierten, hatten die Emotionen aus dem Schlafzimmer verbannt. Sie hatten ihr beigebracht, daß Sex eine gnadenlose Jagd nach dem Orgasmus ist, nicht mehr und nicht weniger.

»Wollen Sie damit sagen, ich bin nicht die einzige?« ruft sie und hebt ihren Kopf aus seiner beharrlich wiederkehrenden Demutshaltung. »Mein Wunsch ist es, daß Frank mich endlich einmal ansieht und mir zuhört. Ich wünsche, er würde hinterher einfach mit mir liegenbleiben, mich fest im Arm halten und reden. Ich dachte, Frauen, die kommen, äh, die so leicht befriedigt werden, ich dachte, diese Frauen wären nur an der körperlichen Geschichte interessiert – so wie Frank es sich mit mir vorstellt.«

Alice ist gebannt von dem, was einige Frauen darüber zu erzählen haben, wie sie ihre normalen Partner dazu erziehen, tolle Partner beim Sex zu sein. Ich erzählte ihr Rosemarys Geschichte. Sie ist auch eine Frau, die römisch-katholisch erzogen wurde, eine Frau, deren Liebe zum Sex so groß war, daß sie riskierte, ein paar ihrer eigenen Tabus zu brechen.

»Eigentlich könnte man sagen, daß ich eine ›genesende‹ Katholikin bin«, hatte Rosemary bei dem Interview geäußert. »Zu Beginn meiner Ehe mit Sean hat er sich geweigert, mir in die Augen zu sehen oder mit mir zu sprechen, sobald wir uns ausgezogen hatten. Es war ziemlich seltsam. So als wär' ich die Jungfrau Maria und er voller Schuldgefühle, weil er seine ehelichen Pflichten mit einer Heiligen vollziehen müßte.«

»In unserer Hochzeitsnacht«, fuhr Rosemary fort, »stieg er tatsächlich aus dem Bett, nachdem wir miteinander geschlafen hatten, und verzog sich in die Badewanne. Ich dachte, eine Welt bricht zusammen. Da war ich also lebenslänglich an diesen gutaussehenden Menschen gekettet, der im Dunkeln seine Persönlichkeit veränderte. Und der Sex tat weh. Ich hatte mein ganzes Leben auf diesen magischen Augenblick gewartet, und es tat weh, und mein Ehemann, mit dem ich grade mal sechs Stunden verheiratet war, schnarchte in der Hotelbadewanne.

Irgendwie überstanden wir die Hochzeitsreise mit viel

Alkohol und vielen Stunden am Strand, in denen wir nicht davon redeten. Aber die Nächte waren grauenhaft. Er war verkrampft und seltsam, ich weinte und dann betranken wir uns wieder. Ich meine, tagsüber fühlte ich mich stark zu Sean hingezogen, aber ich konnte mir nicht vorstellen, was denn am Sex so toll sein soll. Im ersten Jahr bekam ich sehr oft Kopfschmerzen und er verbrachte sehr viele Abende beim Bowling mit seinen Freunden. Meine Mutter versuchte zu helfen. Sie sagte, ich solle nicht aufgeben. Aber ich dachte mir, ich will nicht enden wie meine Mom – eine Märtyrerin, die schon mit fünfzig alt aussieht.

Dann wurde mir klar, daß es zwar gut und schön war, all das mit meiner Mutter über das Bügelbrett hinweg zu besprechen, aber mit Sean redete ich nicht darüber. Also bat ich ihn einfach eines Abends, nicht zum Bowling zu gehen. Ich hatte mir so einen aufreizenden Fetzen gekauft, zog das Ding an und bat ihn, mich richtig anzusehen. Ich wollte ihn dazu bringen, mich zu sehen, meinen Körper zu sehen. Und dann sagte ich: ›Wir müssen endlich miteinander reden.‹ Und er war wirklich dankbar, da er sich auch ziemlich mies gefühlt hatte. Er dachte, man würde erwarten, daß er genau Bescheid wüßte, und kam sich wie ein Tölpel vor. Er war ein Tölpel, aber ich liebte ihn. Ich hatte trotz allem in diesem ersten Jahr gelernt, ihn zu lieben. Also zog ich mein aufreizendes Nachthemd aus und sagte: ›Laß mich dein Lehrer sein.‹

Wie sich herausstellte, lernte er ungeheuer schnell! Und ich ebenfalls. Das war vor neunzehn Jahren und wir lernen immer noch. Und wissen Sie, welchen Spitznamen wir uns bis zum heutigen Tag geben? Lehrer. Manchmal nennen uns sogar die Kinder so. Wir erklären ihnen, daß man von den Menschen, die einen lieben, nicht erwarten könne, daß sie erraten, was man will, man muß es ihnen einfach sagen.«

Rosemarys Geschichte scheint Alice direkt anzusprechen. Nach dieser Art unmittelbarer Kommunikation hat sie sich bei Frank gesehnt. Ihr war noch nie der Gedanke gekommen, daß sie die Möglichkeit hätte, das vorhersehbare

Muster ihrer Freitagnachtnummer zu durchbrechen. »Das wird so sein, wie eine neue Sprache lernen«, bemerkt sie. »Das riecht nach Arbeit, nach Kampf.« Ein Lächeln breitet sich über ihr Gesicht, und ihre Augen strahlen, als wären gerade die Gewitterwolken aufgerissen. »Und das Erstaunliche ist, wenn ich das sage, möchte ich am liebsten lachen, bis ich platze.«

Alice begreift, daß sie ein besseres Bewußtsein für ihr sexuelles Ich entwickeln muß, wenn sie die Lehrerlaufbahn im Schlafzimmer einschlagen will. Nach einem gewissen Zeitraum wird sie ihre alten festgefahrenen Vorstellungen (und Franks Pony-Express, seine zielorientierten Vorstellungen) über das, was Sex sein soll, abgebaut haben. Wie sie vermutet hatte, ist der Kampf nicht nur zermürbende Arbeit. Sie trifft ihre Auswahl aus der ganzen Fülle von Möglichkeiten, die ihr von Rosemary und den anderen in einer Kostprobe der Interviews aufgezeigt werden, liest die Wie-mach-ich's-Bücher mit neuen Augen und fängt an, auf konstruktive Weise über ihr augenblickliches Liebesleben nachzudenken. Sie kann jetzt damit beginnen, all das, was Lust bereitet und das, was scheinbar Schmerz bereitet, zu trennen. Zum Beispiel entdeckt sie, daß Franks unbeirrbare Loyalität zu ihr ein Charakterzug ist, der sie zutiefst rührt, genau wie sein gehetztes, sich ewig wiederholendes Verhalten im Bett sie in Wut versetzt und langweilt.

Zur Schaffung einer Grundlage beginnen wir mit dem Positiven. Ich bitte sie, sich Akte vorzustellen, die ihr Lust bereiten könnten, wenn sie sie mit Frank erlebt (vielleicht in den kurzen Pausen, in denen er langsamer werden muß, um die Pferde zu wechseln).

»Zärtlichkeit und Mitgefühl«, beginnt sie und räuspert sich ein paarmal, als wolle sie ihren Hals von dem befreien, was ihre Stimme wie die eines Jungen im Stimmbruch kieksen läßt. »Ich möchte mich gerne mit ihm über meine Gefühle unterhalten können. Allein mit ihm in einem Zimmer sein, ganz ruhig, ohne Ablenkung oder Zielsetzung. Einfach ganz normal mit ihm zusammen sein.«

Diese Enthüllungen überraschen sie, weil sie scheinbar

so wenig mit Sex zu tun haben oder mit dem, was sie gelernt hatte, als Sex zu betrachten. »Was hat der Wunsch, ruhig mit Frank zusammenzusitzen oder mit ihm zu reden, mit meinem Bedürfnis nach körperlicher Liebe zu tun? Vielleicht entgeht mir da etwas?«

Das Umfeld der Lust

Die Möglichkeit, daß hinter Sex mehr stecken könnte, als sie bis jetzt erlebt hat, veranlaßt Alice, mir eines Tages eine sehr grundlegende Frage zu stellen: »Was genau ist denn Sex überhaupt?«

Was ist Sex? Trotz meiner zwanzigjährigen Praxis als Sexualtherapeutin und Forscherin, ganz zu schweigen von meinen eigenen Erfahrungen auf diesem Gebiet, kann ich immer noch nicht mit einer eindeutigen Antwort auf diese Frage aufwarten. Es gibt wohl auch keine objektive, wissenschaftliche Beschreibung dessen, was für Frauen wirklich guter, befriedigender Sex ist, solcher, der Körper und Seele dahinschmelzen läßt. Man kann all die Empfindungen, Zusammenhänge und das Chaos im Gefühlshaushalt nicht quantitativ erfassen. Keine Möglichkeit, die Auswirkungen auf das tägliche Leben der Frauen zu messen.

Um Alice eine Art positiven Rahmen zu geben, greife ich wieder auf Vorbilder und Experten zurück – auf die Frauen in meiner Studie, die sich direkt und qualifiziert über ihre Erfahrungen und Beobachtungen äußerten. Ihre Geschichten vermitteln etwas von dem individuell verschiedenen Spektrum der Lust, das Frauen in bezug auf Sex haben. Manche widersprechen sich auch, als hätten die Frauen mit verbundenen Augen versucht, einen Elefanten zu beschreiben. Um daraus so etwas wie einen Gesamteindruck zu gewinnen, muß man sich schon eine Reihe von Beschreibungen anhören und daraus sein eigenes Bild zusammensetzen.

Eine der Frauen erzählte von der Vollkommenheit der Lust und von ihrer Fähigkeit, sie zu erzeugen, wenn sie mit sich selbst ihm Einklang ist, so als gäbe es keine Barrieren zwischen ihrer sexuellen und ihrer übrigen Energie. Sondra war eine junge Mutter, die gerade ihren Job gekündigt hatte, um wieder ganztags zur Schule zu gehen. Wenn sie erzählte, sprühte ihre Stimme vor Lebendigkeit, strahlte aus, wie aufregend ihr neues Leben für sie war, wie offen sie für neue Erfahrungen war. Sondras Einstellung zu Sex ist bei weitem nicht nur körperlich: »Manchmal glaube ich, daß Sex ein Geisteszustand ist, nicht nur Hautkontakt. Wenn ich in Stimmung bin, macht mich alles an.«

Eine andere Frau sagte dagegen, ihre Augenblicke höchster Ekstase wären geprägt von rein körperlicher Lust, die sie zu bestimmten Zeiten mit einem Freund erlebte, der immer wieder in ihrem Leben auftauchte. »Wir waren wie die Karnickel, konnten einfach nicht genug voneinander kriegen«, sagte Lois und wiegte genußvoll ihren Körper in der Erinnerung an ein solches Erlebnis vor fünfzehn Jahren. »Wir haben uns darüber unterhalten, daß es durchaus passieren kann, daß wir beide im selben Altersheim enden und uns gegenseitig aus den Rollstühlen zerren.«

Denise schilderte noch eine andere Erfahrung. Sie berichtete, daß in ihrer zwölfjährigen, engen Beziehung zu einer Frau die emotionale Anziehungskraft zwischen der Geliebten und ihr selbst weit zwingender war als die körperliche. »Wir sind schon so lange zusammen, daß sich nicht nur unsere Körper lieben, davon bin ich fest überzeugt. Das wichtigste für uns ist, daß wir uns perfekt ergänzen. Wie jeder genau in das Leben des anderen paßt.«

Gayle und ihr Mann hatten vor kurzem gemeinsam die Leitung eines Beratungsprogramms für Kollegen in einem College übernommen. Sie beschrieb sexuelle Leidenschaft aus einer weiteren Perspektive – als spirituelle Vereinigung und Niederreißen künstlicher Barrieren zwischen Männern und Frauen. »Sex ist ein Weg zu einem der tiefgründigsten Teile von mir. Zu dem Teil, der offen für alles ist, von dem aus ich jede Richtung einschlagen kann. Alle möglichen Dinge werden bei mir durch meine Sexualität vereint: Feminismus, Verehrung, Verbundenheit. Ich stelle mir vor, daß ich das ganze Universum ohne Rücksicht auf Geschlecht in die Arme schließe. In diesem Augenblick bin ich erfüllt von dem Gefühl, Teil eines Ganzen zu sein. Vereinzelung ergibt keinen Sinn.«

Während ich mich mit Alice unterhalte, wird mir klar, daß die Geschichten der Frauen alle eine zentrale Idee haben: Sex ist wesentlich mehr als nur Verkehr. Sex ist Verbundenheit. Lust auf Sex ist die Sehnsucht, eine Verbindung mit einem Partner einzugehen, und der Wunsch, sich selbst, mit Körper und Geist, Verstand und Seele zu gehören. Eine Gier nach »vollständiger Sättigung«, sagt die Dichterin Sharon Olds.[1]

Auf ihrer Suche nach einer Antwort zu der Frage »Was ist Sex?« werden Alice die Geschichten der Frauen nicht genügen. Um die Unterschiede zwischen ihren und Franks Wünschen beim Liebesspiel voll und ganz zu begreifen, muß sie erkennen, wie verschieden Männer und Frauen Sex sehen. Jetzt, zehn Jahre später, während ich über Alice und ihre Frage nachdenke, fällt mir das beziehungsbetonte Modell für Therapie ein, das während der letzten Jahre im Stone Center am Wellesley College entwickelt wurde. Dieses Modell, dessen Schwerpunkt eine gesunde zwischenpersönliche Verbindung ist, faßt Alice' Sehnsucht nach dem großen B im Bett in sehr elegante, gelehrte, positive Worte.[2]

Mit der Klarheit, die einem immer im nachhinein gegeben ist, wünschte ich, ich hätte Alice damals auf Dr. Judith Jordans Abhandlung über Lust und Sexualität[3] verweisen können. Jordan weist darauf hin, wie die Rollenverteilung, die Alice' und Franks starres und festgefahrenes Sexualleben charakterisierte, die verschiedenen Muster von Lust widerspiegelt, die Männer und Frauen in Kindheit und Jugend entwickeln. Laut Jordans Studie entwickelte Frank sein Gefühl, daß ihm sexuell alles zusteht, durch den pubertären Zwang, sich sexuell zu entladen. Alice' eingefleischter Sinn für sexuelle Wertlosigkeit und der Mangel an Klarheit über ihre eigenen Wünsche sind die Hinterlassenschaft einer Kindheit, in der ihr nach und nach ihre eigenen Lüste und Sehnsüchte ausgeredet wurden.

An dieser Stelle möchte ich Jordan zitieren, weil ich der Meinung bin, daß sie sehr treffend den kulturellen Einfluß erklärt, der der Grund für das ist, was die Sexologen unschön als »Störungen der sexuellen Lust«[4] bezeichnen. Sie schreibt: »Aus Scham über ihren ›Mangel‹ stritten Frauen ihre eigenen Erfahrungen ab, paßten sich männlichen Normen an oder, und das ist nicht weiter überraschend, verloren ihr Interesse an Sexualität und dadurch noch mehr ein Gefühl für ihre Lust. Somit ist es für Frauen sehr schwer zu sagen: ›Ich will das.‹«

Jordan knöpft sich systematisch das etablierte Modell sexueller Lust in unserer Gesellschaft vor, das soviel Wert auf Unabhängigkeit, die auf persönlicher Leistung beruht, legt. Sie weist darauf hin, daß das, was als Lust gilt, das Bedürfnis nach Dominanz ist, das Bedürfnis, eine andere Person als Objekt für eigene Befriedigung zu gebrauchen, wie es zum Beispiel Frank demonstriert, der darauf besteht, daß Alice schwarze Spitze trägt. Jordan meint, für Frauen sei Lust nicht einseitig, sondern interpersönlich. Das »empathische Kennen« des anderen ist von entscheidender Bedeutung für totale sexuelle Ausdrucksmöglichkeit. Mit anderen Worten, es gehören zwei dazu.

Das soll aber nicht heißen, daß Frauen sexuelle Lust nur empfinden, wenn sie sich zum Gleichschritt mit dem Partner zwingen. Die Theorie der Beziehungsabhängigkeit von Sexualität ist vielmehr eine Anerkennung von Alice' Wunsch nach dem großen B oder, wie Jordan es ausdrückt, die Freude daran, ein Teil des anderen und nicht getrennt voneinander zu sein. Für Frauen, die Sex lieben, sind Lust und Verbundenheit Stücke desselben Kuchens. Die Frauen in meiner Studie berichteten, daß sie häufig sexuelle Beziehungen aus dem Bedürfnis nach Verbundenheit eingingen.

Wenn wir diese Gedanken mit einbeziehen, können wir Alice' Lust als *Störungen* und Franks und Alice' Lust als *Diskrepanzen* bezeichnen.[5] Wir können sie als Beispiel dafür betrachten, wie sich unsere Sozialisation im Lauf der Geschichte in der sexuellen Reaktionsweise heterosexueller Paare niedergeschlagen hat. Selbst unter Berücksichtigung einer Vielzahl von ethnischen oder Standesunterschieden nährt unsere Kultur ein Klima, das sexuelle *Un*verbundenheit fördert, ein genauso chaotisches Klima, wie es der deprimierte, Hände am Boden schleifende Makake erlebte, dessen soziale Ordnung ausdrücklich zur Schaffung sexueller Fehlfunktion gestört worden war. Solche Unverbundenheit erzeugt einen harten Kern uneingestandener sexueller Selbstkasteiung und Verwirrung für Frauen und einen harten Kern von Versagensängsten bei Männern. Kurzum, Alice und Frank.

Ich bin der Meinung, daß es eine gewisse Logik für die Lustprobleme, die Alice in die Therapie brachte, gibt. Ihre Wurzeln sind politisch und wirtschaftlich und sie reichen bis in die Anfänge der Geschichte zurück. An die entsprechenden Fakten ist schwer heranzukommen. (Wie Elise Boulding es scherzhaft ausdrückte: die Geschichte der Frauen studieren heißt, »das Unsichtbare zu kosten«.[6]) Trotzdem ist es unschwer vorstellbar, daß für Frauen aller Zeitalter Sex eher eine Sache des Überlebens war als eine der freien Wahl und der Freude. Wie Alice waren die meisten Frauen im Lauf der Geschichte im Austausch für wirtschaftliche Sicherheit, Schutz und Legitimität von Männern abhängig. Wie Frank haben die meisten Männer den Ton im Schlafzimmer (oder in der Höhle) angegeben und auch in den meisten anderen Lebensbereichen.

Sexuelle Besitzansprüche auf Frauen durch ihre reicheren, stärkeren Ehemänner und Väter, die Macht der Männer, Frauen zu zerstören, egal ob sie sich an die Regeln halten oder nicht, hat einen Großteil der Geschichte weiblicher Sexualität in ein schmerzbeladenes Dokument von Unlust und Körperlosigkeit verwandelt. Frauen sind im Namen der Sexualität entführt, vergewaltigt, geschlagen, gefesselt und wie Vieh verkauft worden.[7] Es ist ein Wunder oder vielleicht ein Tribut, der der ungezügelten Kraft sexueller Energie zu zollen ist, daß es überhaupt noch Frauen gibt, in denen die

Liebe überlebt hat und die davon berichten wollen. In jedem Zeitalter wurden Männer, besonders Männer in Machtpositionen, ermutigt, sich sexuell auszutoben. Frauen dagegen wurden kaum ermuntert, ihre Lust auszuleben. Wir alle kennen die Botschaft: *Ein braves Mädchen tut das nicht.* Was heißt, daß wir uns auch kurz vor Beginn des einundzwanzigsten Jahrhunderts besser an die uns bestimmten Rollen halten sollten: Jungfrau, Ehefrau, Mutter, alte Jungfer, Nonne, Helferin.[8] Diese Rollen lassen keinen Freiraum für ein Ausleben der Lust. Dagegen sind sexuell orientierte Frauen (oder Frauen, die für stark sexuell orientiert gehalten werden) als Ausgestoßene abgestempelt: Konkubine, Prostituierte, Hexe und unfolgsame Lesbe.

Wie taut man eingefrorene Gefühle auf?

Die Kenntnis dieser historischen Zusammenhänge hilft Alice dabei, sich weniger isoliert zu fühlen, weniger als einzige Frau Amerikas, die das Gefühl hat, im Bett lustlos und wütend zu sein, und trotzdem ihre Ehe nicht beenden will. Ihr kommt ein grundlegender Verdacht: »Vielleicht ist es gar nicht meine Schuld. Vielleicht bin ich gar keine lustlose Frau.« Alice beginnt, die Vermutung zu formulieren, sie wäre eine lüsterne Frau in lustloser Umgebung.

Sie wird sauer. Und saurer. Allmählich wird sie wütend. Zunächst ist sie wütend, weil ihr soviel entgangen ist. Für den Anfang richtet sich ihre Wut gegen sich selbst. Frauen finden es oft weniger gefährlich, Wut gegen sich selbst zu entwickeln, als den Leuten, die sie quälen, von Angesicht zu Angesicht gegenüberzutreten. Außerdem paßt es in die Weltanschauung, daß Frauen es verdienen, für alles, was im Paradies schiefgeht, verantwortlich gemacht zu werden.

»Ich komme mir so dämlich vor, weil ich nie vorgeschlagen habe, daß Frank mich irgendwo anders berührt.« Alice knirscht mit den Zähnen und schlägt mit der Faust aufs rechte Knie. Ich lege ihr schnell ein Kissen aufs Knie, damit sie zuschlagen kann, ohne sich weh zu tun.

»Stellen Sie sich vor, das Kissen wären Sie«, sage ich. »Nur zu, schlagen Sie es. Schlagen Sie es so fest Sie wollen.« Ich erinnere mich an eine Frau in einer Therapiegruppe, die als Kind schwer mißbraucht worden war: Norah, eine dralle, athletische Schwesternschülerin, die kaum redete und wenn, dann bewegten sich ihre Lippen dabei kaum. Eine der ersten Handlungen Norahs, um sich von dem Schmerz zu befreien, den sie verinnerlicht hatte, war es, ihrer Wut freien Lauf zu lassen und sie körperlich auszudrücken. Da sie noch nicht bereit war, sie gegen ihren schrecklichen Vater zu richten (allein der Gedanke an ihn versetzte sie in Schrecken, selbst innerhalb der relativen Sicherheit des Therapieraumes), richtete sich die Wut gegen sich selbst. Sie nahm in der Gruppe ihren Nietengürtel ab und schlug auf ein Kissen ein, das sie selbst darstellen sollte, bis davon nur noch winzige Schaumstoffetzen übrig waren.

Auf Grund der Schwere von Alice' Entfremdung und sogar Abgestumpftheit im Zusammenhang mit Sex, vermute ich stark, daß sie einmal irgendwie mißbraucht wurde. Solche Vermutungen und Eingebungen verdienen es, beachtet zu werden, und sind immer ein entscheidender Knackpunkt für mich als Therapeutin. In bin mir sehr wohl bewußt, daß das Gleichgewicht der Kräfte zwischen Therapeuten und Patienten dem Gleichgewicht der Kräfte zwischen potentiellem Mißbraucher und potentiellem Opfer entspricht. Was ich damit sagen will, ist folgendes: Wenn ich Mißbrauch ins Gespräch bringe, könnte das in Alice' Bewußtsein ein Bild davon auslösen, obwohl er nicht wirklich stattgefunden hat. So kann ein Therapeut, der es wirklich gut meint, tatsächlich zum Übeltäter werden. Ich ziehe es vor zu warten, bis Alice selbst ihre Erinnerungen hervorholt.

Außerdem weiß ich, daß sie erst einmal den Selbstbezichtigungsteil hinter sich bringen muß, bevor die ganze Geschichte ans Licht kommt, genau wie bei Norah in der Gruppe. Jetzt ist es nicht der richtige Augenblick, das anzusprechen, was ihr vielleicht als kleines Mädchen über Sex vermittelt wurde, noch der, nach Traumata zu suchen, die sie möglicherweise erlebt hat. Es ist auch nicht die Zeit, Franks Anteil an ihren Lustproblemen zu untersuchen oder den Anteil der Partner vor Frank. Alice muß jetzt ihre Gefühle ausdrücken, später kann sie deren Gegenstand genau anpeilen. Ist ihr Mangel an sexueller Lust eine Form von Selbstbestrafung? Und es ist nicht der richtige Zeitpunkt, sich zurückzulehnen und zu analysieren. Jetzt soll sie sich erst einmal auf das Kissen stürzen und ihre Energien freisetzen.

Aber Alice scheut wie ein Pferd und preßt ihre geballten Fäuste vor die Brust. »Warum in aller Welt verlangen Sie von mir, auf dieses Kissen einzuschlagen? Wie soll mir das dabei helfen, mit Frank lieber ins Bett zu gehen?« Ein gutes Zeichen: Alice läßt sich vom Therapeuten nicht zu etwas verleiten, was sie nicht versteht. Die Art und Weise, wie wir diesen Konflikt bewältigen, kann dazu dienen, ihr zu zeigen, wie sie klarer mit Frank kommunizieren kann und dabei nicht klein beizugeben.

Ich schildere ihr, wie die Bewegung ihrer Muskeln beim Schlagen des Kissens dabei helfen könnte, einige ihrer sexuellen Lustprobleme freizusetzen, die sie mit Frank erlebt. Der Körper kann sehr entlarvende Geschichten erzählen (erkläre ich ihr), aber den Zugriff auf diese Geschichten findet man nicht immer, indem man einfach über sie redet. Die Erforschung der Bioenergie hat gezeigt, daß Erinnerungen im Skelett, in den Muskeln, ja sogar in den Zellen eingelagert werden. Diese Erinnerungen des Körpers sind genauso real – und genauso stark – wie kognitive Erinnerungen, die im Verstand eingelagert sind. Außerdem gehen Körpererinnerungen zurück bis in präverbale Zeiten, bevor wir lernten, die Vorkommnisse unseres Lebens chronologisch zu ordnen und über sie zu reden. Zusätzlich ist der Körper ein Speicher für Erinnerungen, über die man aus dem einen oder anderen Grund unmöglich reden oder sie erklären könnte, wie zum Beispiel traumatische sexuelle Vorkommnisse. Der Verstand mag vielleicht vergessen, aber der Körper tut das nie. Einige Wissenschaftler bestreiten zwar den Wert von Erinnerungen, die aus den Tiefen des Bewußtseins gezerrt werden, aber meine therapeutische Erfahrung zeigt, daß diese Erinnerungen zu gründlicher Heilung führen können.[9]

»Oh«, unterbricht mich Alice. »Hab' ich vielleicht deshalb ständig Rückenschmerzen? Versucht mein Rücken, mir etwas zu sagen?« Sie legt die Hand direkt unter ihre linke Niere.

»Könnte sein«, erwidere ich. »Wenn Sie chronisch Ihre Gesäßmuskeln anspannen, könnte Ihr Rücken Ihnen sagen, daß Sie Entspannung brauchen.«

»Sie meinen wohl, daß mein Rücken mir sagt, mein Hintern wäre verkniffen«, sagt Alice und grinst wie eine Katze, die gerade ein Tablett mit Sushi entdeckt hat. Das ist das erste Mal, daß sie einen Körperteil unterhalb der Gürtellinie beim Namen nennt. Vielleicht ist das ein erstes Anzeichen für eine Lockerung.

Ich sage Alice, daß ich oft die nackte, kalte Wut in ihren Augen sehe, das vorgeschobene Kinn, die geballten Fäuste, den verkniffenen Po. Ich denke, das bedeutet, daß sie ihre Muskelerinnerungen zurückhält. Ich sage ihr auch, daß sie, solange sie diese Muskeln im Bett anspannt, unmöglich diese Muskeln benutzen kann, um Frank entgegenzukommen, und es dadurch für sie unmöglich ist, eine richtige Flut von Lust zu empfinden, oder wie Reich das nennt, die Organenergie, die Erregung, die sich bis zur Entladung im Orgasmus steigert.[10]

»Mit anderen Worten«, sage ich zu Alice, »Sie können nicht innerhalb derselben Zeitspanne gefroren und dahinschmelzend zugleich sein. Indem Sie Ihre Wut zurückhalten, unterdrücken Sie auch wirksam Ihr Potential, sexuelle Begierde zu empfinden und auszudrücken. Sie können sich sogar selbst daran hindern, feucht zu werden, deshalb ist der Verkehr, als würden Sie mit Schleifpapier bearbeitet und nicht geschmeidig und fließend.«[11]

»Und wenn ich jetzt das Kissen verprügle, wird das all die Erinnerungen freisetzen, die in meinen Muskeln stecken?« Alice zieht sich das Kissen wieder auf die Knie. »Okay«, sagt sie, »machen wir's.«

Der Augenkontakt ist da. Eine Einverständniserklärung, keine Kapitulation. Wir sind bereit, mit unserer Arbeit fortzufahren.

Es folgen eine Reihe von Sitzungen, bei denen ich Alice ermuntere, ihre Muskeln zu bewegen, in denen sich die Wut und die Erinnerung an die Wut stauen. Aber sobald ihre Wut freigesetzt ist, hört sie auf, das kooperative, gefügige kleine Mädchen zu sein, das an jenem ersten Tag mit gesenktem Kopf und den hinter dem Pony verborgenen Augen in mein Büro spazierte: »Ich will keine Kissen schlagen oder mit Kissen reden oder herumlaufen«, zischt sie mich an, während sie trotzig in meinem Büro herumstapft. »Ich möchte mich im Bett besser fühlen. Ich will mich nicht mehr langweilen oder abgetörnt fühlen.«

»Wunderbar!« ermuntere ich sie. »Sagen Sie mir das noch mal! Sagen Sie's lauter! Los, brüllen Sie's raus!«

Ihr erster Schrei ist bestenfalls ein armseliges Wimmern. Aber schon bald entdeckt sie die Kraft ihrer Lungen und der Muskeln ihres Zwerchfells. Genau wie Norah, die ihre Heilung damit einleitete, daß sie ihre Kräfte testete, entdeckt Alice ein ganzes Repertoire von Lauten, die aus dem Bauch unter dem Zwerchfell kommen. Und sie stellt fest, wie gut sie sich fühlt, wenn sie diese Muskeln bewegt.

Manchmal führen wir ein regelrechtes Tauziehen um das Kissen des Anstoßes aus. Sie wirft die Haare zurück und starrt mich wütend an. Sie setzt grunzend Arm- und Schultermuskeln ein, die sie so lange verspannt hat. Das sind die Muskeln, die sich durch den Impuls sexueller Lust strecken und die Haut ihres Mannes und ihre eigene berühren, liebkosen und lieben lernen werden. Wenn ihre Energie sich regt und wirksam ist, verlieren Alice' Augen ihre Trübheit und blitzen klar graugrün.

In dem Maß wie ihre Muskeln sich lockern, fließen ihre Emotionen freier. Ganz automatisch hört sie auf, sich selbst die Schuld zu geben dafür, daß es im Schlafzimmer nicht klappt. Wieder einmal setzen wir das Gespräch als entscheidendes Mittel zur Bewußtwerdung ein. Am Ende einer Therapiestunde bittet sie mich noch einmal zu schildern, was genau die Frauen in meiner Studie am Sex liebten.

Ich wiederhole die Geschichten einiger Frauen, so wie man Lieblingsmärchen erzählt, und schaffe eine Reihe von Vorstellungen, aus denen Alice wählen kann. Ich erinnere sie an Rosemary, die ihren verängstigten Mann trainierte, an Sondra, Lois, Denise und Gayle, die alle ihre Lust als eine Verschmelzung von Körper, Geist, Herz und Seele geschildert hatten. Ich zähle außerdem einige Details auf, die diese sexliebenden Frauen in ihren Interviews erwähnt hatten: die warmen Hände auf dem Gesäß, die süßen Worte, die in empfängliche Ohren gehaucht wurden, der tranceähnliche, rhythmische Tanz der Körper von Liebenden.

»Diese Sachen mag ich auch am Sex«, platzt sie heraus. »Ich liebe die Zärtlichkeit und das Festhalten und Franks Atem im meinem Ohr. Ich liebe es, wenn er mir Komplimente macht, und ich liebe seine starken Arme.«

Diesem außergewöhnlichen Geständnis folgt eine Flut von Tränen, Tränen aus der Tiefe, von einem Ort des Leids. »Ich liebe diese Dinge am Sex, weil ich sie nie gehabt habe«, schluchzt sie. »Nie gefühlt habe. Das sind alles nur Worte. Bekenntnisse. Das sind die Dinge, die ich nur zu gerne am Sex lieben würde.«

Sobald das Tauwetter für Alice' eingefrorene Gefühle einsetzte und die positiven Sehnsüchte überflossen, war es an der Zeit, Frank in unsere Diskussionen über ihre abgestumpften sexuellen Sehnsüchte einzubeziehen. Alice ist zwar diejenige, die sich ursprünglich bei mir um eine Therapie bemühte, aber sie ist nicht die Alleinverantwortliche für ihre Probleme im Bett. Franks gnadenlose Die-Post-muß-um-jeden-Preis-ankommen-Einstellung zu ihrem Sexualleben ist ein entscheidender Punkt. Frank hat seinen Teil zu deren Lösung beizutragen.

Zwei Szenen aus der Paartherapie mit Alice und Frank sind besonders bemerkenswert. In einer bitte ich sie, Stühle und Rollen zu tauschen, jeder soll den anderen spielen. Ihre Aufgabe ist es, die Dynamik vorzuspielen, mit der ihre Verhandlungen zum Liebesspiel normalerweise beginnen. Ich weise sie darauf hin, daß sie sicher keine Schwierigkeiten haben werden, die Details genau zu schildern, da sie einander so gut kennen. Warum verlange ich das von ihnen? Sowohl Alice als auch Frank haben mit den vorhersehbaren Reaktionen des anderen gerechnet, um ein festgefahrenes System nicht aus dem Gefüge zu bringen. Ein Rollentausch kann manchmal einen emotionalen Stau, der seit Jahren unverrückbar festsitzt, aufbrechen.[12]

Alice beginnt mit großem Elan. In ihrer Rolle als Frank zeigt sie sich starr, autoritär und bedrängt »Alice« um Sex. Als Frank fordert sie ihn auf, schwarze Spitze anzuziehen. Dann, als sie die Hand ausstreckt, um an dem eingebildeten BH herumzufummeln, bricht sie tränenüberströmt zusammen und fängt an zu schluchzen, ein Schluchzen, das mir einen Schauer über den Rücken jagt. Ich habe in meiner Laufbahn als Therapeutin gelernt, daß solch hemmungsloses Schluchzen meist ein Signal für die Freisetzung begrabener Erinnerungen ist.

Als sie wieder sprechen kann, ist Alice' Stimme eine Oktave tiefer als gewöhnlich, sehr klar und stark. »Das war mein Vater. Mein Vater hat mir das angetan. Er ist immer in mein Zimmer gekommen und hat mir die Schlafanzugjacke aufgemacht. Er hat mich gezwungen, meine Hose auszuziehen, und dann hat er mich einfach angestarrt. Ist einfach dagestanden und hat mich angeschaut, wie ich nackt auf dem Bett liege. Ich bin immer mit fest geschlossenen Augen dagelegen. Ich hab' immer so gefroren. Ich wußte nie, wie lange er da stand und wann er wieder weg war. Wir haben nie darüber geredet, er starb, als ich zwölf war.«

Hier war endlich das sexuelle Trauma, das ich in Alice' Leben vermutet hatte, und dessen Ursprung lange vor

Frank und seinen Freitagabendforderungen zu lokalisieren ist. Obwohl Alice' Inzest nicht gewalttätig war, ja nicht einmal richtig körperlich, hatte er doch alle Merkmale eines sexuellen Traumas. Das war ein Vertrauensbruch, verwirrend und erniedrigend. Es hatte wiederholt stattgefunden und war ein streng gehütetes Geheimnis gewesen. Neuere Forschungen auf dem Gebiet des Inzests und seiner Folgen deuten darauf hin, daß traumatische Erlebnisse in der Kindheit die sexuellen Reaktionen einer erwachsenen Frau ruinieren können, selbst wenn sie keine kognitive Erinnerung an das Trauma selbst hat.[13] Das offizielle Handbuch, das unter Psychologen benutzt wird, nennt diesen Zustand Posttraumatisches Streßsyndrom, was den Streß bezeichnet, der zurückbleibt, auch wenn das ursprüngliche Trauma längst der Vergangenheit angehört. Für Alice bedeutet das, daß sie zusätzlich zu ihren gegenwärtigen Problemen im Schlafzimmer unter einer Art emotionalem Jetlag leidet, der ihre Auffassung von Sex und Lust als Erwachsene beeinträchtigt. Und aus diesem Grund hat sie nur wenig Kontrolle über ihre emotionalen und physiologischen Reaktionen. Sie bringt Vergangenheit und Gegenwart, Schmerz und Erregung durcheinander, hindert sich sogar selbst daran, richtig feucht zu werden.

Posttraumatischer Streß zeichnet sich häufig durch solche Wahrnehmungsverschiebungen aus. Es erfolgen negative Flashbacks, die Norah aus der Therapiegruppe so beschrieben hat: »Wenn Ihr Partner Sie sanft liebkost und Ihnen Zärtlichkeiten ins Ohr flüstert, packt Sie die totale Panik davor, daß der große haarige Penis Ihres Vaters gleich wieder in Ihren Mund gesteckt wird.« Sobald Norah ihre Stimme gefunden hatte, war sie fähig, ihre Situation sehr klar zu schildern. Am Ende dieser Therapiegruppe sagte sie: »Trauma ist ein ungeheuer mächtiger Lehrer. Er lehrt uns, das zu verdrängen, was wir wissen, damit wir die Nacht überstehen können.«

Alice lernte auch diese Nächte mit den Besuchen ihres Vaters hinter sich zu bringen und jetzt die Freitagnächte mit Frank, indem sie sich abkapselte, die Schalter auf aus knipste, damit sie nichts fühlte. Wenn sie diese Schalter wieder umstellt, damit sie endlich die Vergangenheit fühlen kann, ist sie fähig, sich ihrer gegenwärtigen Gefühle bewußt zu werden. Frank soll eine wichtige Rolle bei der Wiederfindung ihres sexuellen Empfindens spielen.

Franks Reaktion ist genauso spontan, wie Alice' Rollenspiel es war. Als Alice das Geheimnis preisgibt, das sie dreißig Jahre lang gewahrt hat, hält er ihr Gesicht in seinen Händen und weint mit ihr. Der Schmelzpunkt zwischen den beiden ist erreicht.

Indem er Alice mit Zärtlichkeit entgegenkommt, scheinen sich Franks Ängste in bezug auf Sex zu lösen. Er ist jetzt nicht mehr Alice' Gegner im Therapieraum, der jeden Punkt anficht wie ein Strafverteidiger. Während der folgenden Sitzungen gibt es Augenblicke, in denen er aktiv ihren Standpunkt verteidigt, und ich spüre, wie sich die Blicke der beiden treffen und sie lächeln. Manchmal halten sie Händchen wie die Teenager, wenn sie die Praxis verlassen. Alice berichtet, daß seine Jagd nach dem großen Freitagnacht-V und dem Großen O anscheinend ruhiger und weniger beherrschend geworden ist.

Die zweite bemerkenswerte Szene passiert etwa im dritten Monat unserer gemeinsamen Arbeit. Eines Tages erhebt sich Alice im Therapieraum und bittet Frank um absolute Aufmerksamkeit. Inzwischen ist es Frank möglich, mit dem Reden aufzuhören, Alice direkt in die Augen zu sehen und sich interessiert anzuhören, was sie zu sagen hat.

»Zuallererst«, erklärt sie ihm, »weißt du ja, daß du mir wichtig bist. Und du weißt, daß ich dich brauche. Ich brauche dein Geld und diese Art von Unterstützung. Aber deine Freundschaft und deine Liebe brauche ich noch mehr. Und du weißt, daß ich auch Lust mit dir empfinden will, aber es war zu schwer, und jetzt ist es mir klargeworden warum.«

Sie erzählt Frank, daß sie jetzt begreift, wie sehr sie die allwöchentlichen Heimsuchungen ihres Vaters gequält hatten. Sie beschreibt die verworrenen Botschaften, die Verwirrung, die Last, die sie zu tragen hatte. Sie war unter dem Zwang gestanden, gleichzeitig keusch und aufreizend zu sein, ein kleines Mädchen und eine Ersatzfrau für ihren Vater.

Sie beichtet etwas, das sie fast zerstört hätte, als sie es bei einer Einzelstunde eingestanden hatte. »Ich freute mich auf die Besuche meines Vaters. Sie gaben mir das Gefühl, etwas Besonderes zu sein. So als wäre es meine Aufgabe, ihn glücklich zu machen. Das war irgendwie zu meinem Lebenszweck geworden. Sie wissen schon, ein Teil von Gottes großem Plan. Und dann starb mein Vater. Meine Rolle in der Familie veränderte sich vollständig, und das von einem Tag zum anderen.«

Sie berichtet, wie sie Trösterin und Vertraute ihrer Mutter sein mußte und selbst nur wenig Trost erfuhr und außerdem keinen einzigen Menschen hatte, dem sie ihr eigenes vertracktes Geheimnis anvertrauen konnte. Es war mit ihrem Vater gestorben, der nach seinem Herzinfarkt zum Familienheiligen erhoben wurde.

Sie fügt hinzu, daß sie sich unbewußt für den Tod ihres Vaters verantwortlich gefühlt hatte: »Vielleicht hätte ich ihm mehr entgegenkommen sollen. Die Augen offenhalten. Mich nicht als etwas Besonderes fühlen ...«

Sie beschreibt, wie erdrückend die Last dieses Schuldgefühls war, die sie von der Hochzeitsnacht an ins Schlafzimmer schleppte: »Ich habe dich so sehr begehrt, hatte aber solche Angst, du würdest auch seinen Herzinfarkt kriegen und sterben, wenn ich mir gestatte, dich so sehr zu begehren.«

Nachdem sie Frank reinen Wein eingeschenkt hatte, was ihren Anteil an den Lustproblemen betraf, fährt sie fort und umreißt das, was sie als seinen Anteil sieht. »Bitte hör dir das an, Frank. Hör wirklich hin. Wenn du drauf bestehst, Woche für Woche auf dieselbe Art Verkehr zu haben, dann erwachen wieder diese schrecklichen alten Gefühle in mir und nicht die Lust, mit dir ins Bett zu gehen. Aber ich bin keine gefühllose Frau. Ich bin voller Wärme und ich bin sinnlich. Ob du's glaubst oder nicht, nach all den Jahren will ich dich noch immer. Ich begehre dich. Die Schleusen sind im Begriff, sich zu öffnen, also sei auf der Hut. Aber die Art und Weise, wie wir miteinander schlafen, muß sich ändern.«

»Was sollen wir denn deiner Meinung nach tun?« fragt Frank.

Alice' Stimme wird bestimmter, als sie sich sammelt, um ihr Hauptanliegen vorzubringen. »Mir ist es völlig egal, was wir miteinander machen, solange es etwas anderes ist und vor allem nicht Freitag abend!«

Sie legt eine Liste von Bedingungen vor, von denen sie hofft, daß sie ihr Spaß am Sex bringen – schlicht und ohne Umschweife:

- Keine Maskerade mehr
- Nie wieder Freitag abend um 11 Uhr. Wir werden die Tageszeiten ändern, es auch mal morgens und am Wochenende versuchen
- Du wirst mir in die Augen sehen und nicht nur meinen Körper anschauen
- Wir werden uns gegenseitig am ganzen Körper berühren
- Wir werden den Anfang machen, indem wir uns gegenseitig erzählen, wie wir uns fühlen
- Wir werden spontan sein – selbst wenn wir es im voraus planen müssen

So sieht also Alice' Lustrezept aus. Es ist ein Zeugnis für das Bedürfnis der Frauen nach Sicherheit, Macht und Verbundenheit. Es enthält kein Wort über Orgasmus. Es ist eine Forderung nach den alles umfassenden Gefühlen und Berührungen. Verbundenheit in einer Beziehung.

Diese Sitzung ist deshalb bemerkenswert, weil sie wie ein Initiationsritus ist und genau den Moment kennzeichnet, in dem Alice die letzten Reste ihres Verhaltens als kleines, machtloses Mädchen abstreift und zur Frau wird. Sie signalisiert auch den Beginn einer neuen Richtung der sexuellen Beziehung zwischen Alice und Frank und einem baldigen Ende der Paartherapie.

Frank reagiert auf Alice' Forderungen wie der Ingenieur, der er ist. Er wägt jeden Punkt ab, um zu sehen, wie die Belastungen sich verlagern würden. Nachdem er zu der Überzeugung gekommen ist, daß ihr Vorschlag Vorteile hat, nickt er und sagt: »Na, dann wollen wir mal sehen, wie wir das durchziehen können.«

Das, was sie mir in den nächsten Wochen berichten, ist keine Wunderheilung. Alice sieht sich nicht plötzlich imstande, Betonwände einzureißen, um an Franks Körper ranzukommen, und Frank wird auch nicht über Nacht zum feinfühligen Liebhaber. Frank und Alice berichten statt dessen von einer allmählichen Umstrukturierung des Systems.

Alice ergreift zuerst das Wort: »Wir sind nach Hause gegangen und haben geredet. Wir haben sogar über die Möglichkeit diskutiert, uns zu trennen und uns neue Partner zu suchen, die uns mehr entsprechen. Aber je mehr wir redeten, desto klarer wurde mir, was für ein guter Mensch Frank ist und wie sehr ich ihn als Mensch und Vater der Kinder schätze. Und dann dachte ich mir, wenn unser Unglück nur mit dem Begehren zusammenhängt, muß ich vorher vielleicht gar nicht so erregt sein, um Sex zu genießen. Vielleicht kann ich mich einfach entspannen und alles auf mich zukommen lassen.«

Frank fährt fort: »Und ich dachte, warum aufgeben, was wir gemeinsam aufgebaut haben, nur um eine alte Verführungsphantasie auszuleben, die ich seit meiner Teenagerzeit habe. Ich beschloß, genau auf das zu hören, was Alice wollte. Ich würde ihren Körper berühren und beobachten, wie sie reagiert.«

Aber der Weg der Erkenntnis ist voller Steine und Hindernisse. Gerade als Alice ihre Schranken zu öffnen und dem Weg der Lust zu vertrauen beginnt, erfährt Frank zum ersten Mal in seinem Leben einen Einbruch in seiner beachtenswerten Leistungsfähigkeit im Bett. Er bekommt Probleme mit der Erektion. Seine körperlichen Bedürfnisse werden immer weniger starr, aber das hat physische Nebenwirkungen. Sein Penis wird während des Liebesspiels immer weniger steif: »Ich *denke*, ich möchte mit Alice schlafen«, beklagt er sich, »aber mein *Wille* kann keine Erektion erzeugen. Und jedesmal, wenn ich mit ihr zusammen bin, hab' ich Angst, daß ich ihn nicht hochkriege.«

Die Therapie konzentriert sich jetzt auf Frank.

Seine Ängste erfüllen den Raum. Sie dringen durch seine Ingenieursfassade, lassen ihn schneller reden, er lockert sogar seine ewig präsente Krawatte. Da er jetzt seine genitalen Reaktionen nicht mehr ganz alleine steuern kann, gibt Frank zu, daß er anfangen muß, Alice so nahe an sich heranzulassen, daß sie ihn reizt. Anstatt an Sex zu *denken*, muß er jetzt damit anfangen, ihn zu *empfinden*.

»Ich habe Angst«, sagt er. »Ich habe Angst davor, jemanden so nahe an mich heranzulassen, daß er mich beherrschen kann. Man könnte wohl sagen, ich habe Angst vor Nähe.«

Franks Geschichte kommt Stück für Stück ans Tageslicht. »Ich war ein Soldatenkind. Meine Eltern zogen sechzehnmal um, bevor ich aufs College kam. Ich hatte nie die Möglichkeit, Freunde zu finden, ganz zu schweigen von Freundinnen. Ich wollte immer nur eins: Stabilität, und jetzt sieht's so aus, als ob ich meine Ehe zerstöre.«

Es zeigt sich, daß es gar nicht um die Störungen der Erektion geht, vielmehr um die im Machtgefüge. *Potenz* als Gegensatz von *Impotenz*. Während wir versuchen diese Dynamik zu klären, kommen Franks Emotionen Stück für Stück ans Licht. In einer Sitzung weint er wie ein kleiner Junge, der machtlos dulden muß, daß seine Eltern ihn ein weiteres Mal entwurzeln.

Alice macht das, was für sie am schwierigsten ist. Sie gestattet Frank, seinen Schmerz zu empfinden, ohne einzugreifen und zu versuchen, ihn auf sich selbst abzuwälzen. Trotzdem leidet sie mit ihm: »Ich möchte ihn festhalten und trösten«, sagt sie.

Die beiden verwenden ihre Energien jetzt nicht mehr hauptsächlich darauf, sich selbst zu schützen. Beide haben Mitgefühl entwickelt. Und mit diesem Mitgefühl kommt

Leidenschaft auf, die ersten Momente inneren Feuers, die in ihrem Schlafzimmer und in ihrem Leben fehlten. Frank beschreibt, wie er eines Nachts die Hand ausstreckte, um Alice' Brüste zu berühren und wie sie sich wollüstig unter seinen Händen rekelte: »Wie eine schöne, geschmeidige Katze.« Er grinst.

»Sex ist jetzt etwas, worauf ich mich freue«, berichtet Alice in einer unserer letzten Sitzungen. »Ich freue mich darauf, wenn wir uns gegenseitig berühren. Ich kann mich sogar darauf freuen, mich auszuziehen, solange ich es selber machen kann, ohne daß jemand anders an den Haken und Reißverschlüssen herumfummelt.« Sie wirft Frank einen Blick zu und grinst dann übers ganze Gesicht: »Ich mag es, wenn unsere nackten Körper sich aneinanderschmiegen.«

»Ab und zu passiert es immer noch, daß ich keine Erektion kriege«, bemerkt Frank. »Also machen wir etwas anderes. Wir baden zusammen und massieren uns gegenseitig den Rücken oder so. Und es fällt uns immer leichter, herumzualbern und viel zu lachen. Es ist ein gutes Gefühl, die Sache langsam anzugehen. Ich glaube, Sex ist das einzige im Leben, bei dem man keine Medaille für Schnelligkeit kriegt.«

Alice und Frank verbringen die letzten Wochen der Therapie damit, sich angesichts ihrer neu entwickelten sexuellen Verhaltensweisen kennenzulernen. Sie kämpfen mit Erinnerungen und Gefühlen. Sie lernen, ihre Wünsche zu äußern. Sie stellen fest, daß sie über sich selbst und über den anderen lachen können, ohne an Würde zu verlieren. Sie machen ohne die Kinder Urlaub. Schließlich verkünden sie, daß sie bereit sind, die Therapie zu beenden und eine neue Ebene der Beziehung zu beschreiten.

»Was genau lieben Sie jetzt am Sex?« frage ich sie bei unserer letzten Sitzung.

Frank, der ein offenes Hemd trägt und keine Krawatte, die seine Antworten abwürgt, sagt: »Es gibt keine Spielchen mehr. Kein Versteckspiel, keine Heimlichkeiten. Wir haben Vertrauen zueinander. Ich hab' nicht mehr das Gefühl, daß ich alles unter Kontrolle haben muß. Ich weiß, daß Alice mir zuhören wird. Ich liebe Alice. Ich liebe alles an ihr, auch wenn sie keine schwarze Spitze trägt. Selbst wenn sie mich ärgert. Selbst wenn sie nein sagt. Ich genieße es, sie zu befriedigen.« Dabei sieht er Alice direkt in die Augen. »Und ich sag' Ihnen eins, es ist eine wirkliche Erleichterung, wenn man Freitag abends ab und zu einfach ins Kino gehen kann.«

Alice, deren Augen jetzt strahlend klar sind, sagt: »Ich liebe Sex, weil es für mich etwas ganz Neues ist. Manchmal ist es voller Gier und macht mir ein bißchen angst. Ich liebe die Nähe. Es hat so viele Jahre gedauert, bis ich sie gefunden habe. Manchmal hat der Gedanke, ins Bett zu gehen und miteinander zu schlafen, immer noch etwas von Arbeit an sich, aber wenn ich mich an Franks Körper kuschle, fühl' ich mich jetzt ganz geborgen, so als ob ich nach Hause gekommen wäre.«

Ich frage sie, was für ein Gefühl sexuelle Heimkehr für sie ist.

»Sie meinen, ich soll das in allen Einzelheiten erzählen?« fragt sie.

»Genau. Nur keine Scheu«, ermuntere ich sie.

»Na ja, es ist wohl hauptsächlich das Gefühl, daß ich mich ihm endlich öffnen kann – seinem ganzen Körper –, ohne ständig weitergehen zu müssen, verstehen Sie, besorgt sein, daß es zu etwas anderem führt. Das bedeutet, daß ich mich jede Nacht an ihn schmiegen kann, meine Beine um seine schlingen und mit meinen Zehen nach seinen tasten. Es heißt, daß ich meinen Kopf auf seine Brust lege, mit ihm atme, sein Herz unter meiner Hand halten kann. Ich kann mich jetzt mit ihm entspannen. Deswegen fühle ich mich so geborgen.

Wissen Sie, Frank hat mich nie berührt, außer er wollte die alte Freitagabendnummer. Jetzt hat er so eine Art, mich zu berühren, selbst wenn er nur an meinem Stuhl vorbeigeht. Und manchmal küßt er mich ohne jeden Grund. Manchmal ruft er mich aus der Arbeit an. Oder ich finde eine Nachricht auf meinem Anrufbeantworter, wenn ich von meiner Arbeit in der Bibliothek nach Hause komme: ›Vergiß ja nicht, daß ich dich liebe.‹«

Jetzt wendet sie sich direkt an Frank: »Ich freue mich auf das Schmusen und die Behaglichkeit – und darauf zu wissen, daß du für mich da bist, für immer. Schau, das ist der Grund, warum ich dich begehre. Ich kann mir ein Leben ohne dich jetzt gar nicht mehr vorstellen. Manchmal wache ich mitten in der Nacht auf und schau' dich einfach an – so wie wir beide immer nach Bobby und Hannah geschaut haben, als sie noch klein waren. Mir kommt es wie ein Wunder vor, daß du da liegst, neben mir, daß wir immer noch zusammen sind und fähig, uns nach all den Jahren und den Sorgen noch so nahe zu sein. Und ich mag es, daß du jetzt mit mir redest. Daß du sogar weinen kannst.«

Alice wischt sich die Nase und schnieft. Nicht so damenhaft und leise wie damals, als sie vor so vielen Monaten den Therapieraum betrat, sondern ein befreiendes Schniefen.

Ich frage sie, ob es irgendeinen Zeitpunkt oder ein Ereignis gegeben hätte, etwas, was sie tat oder dachte, das sie als Wendepunkt für sich betrachtete. Den Punkt, an dem ihr klar wurde, daß jetzt alles für alle Zeit anders werden würde. Ich dachte dabei an die Geschichten anderer Frauen, die Sex lieben, und mir von ekstatischen Erlebnissen erzählten, die ihre sexuellen Perspektiven und Reaktionen ein für alle Mal änderten und damit auch ihre ganze Lebensauffassung.

»Für mich war, glaube ich, der große Umschwung letzten Frühling, als wir diesen Ausflug aufs Land machten, weißt du noch? Die Reise ohne die Kinder. Durch das Land der Mennoniten mit den Pferdekutschen, wo wir uns auf dem Feldweg verirrt haben.«

Sie errötet wie ein junges Mädchen und versichert sich mit einem Blick zu Frank, daß er einverstanden ist, wenn sie weitererzählt. Er gibt grinsend sein Einverständnis.

»Wir waren unterwegs in dieser unglaublich konservativen Gegend, um sie uns anzusehen. Dort hat man das Gefühl, keiner geht je vor die Tür, außer um zur Kirche zu gehen oder vielleicht ein paar Säcke Getreide zu verkaufen. Es hatte gerade aufgehört zu regnen, und der Horizont löste sich im weißen Dunst auf. Die Hügel waren unglaublich grün. Außer uns war niemand auf der Straße. Es war wie in einem Märchenland, wie eine verzauberte Insel, die durch Zeit und Raum schwebt.

Wir hatten uns ziemlich verfahren, und Frank bog in einen Feldweg. Plötzlich hielt er den Wagen an. Wir hatten gerade ein Farmhaus passiert, und ich studierte die Karte auf der Suche nach einer Abkürzung. Ich war wohl diejenige, die die Sache ins Rollen brachte. Wahrscheinlich hatte ich die Karte in einer Hand und die andere lag auf seinem Knie. Ich hob den Kopf, und da war sein Gesicht, einfach so, neben dem meinen. Und er sah mich so eindringlich an. Er begann mein Haar und meine Wange zu streicheln, dann tastete sich seine Hand zu der sehr sehr empfindlichen Stelle in meinem Nacken vor.

Eins muß ich Ihnen sagen, ich war vollkommen überrascht. Ich dachte, das ist nicht der Frank, den ich kenne. Ehrlich gesagt, zu diesem Zeitpunkt war ich mir nicht ganz sicher, was genau da passierte. Es geschah alles so plötzlich, daß mir der Atem stockte. Ich keuchte. Und empfand Dinge, die ich nie zuvor gespürt hatte. Und ich dachte: also wenn es das ist, worauf ich mein ganzes Leben lang gewartet habe, dann werde ich mich jetzt einfach entspannen und es genießen.

Ich streckte die Arme nach ihm aus und begann ihn zu küssen. Was für ein Unterschied es doch war, wenn auch ich etwas tat und nicht nur dalag und darauf wartete, daß das Unvermeidliche passierte.

Es war das erste Mal in meinem Leben, daß ich solche Gefühle hatte. Ich wollte ihn einatmen. Er schmeckte so warm und gleichzeitig so, na ja, wild. Es war ein Gefühl, als wären mein Mund und meine Zunge von ihm berauscht. Ich konnte nicht aufhören und ich konnte nicht genug kriegen. Ich wollte ihn so sehr, regelrecht gierig. Ich packte ihn an den Haaren und zog seinen Kopf so heftig zu mir herunter, daß ich dachte, sein Bart raspelt mir die Haut weg. Aber es war ein so wunderbares Gefühl, und ich hielt ihn noch fester und wollte immer mehr. Dann, eine Sekunde später, waren wir wieder ganz zärtlich zueinander, als würden wir zu der Musik von Geigen tanzen. Ich hatte nie geahnt, daß ein einziger Kuß so viele Stimmungen durchlaufen kann.

Dann, mittendrin, hatte ich ihn plötzlich in meiner Hand. Seinen erigierten Penis, als hätte ich eine Blume gepflückt. Wissen Sie, ich hab' eigentlich nie gewußt, wie er sich anfaßt. Können Sie sich vorstellen, daß ich Frank in all den Jahren, die wir zusammen waren, nie berührt habe?«

Da ich Alice kenne, die wissenschaftliche Bibliothekarin und behütete Frau, mit ihrer strikten katholischen Erziehung und ihrem Päckchen persönlicher Ängste, ist dieses Maß an sexueller Unschuld für mich sehr verständlich. Ich sehe hinüber zu Frank, der mich anstrahlt wie ein Lotteriegewinner. Ich ermutige sie fortzufahren.

»Ich stellte fest, daß er weich ist, auch wenn er hart ist. Weich und irgendwie seidig anzufassen. Mein Herz öffnete sich ihm. Ich hatte das Gefühl, ich müßte ihn entschädigen für all die Jahre, in denen ich ihm keine Aufmerksamkeit geschenkt hatte. Ich wollte, daß er sich nicht mehr einsam fühlt und beugte mich vor und fing an ihn zu küssen. Er schmeckte warm und süß und salzig auf meiner Zunge – irgendwie nahrhaft, wenn man sich's überlegt. So etwas hatte ich noch nie getan. Es war ein Gefühl, als hätte ich endlich meine Jungfräulichkeit verloren, und das nach zwei Kindern und wie vielen Jahren Ehe. Vielleicht war der Ort wirklich verzaubert. Jedenfalls machten wir beide Dinge, die wir nie zuvor getan hatten.

Jetzt merkte ich mit einem Mal, daß wir beide irgendwie fast unserer gesamten Kleidung entledigt waren. Anscheinend war sie Stück für Stück von uns abgefallen, wie durch ein Wunder. Sie dürfen nicht vergessen: wir waren hier an einem Ort, an dem es sicherlich als Sünde galt, wenn Mann und Frau sich voreinander auszogen. Meine Schuhe lagen hinter mir auf dem Rücksitz. Franks Hosen waren über die Knie runtergezogen. Mein Pullover war plötzlich zusammengeknüllt hinter meinem Kopf. Alles flog um mich herum wie der Nebel über den Feldern. Dann senkte sich der Sitz und wurde zu einem Bett. Für eine Königin, dachte ich. Für mich – ich bin Königin dieser verzauberten Insel. Ich war wohl inzwischen völlig in einem Traum gefangen.«

Alice dreht ihren Stuhl und lacht Frank an. Frank grinst immer noch übers ganze Gesicht.

»Inzwischen lief alles in Zeitlupe ab. Er kletterte auf mich, obwohl das, wenn ich mir's überlege, unmöglich scheint – der Wagen ist klein, ein winziger VW. Irgendwie gelang es ihm, seine Beine unter dem Armaturenbrett zu verstauen, sein Kopf lag zwischen meinen Brüsten. Früher war ich immer sauer, weil er soviel Zeit im Fitneßclub verbrachte. Aber wenn ihn das so gut in Form hält, bin ich gar nicht mehr sauer.

Und ich hatte nie geahnt, wie gelenkig ich bin, wie geschickt ich meine Beine in die ungewöhnlichsten Stellungen bringen kann. Ich machte alle möglichen Sachen, während er mich da oben küßte, umarmte ihn mit meinen Beinen, verschlang ihn damit. Ich kam mir vor wie eine dieser Frauen auf einem chinesischen Holzschnitt, wissen Sie.«

Es strapaziert meine Phantasie ganz schön, mir Alice als kimonobefrackte Konkubine vorzustellen. Doch als sie die Szene beschreibt, das drängende Begehren, die zarte Palette von Geweben und Farben, die Anmut der Bewegung – sehe ich, daß der Vergleich etwas hat. Einen entscheidenden Unterschied gibt es aber (was ich für mich behalte), nämlich, daß Alice keine gebundenen Füße hatte. Selbst in der Enge des Kleinwagens, unter dem Bann der Leidenschaft, hatten Frank und Alice eine Methode gefunden, frei und ungezwungen zusammenzusein.

»Wissen Sie, was so erstaunlich ist? Ich hab' nicht ein einziges Mal an den dämlichen BH gedacht, den ich für Frank früher immer anziehen mußte, oder daran, wie meine Unterwäsche aussieht – ob sie auch aufreizend genug für ihn ist. Alles war vollkommen spontan. Ich glaube, keiner von uns wußte wirklich, was er da tat, bis eine Reihe dieser schwarzen Einspänner vorbeitrabte, und wir uns plötzlich daran erinnerten, daß wir neben einer Mennoniten-Farm parkten, wo man so etwas, na ja, einfach nicht tut. Wir fingen an zu kichern wie zwei Teenager, die die Polizei beim Schmusen erwischt hat. Frank war immer noch auf mir. Er konnte sich nicht bewegen, ich hielt ihn mit meinen Schenkeln fest. Wir griffen nach unseren Kleidern. Ich versuchte seine Jacke über uns zu legen, und er packte etwas: es stellte sich heraus, daß es mein Unterrock war, der schließlich über seinem Kopf endete.

Und dann war es mit einem Mal nicht mehr komisch. Ich hatte die Augen immer noch geschlossen, konnte mir aber genau vorstellen, was da draußen vor sich ging. Vor jedem Autofenster stand sicher ein Mann, der uns lüstern zuschaute, einfach da stand und uns mit wollüstigen Blicken beobachtete. Strenge Männer mit Bärten.«

Wie verletzlich sind doch mißbrauchte Frauen. In dem Augenblick, in dem sie beginnt, ihren ersten wackligen Schritt auf dem Weg wirklicher Erregung zu genießen, muß Alice ein weiteres Mal eine Neuauflage ihres Kindheitstraumas über sich ergehen lassen. Der Kreis bärtiger alter Männer hätte ihre Lust für weitere dreißig Jahre zum Verschwinden bringen können.

»Frank muß begriffen haben, was da mit mir passierte. Er streichelte mein Gesicht und flüsterte: ›Ist schon gut, du kannst die Augen aufmachen.‹ Als ich den Mut dazu gefunden hatte, war ich vollkommen überrascht – keiner schaute durch die Fenster, und wenn sie es versucht hätten, hätte keiner etwas gesehen. Das Innere des Wagens war völlig beschlagen. Wir entwickelten solche Körperhitze und atmeten so heftig, daß wir völlig eingenebelt waren. Die

Einspänner waren einfach vorbeigefahren. Wir hatten es direkt unter ihrer Nase unbemerkt gemacht!«

Was Alice da erzählt, kann ich kaum fassen. Selbst wenn ich ein Zauberer wäre, hätte ich kein heilbringenderes Ereignis heraufbeschwören können. Durch diese eine Nummer neben der Straße hatte sie die neuerwachte Lust erlebt und den alten Familiengespenstern die Macht genommen. Jetzt konnte sie sexuelles Begehren als ihren Verbündeten betrachten, ungefährlich und erregend. Eindringlinge der Gegenwart und der Vergangenheit würden hinter diesen beschlagenen Scheiben einfach verschwinden.

Ich frage sie, was sie aus dieser Episode gelernt hat.

»Vielleicht, daß wir unsere romantischen Vorstellungen überwunden haben. Dort ist alles vollkommen. Da verbrennt kein Toast, die Eier kleben nicht an, und die Kinder brauchen keine Zahnspangen. Für diese Art von Romantik sind wir schon zu lange zusammen. Diese Vorstellungen haben wir hinter uns gelassen, aber wir sind nicht zu alt für Abenteuer. Nachdem die Einspänner vorbeigefahren waren, stieg Frank aus und pflückte mir einen Strauß wilder Blumen. Können Sie sich vorstellen, daß ich immer noch die Butterblume habe, die er mir unter die Nase hielt? Ich glaube, ich habe gelernt, daß ich mich wie ein Teenager und gleichzeitig doch als Frau fühlen kann.

Ich habe gelernt, daß ich Frank auch begehren kann. Ich habe gelernt, mit ihm zu flirten, er weiß jetzt, daß er mir Aufmerksamkeit schenken muß und nicht nur dem, was ich anhabe. Ich habe gelernt, daß ich nicht alles beherrschen muß. Daß ich mich gerne überraschen lasse. Immer wenn ich jetzt Auto fahre, muß ich daran denken. Der Geruch des Autos reicht schon. Da ist Frank mit meinem Unterrock auf dem Kopf und er sieht aus wie eine der Nonnen in der Schule. Ich lache, ich werde erregt. Ich kann einfach in seiner Nähe nicht mehr ängstlich sein.«

Schweigen breitet sich im Therapieraum aus, als Alice mit ihrer Geschichte am Ende ist. Ihre Geschichte, in all ihrer

Offenheit, scheint mir wie ein Geschenk, das mich lange erfreuen wird. Sie ist ein Zeugnis für geplante Spontaneität, für das Abstoßen lachhafter Regeln, für die Rückkehr der Lust. Sie ist ein Zeugnis für die Heilkraft der Lust, wenn sie durchdrungen von Fürsorge für den anderen ist. Mit dieser Reise ins Märchenland ist wohl das Zärtlichkeitstabu zwischen Alice und Frank endlich und für immer gebrochen.

Alice hat den Kontakt zu mir über die Jahre aufrechterhalten, indem sie mir in gewissen Abständen schreibt. In diesen Briefen hat sie die Therapie als Initiationsritus bezeichnet, durch dessen Hilfe sie eine neue Zukunft ins Auge fassen konnte. Erinnerungen an befriedigenden Sex wie das soeben geschilderte kleine Abenteuer ersetzen jetzt ihre alten Erinnerungen voller Mißbrauch und Ängste. In ihrem letzten Brief schreibt sie: »... sind wir glücklicher, als wir je für möglich gehalten hätten und finden immer noch neue Dimensionen des Glücks, sogar im Bett.«

Wo sich Begehren und Beziehung treffen

Die Therapie mit Alice wurde vor zehn Jahren abgeschlossen, doch die Probleme, unter denen sie litt, tauchen nach wie vor auf. Insbesondere bei Frauen, deren sexuelle Reaktionen durch irgendeine Art von Mißbrauch gelitten haben. Nachdem ich immer öfter mit Frauen arbeite, die vergewaltigt, zu Inzest gezwungen oder denen anderweitig Gewalt angetan wurde, komme ich immer mehr zu der Überzeugung, daß die Heilung ihrer Sexualität ein entscheidender Faktor bei der Heilung der übrigen Mißstände in ihrem Leben sein kann. Bei einigen Frauen ist es das letzte Teil des Puzzles, die letzte Schranke.

Der Einsatz eines Beziehungsmodells als Basis für die Bewältigung der Lustprobleme, die Alice zur Therapie brachten, ist kein Bestandteil der üblichen Sexualtherapie, die sich auf spezifische Ziele im Schlafzimmer konzentriert, wie zum Beispiel häufigere Orgasmen und mehr Freude am Verkehr. Ich wußte aber durch das erste Gespräch mit Alice, daß sie nur schlecht auf die übliche Sexualtherapie angesprochen hatte. Gleich zu Anfang hatte sie berichtet, daß die vorgeschriebene tägliche Stunde sogenannter Selbsterfreuung keinen Fortschritt auf dem Weg zu sexuellem Genuß gebracht hätte.

Durch meine Erfahrungen im Lauf der Jahre bin ich zu dem Schluß gekommen, daß einige Frauen, die in meine Praxis kommen, nicht auf solche Behandlungen ansprechen. Schon bevor ich Alice kennenlernte, verspürte ich eine wachsende Abneigung gegen diese technischen Aspekte der Sexualtherapie. Besonders waren mir die stereotypen Formeln zuwider, die angeblich sexuelle Funktionstüchtigkeit von sexueller Störung differenzieren. Fazit dieser ist, daß eine Frau »funktioniert«, wenn sie mit Erfolg den Geschlechtsakt mit einem Mann vollziehen kann, eine »gestörte« Frau kann das nicht.[14]

Es ist zum Beispiel ein Bestandteil der gängigen Sexualtherapie, den Frauen durch hausgemachte genitale Stimulation beizubringen, einen Orgasmus »zu erreichen«, und wie man Luststörungen durch Verhaltensänderung und Heimspiel (niemals Heim*arbeit*) »bewältigt«, siehe die stimmungsvolle Musik und die Vibratorsessions, die man Alice verordnet hatte.[15] Diese Techniken zielen darauf ab, Frauen sexuell funktionstüchtig zu machen, was auch oft gelingt, solange die Frau eine unkomplizierte Vergangenheit hat und es ihr Ziel ist, den Geschlechtsakt zu vollenden und mehr oder weniger gleichzeitig vaginale Spasmen zu erleben.

Aber diese Techniken können auch die sexuellen Probleme der Frauen verstärken, nicht nur lindern. Alice halfen sie offensichtlich nicht. Indem sie die »Anpassung« der Frauen in den Vordergrund stellen, machen die Therapeuten möglicherweise die männlichen medizinischen Vorurteile in der Fachliteratur erst zur Realität und unterstützen nicht die persönlichen Interessen der Frauen. Das bringt zwangsweise eine Procrusteanische Lösung. Genau wie der verbrecherische Procrustes, der seine ahnungslosen Besucher passend für sein Gästebett zurechthackte oder streckte, könnte die Sexualtherapie Frauen verändern, anstatt ihre Erfahrungen dazu einzusetzen, die Parameter menschlicher Sexualität zu erweitern. Diese Praxis fördert vielleicht auch ungleiche Partnerdynamik. Wenn man Alice in Techniken trainiert hätte, die auf Franks Ängste und Bedürfnisse zugeschnitten waren, hätte man wohl damit bewirkt, daß er letztendlich auf ewig in Missionarsstellung auf ihr verharrt wäre.

Ich habe tatsächlich festgestellt, daß die gängige Sexualtherapie Frauen dazu bringt, sich noch gefühlskälter zu fühlen und sich entsprechend zu verhalten. Den Frauen beibringen, wie man Phantasie dazu einsetzt, um sich von Erinnerung abzuschotten, heißt nicht unbedingt, sie stärker zu machen. Das gilt besonders für jene Frauen, die an irgendeiner dissoziativen Störung, ausgelöst durch Mißbrauch, leiden. Außerdem verbessert es nicht notwendigerweise das Leben der Frauen, wenn man ihnen beibringt, wie sie ihre parasympathetischen Reaktionen verändern können – sich entspannen und Feuchtigkeit entwickeln – damit sie die Art von Stimulation und Penetration tolerieren können, die die Literatur als Sex bezeichnet. Mit Frank und Alice ausgedrückt heißt das, der Pony-Express würde keine Rücksicht auf die Gesundheit des Ponys nehmen. *Die Post muß um jeden Preis ans Ziel.*

Noch lange nach der Therapie mit Alice verfolgte mich ihre Frage. Was genau *ist* Sex? Das Interviewmaterial hatte Alice geholfen, mehr und mehr Möglichkeiten zu sehen, wodurch sie ihr eigenes Gefüge Schicht für Schicht befreit hatte. Ich hatte das Gefühl, daß das, was für Alice gegolten hatte, auch für andere Frauen gelten würde, selbst wenn es Frauen aus unterschiedlichen wirtschaftlichen und ethnischen Lebensbereichen waren.

Ich entwickelte eine Vorstellung davon, Sexualität und Beziehungen in einer Art und Weise betrachten zu können, die auch den Standpunkt der Frau miteinbezieht und einen, der sich immerzu verändert. Ich wollte eine Denkweise finden, die nicht von Zielen, Normen und Maßen abhängig ist. Und mit einem Mal war ich von dem eingleisigen Sexologiezug abgesprungen und in Alice' vierdimensionalen Hubschrauber geklettert, der in alle Richtungen manövrierbar war, auch in Richtung Erinnerung. Mit meinem erweiterten Gesichtsfeld entwickelte ich eine Vorstellung von Sexualität, die allein die der Frau ist. Kein glänzendes Klappbild oder Diagramm körperloser Genitalien, sondern eher eine Karte der Bewegungen, die zeigt, wie Sexualität mit dem übrigen Leben der Frauen vernetzt ist.

Was genau ist Sex? Laut der Frauen, die ihn lieben, umfaßt Sex alle Sinne. Dazu gehört auch, wie wir denken und Informationen zusammenstellen, was wir über das, was passiert, empfinden und was das alles für uns bedeutet. Bei Beteiligung eines Partners gehört auch dazu, wie wir auf die Empfindungen, Gedanken, Emotionen und Wertigkeiten unseres Partners reagieren. Außerdem finden unsere sexuellen Beziehungen in einer Gegenwart statt, in die sowohl Vergangenes als auch Zukünftiges eingeht – Erinnerungen und Träume, Ängste, Alpträume, Hoffnungen, Vorfreude.

Was ist Sex? Mir ist klargeworden, daß Sex Freude macht, wenn er gesund ist – gleichgültig, ob er genital ist oder mit dem offiziellen Siegel des Orgasmus versehen. Er erwächst aus einer ausgewogenen Beziehung zu sich selbst und einem Partner, aus einem Zusammenspiel vieler Faktoren des jeweiligen Lebens und Universums. Ebenso macht mieser Sex miese Laune oder vergällt einem das Leben außerhalb des Schlafzimmers. Wie soll eine Frau ein erfreuliches sexuelles Erlebnis haben, wenn ihre vorrangige sexuelle Beziehung ein ungebetenes Gespenst ist – wie in Alice' Fall ein toter, mit Heiligenschein versehener Vater? Dennoch ist es machbar, daß Alice und andere Frauen diese Gespenster in die richtige Perspektive rücken, damit ein anderer vorrangiger (und selbst gewählter) Partner ihnen näherkommen kann. Es ist möglich, Lust aus Verbundenheit entstehen zu lassen. Und Verbundenheit kann tatsächlich aus Lust erwachsen.

Für Frauen ist das sexuelle Funktionieren mehr als eine Abfolge von Handlungen, mehr als die physiologischen Ereignisse, wie sie Wissenschaftler in Laboren messen können. Sie ist mehr als sich mit Räucherwerk, Federn und Gurken in Stimmung zu bringen. Es ist mehr als das, was Freitag nach elf passiert, wenn die Kinder bereits schlafen. Das gesamte *Leben* einer Frau muß funktionieren.

Das Vergnügen am Sex hat für Frauen genausoviel mit Offenheit und Nähe und mit Entwicklung zu tun wie mit den meßbaren Details der physiologischen Seite, so zum Beispiel der genitalen Berührung, der Erregung und den Spasmen beim Orgasmus. Denken Sie einen Augenblick darüber nach. Nehmen Sie sich etwa in der Hitze der Leidenschaft die Zeit, um Ihre Muskelspasmen zu zählen oder Ihren Puls zu messen? Bestimmt nicht, wenn Sie wie die Frauen sind, mit denen ich gesprochen habe.

Nehmen wir mal Naomi. Sie ist typisch für jene Frauen in meinen Interviews und auch für jene, die mit mir im Lauf der Jahre über Sexualität gesprochen haben. Als ich sie fragte, an welche Einzelheiten sie sich bei ihren schönsten sexuellen Erlebnissen erinnern könnte, waren ihre Antworten rein subjektiv und nicht objektiv. »Na ja, ich erinnere mich daran, wie ich diese Details *gelebt* habe, nicht daran, daß ich sie *gemessen* habe.« Naomi konnte mir nicht sagen, wie lange ihr Orgasmus genau gedauert hatte, aber sie konnte sehr genau schildern, welches Gefühl sie dabei hatte. »Als hätte eine pulsierende Meereskreatur von mir Besitz ergriffen, etwas Lebendiges, Wildes, das leuchtend blau strahlte.« Naomi konnte mir nicht die genaue Anzahl der Atemzüge sagen, die sie pro Minute während der Erregungsphase machte, aber sie konnte sehr wohl beschreiben, wie erregt sie war, wie aktiv, wie enthemmt während des Liebesspiels, wie liebevoll und wie sehr sie geliebt wurde. »Am besten kann ich mich an die Zärtlichkeit und den Geruch meines Partners erinnern und daran, wie wir gelacht haben. Wir waren beide so offen und albern. Und das Mondlicht schimmerte auf unseren Haaren.«

Naomi und die anderen, die sich mit mir über sexuelle

Ekstase unterhielten, berichteten von totaler Konzentration auf das, was wohltut. Sie berichteten von dem Wagnis, verletzlich gegenüber einem Partner und sich selbst zu sein. Sie berichteten davon, vom anderen gefesselt zu sein. Sie schilderten intensive sexuelle Befriedigung als ein Gefühl des Erwachens aus einer tiefen Bewußtlosigkeit, die ihren Alltag umgab. Sie stellten mehr Elan, mehr Aufmerksamkeit für ihre Kinder, mehr Kreativität in der Arbeit, mehr Freude am Leben fest – eines der Kennzeichen, laut Jean Baker Miller, dieses illusorischen Begriffs, der Gesundheit genannt wird.[16]

Diese Frauen berichteten also von einer energiegeladenen Definition von Sex, die weit über das Schlafzimmer, weit über den Augenblick hinausgeht und jeden Aspekt ihres Lebens beeinflußt.

Die Geschichte von Alice ist längst nicht alles, was zum Thema Lust und sexueller Verbundenheit bei Frauen zu sagen ist. Jede Geschichte jeder Frau ist etwas Besonderes. Die Details von Alice' Geschichte würden völlig anders aussehen, wenn Frank Alkoholiker wäre oder gewalttätig oder Alice Jüdin oder Afro-Amerikanerin oder Latina oder Asiatin oder eingeborene Amerikanerin mit einem anderen Satz kulturbedingter Regeln über ihre Rolle in seinem Leben. Oder wenn sie gegen ihren Willen an Frank gebunden wäre, um wirtschaftlich überleben zu können. Die Einzelheiten würden auch anders aussehen, wenn Alice lesbisch wäre oder mit dem HIV-Virus infiziert. Aber die Geschichte von Alice ist ein Anfang. Auch wenn sie zu den relativ privilegierten Frauen gehört, zumindest insofern, als sie sich eine Therapie suchen und leisten kann, ist sie doch ein Opfer kultureller Unterdrückung. Sie wurde als Kind zum Opfer gemacht und als Erwachsene ermutigte man sie dazu, sich gefügig anzupassen, wodurch sie selbst noch zur Abstumpfung ihrer sexuellen Lust beitrug. Die Tatsache, daß sie eine Therapie aufsucht, heißt nicht, daß sie verrückt oder im Irrtum ist. Daß sie Heilung findet und sich verändert, schmälert noch lange nicht das Unrecht, das mit

Mißbrauch verbunden ist, der in jeder Schicht unserer Gesellschaft verbreitet ist.[17]

Die Moral von Alice' Geschichte ist: Wenn wir unsere Freude am Sex wiedererlangen wollen, müssen wir zuerst auf uns selbst hören, in Gegenwart, Vergangenheit und Zukunft. Dann müssen wir begreifen, welche Knöpfe wir abgeschaltet haben, um zu überleben oder um der Sitte gerecht zu werden, die eine andere Ebene des Überlebens sein kann, oder schlicht und einfach, weil wir es nicht anders kannten. Dann müssen wir lernen, uns hinzugeben. Aber nicht etwa den obszönen Blicken eines Vaters oder den Wünschen eines starrhalsigen Partners. Nicht die Art von Hingebung, die gleichzusetzen ist mit Selbstaufgabe, sondern eine Hingebung, die gleichzusetzen ist mit *Nachgeben.* Wir müssen uns unseren Erinnerungen beugen, unseren Wutanfällen, unserer Sehnsucht nach Freude. Wir müssen uns unseren Begierden unterwerfen und um das bitten, was wir von einem Partner haben wollen, der bereit ist zuzuhören.

Was genau ist Sex? Für Alice und einige der anderen Frauen, die ihn lieben, ist Sex letztendlich vielleicht Mut und die Fähigkeit, sich überraschen zu lassen. Wenn eine Frau nämlich den Mut hat, diese tiefen, verletzlichen Schichten ihres Wesens zu offenbaren und in ihrer Beziehung die Wahrheit zu sagen, weiß keiner, wie viele neue Möglichkeiten sich daraus ergeben können.

3
Maya

Lust, Orgasmus und Ekstase

> Wahre Befriedigung ist nicht in ein winziges Bündel Nerven eingeschnürt, sondern in der sexuellen Anteilnahme des gesamten Menschen ... Frauen sollten nicht nur den Orgasmus anstreben, sondern Ekstase.
>
> *Germaine Greer*

Ich lernte Maya im Dezember 1978 in einer frostigen Vollmondnacht bei einem Workshop in den Berkshires kennen. Sie war, und ist es mit ihren Siebzig noch, eine der sexliebendsten Frauen, die ich kenne. Liebe zum Sex heißt für sie, Freude mit all ihren Sinnen empfinden zu wollen. An diesem Abend trug sie einen Schal um die Taille, auf dem in großen Lettern stand: VERGISS DAS GLÜCK, ICH WILL EKSTASE.

Es war die Art Workshop, wo es darum geht, laut seine sexuelle Orientierung zu verkünden. (Das war noch in den siebziger Jahren, heute verkünden die Menschen in der Gruppe ihre Suchten.) Der Reihe nach kam jeder dran: »Ich bin durch und durch heterosexuell.« »Ich bin eine absolute Lesbierin.« »Ich bin bisexuell – ein Dreier auf der Kinsey-Skala.«[1] Als Maya aufstand, rief sie zur Freude aller: »Ich bin trisexuell – ich versuche alles.«

Maya und ich wurden sofort Freunde und Kollegen, ein Bündnis, das ihren Umzug auf einen Berg an der Westküste und meinen an die Ostküste nach Cambridge überdauert hat. Etwa einmal jährlich besuche ich sie in ihrem verträumten Adlernest mit der Rundumsicht auf die sinnliche kalifornische Landschaft. Wir trinken Saft und reden über

Berge und Himmel und unterhalten uns über unsere Studien der Sexualität der Frau – meine jetzigen als Autorin und Therapeutin, Mayas als ehemalige Therapeutin und jetzige als Philosophin und Heilerin mit Sinn für Humor. Bei Maya kann ich immer sicher sein, daß ich eine ausholende, eine großzügige Betrachtungsweise kriege.

Ich habe mir vorgenommen, sie auf dieser Reise um ihre Hilfe zu bitten. Ich möchte mit ihr gemeinsam versuchen, einige Ideen auszuwerten, die durch die Gespräche mit Alice und anderen Frauen, die Sex lieben, entstanden sind. Waren diese Ideen abwegig? Oder waren sie ziemlich sensibel, am Ende sogar bahnbrechend? Wer könnte das beurteilen? Bis jetzt gab es nur sehr wenige Studien, die sich darauf konzentrieren, wie Frauen angenehme sexuelle Gefühle betrachten, deshalb kamen mir einige Ideen noch recht gewagt vor. Ich war mir nicht sicher, wie ich sie einstufen sollte.

Eins wußte ich aber: wenn Frauen ihre größten sexuellen Erfahrungen beschrieben, bedienten sie sich einer völlig anderen Sprache als der in der Fachliteratur. Die Worte unterschieden sich gar nicht so dramatisch, aber die Betonung, die Bilder, die sie heraufbeschworen, luden zu einer völlig neuen Betrachtungsweise des Begriffs sexueller Befriedigung ein.

Die Frauen hatten ihre sexuellen Reaktionen nicht als ein berechenbares Hin und Her von physiologischer Ursache und Wirkung geschildert, sondern als fließende Wahrnehmungsfolgen, die in Bewegung sind, sich verändern und sich überschneiden. Sie hatten sexuelle Befriedigung in ihrem komplexeren Zusammenhang beschrieben, als eine Konstellation von Faktoren, die ihr ganzes Leben berührten und nicht ein einseitiges, zeitbegrenztes, körperliches Etwas, das unter der Bettdecke passiert und dann – zack! – vorbei ist. Während ich mir anhörte, wie sie die Worte *Ekstase, Lust* und *Orgasmus* immer wieder in die Gespräche einflochten, wurde mir klar, daß diese Frauen vom jeweiligen Zustand ihres sexuellen Seins sprachen – genau gesagt von Prozessen –, der sicher charakteristisch für jede Frau ist, aber auch etwas ihnen allen Gemeinsames hat.

Sie beschrieben ein Kontinuum sexueller Reaktionen, schilderten Lust (das Bewußtsein gesteigerter Wahrnehmung und allgemeinen Wohlbefindens), Orgasmus (das Erlebnis körperlicher, emotionaler und spiritueller Entladung) und Ekstase (die Bewußtseinsveränderung, die ein großes sexuelles Erlebnis kennzeichnet und weit darüber hinaus seine Auswirkung hat und den ganzen Verlauf des Lebens einer Frau verändern kann).

Bis jetzt war mir noch keine Beschreibung eines solchen Kontinuums in wissenschaftlicher Form und eigentlich auch noch in keiner anderen untergekommen. Tausend Fragen schwirrten mir durch den Kopf: Was ist dieses Lust-Orgasmus-Ekstase-Kontinuum? Wie zeigt es sich in den Erfahrungen der Frauen, die Sex lieben? Wie denken und reden diese Frauen über das, was sie erleben? Denn durch das Denken und Reden (das »re-membering«, wie die feministische Theologin Mary Daly es bezeichnet[2]) geben wir den Erfahrungen ihre Namen, erkennen sie an, geben ihnen Bedeutung über den Augenblick hinaus. So entwickeln sich Traditionen. Mythen, wenn Sie so wollen. Bis jetzt wurden die Legenden von dem, was Frauen im Bett mögen, für gewöhnlich von Männern bestimmt.

Bei meiner Ankunft sagt Maya, sie hätte eine Überraschung für mich. Sie führt mich hinaus auf die Terrasse und stellt mir ihre Nichten vor, die aus Wisconsin zu Besuch sind. Ich kenne die beiden seit Jahren aus Erzählungen. Maya hatte sie praktisch adoptiert, nachdem ihre eigenen Töchter erwachsen waren. Wie mir scheint, verfügen die beiden über eine spannende Mischung aus felsenfester Arbeitsmoral – Resultat ihres Aufwachsens auf einer Molkereifarm – und freizügigem Gefühl für Abenteuer – Resultat der Ferien, die sie immer bei Maya an der Westküste verbrachten. Lorie ist zweiunddreißig, eine Buchhalterin, und hat sich gerade verlobt. Sie führt stolz ihren Ring vor, ein winziger Diamant, gefaßt in einem zarten Goldreif.

Jan steht kurz vor dem Abschluß ihres Studiums in Frauenkunde. Sie trägt Shorts und eine Corsage und sieht so aus, wie Maya wohl mit sechsundzwanzig ausgesehen hatte: zart, schmal, mit den schnellen, entschlossenen Bewegungen eines Rehs. Ich bin hocherfreut über ihre Anwesenheit. Ihre Stimmen werden uns helfen, die Alterskluft in unseren Gesprächen zu überbrücken. Drei Generationen sind jetzt vertreten – Mayas und ihre und meine irgendwo dazwischen.

»Natürlich nur, wenn ihr daran interessiert seid, über Sex und Lust und so weiter zu reden«, sage ich und gebe ihnen damit die Möglichkeit auszusteigen.

»Sie machen wohl Witze.« Lorie grinst mich an. »Schließlich werde ich heiraten. Ich kann jeden guten Rat brauchen!«

Jan schließt sich Lories Bemerkung an: »Ach, das ist gar keine so große Sache. Wir sind immer zu unserer Tante gegangen, wenn wir in der Hinsicht irgendwelche Fragen hatten.«

»Also dann. Fangen wir ganz von vorne an«, beginne ich und erzähle, daß ich meine neuen Ideen gerne überprüfen würde. »Wie wirkt sich eine glückliche Sexualität im Leben von Frauen aus? Wie bringen Frauen diese Informationen in einen Zusammenhang? Welche Bedeutung hat sexuelle Befriedigung tatsächlich für Frauen?« Mir fällt Mayas Schal ein, der verkündete VERGISS DAS GLÜCK... »Ist sexuelle Ekstase etwas Besonderes?« Ich schaue beiden in die Augen. »Ist sie vollkommener und mächtiger als Lust? Oder Orgasmus? Oder ist sie nur ein Teil des Ganzen?«

Maya sonnt sich im Schneidersitz auf ihrem Segeltuchstuhl und erwidert mit ihrem schiefen Lächeln: »Ja, sicher ist sie all das. Ekstase beinhaltet all diese Dinge. Das Problem ist, wir haben keine Möglichkeit, sie so zu schildern, wie sie wirklich ist.« Sie zwinkert ihren Nichten zu, die zwar kichern, aber keine Anstalten machen, ihr zu widersprechen.

Obwohl Lorie und Jan sich tapfer bereit erklärt haben, zu meinen Studien beizutragen, ist mir doch sehr bewußt, wie nervös sie sind. Ich stelle fest, daß es für Frauen nicht leicht ist, ein Gespräch über sexuelle Ekstase und Befriedigung zu führen, gleichgültig, ob sie nun siebzig oder sechsundzwanzig sind. Scheinbar gibt es keine angemessene Sprache. Die Sprache der Wissenschaft bietet den Frauen keine umfassende Ausdrucksmöglichkeit: sie reduziert sexuelle Funktionstüchtigkeit und Befriedigung auf ein paar Zentimeter Schleimhaut. »Die Sprache der Therapie erforscht, was bei den Frauen nicht stimmt, und nicht, was richtig ist«, bemerkt Maya. Lorie fügt hinzu: »Unsere Mom hat uns viel beigebracht, aber von der Sprache der Lust hat sie nie erzählt.«

»Die meisten Mütter machen das nicht«, höre ich mich etwas schuldbewußt sagen, eingedenk der Chance, die ich bei meiner eigenen Tochter verpaßt habe. »Sie sind zu sehr damit beschäftigt, ihre kleinen Mädchen davor zu bewahren, verletzt zu werden, oder ihnen Überlebensgeschick einzubleuen.«

»Ach, kommen Sie, gab's denn da nicht diese Standardratschläge, die viktorianische Mütter ihren Töchtern vor ihrer Hochzeitsnacht gaben?« fragt Jan, die Frauenkundestudentin. »Mir fällt einer ein. Der ist was für dich, Lorie – er heißt: ›Augen zu und denk an England!‹« Jan mag zwar ein bißchen albern sein, wenn es um dieses Thema geht, aber ich merke jetzt, daß sie viel gelesen und viel zu bieten hat, einschließlich jugendlichen Betrachtungsweisen. Und genau wie Maya ist sie mit einem Sinn für Humor gesegnet.

Maya mischt sich ein: »Apropos Sprache, Frauen haben nicht mal einen richtigen Umkleidekabinenjargon. Auf jeden Fall ist er kein Vergleich mit den verbalen Hochleistungen, die die Jungs erbringen, nachdem das Spiel vorbei ist. Also –« sie wendet sich jetzt direkt an mich, gerät so richtig in Fahrt, »du suchst nach den Worten, die Frauen benutzen, um auszudrücken, was bei uns äußerlich und innerlich passiert. Diese Masse von Gefühlen, die Kraft erzeugen und unser Leben verändern. Die Worte, mit denen wir die Nachbeben, das ungeheuerliche Echo ausdrücken, das uns mit dem Universum eins werden läßt.«

»Das klingt ja ziemlich abgefahren, Auntie M«, sagt Jan und gießt sich ein Glas Aprikosensaft ein.

Lorie gibt ihrer Schwester einen Stoß. »He, laß uns zuhören. Wir könnten doch was lernen.«

Maya ist nicht mehr zu bremsen. Sie lächelt ihren Mädels, wie sie sie liebevoll nennt, zu: »Was haltet ihr von der Bezeichnung: die Suche nach dem Ekstase-Kick?«

Der Ekstase-Kick

Es mag ja vielleicht ein abgefahrener Ausdruck sein, wie Jan unmittelbar bemerkte, aber Ekstase-Kick ist trotzdem ein sehr treffender Begriff für die großen, sexuellen Erfahrungen von Frauen, die Sex lieben. Er beschreibt einige der bewegendsten Phasen von Alice' Reise zur Ganzheit im Sex – Alice, die endlich den totalen Rausch sexueller Begierde für ihren Mann empfinden konnte, aber erst nachdem sie sich an ihre längst vergangenen, heftigen Gefühle für ihren Vater erinnert und sie eingestanden hatte. Wie Alice haben viele der Frauen, die Sex lieben, ihre eigene Version dieser Geschichte bestätigt. Sie schilderten sexuelle Begegnungen, nach denen sie sich stärker, gesünder, als ganze Menschen und der Zeit gemäß fühlten, mit einem neuen Gefühl für persönliche Freiheit: »Sie hatten ihre Flügel entdeckt.«

Ich erzähle, wie mir allmählich bewußt wurde, daß diese Art von ekstatischer Erfahrung – die Essenz der Befriedigung – unter keinen Umständen in den Rahmen eines definierbaren Ereignisses oder eine Reihe von physiologischen Reaktionen im Sinne von Masters und Johnson gequetscht werden kann. Für die Frauen, die ich interviewt habe, war es etwas Größeres, weniger Diffuses, nicht unbedingt Meßbares und Definierbares. Dazu gehören Leidenschaft und Sinn und die Beziehung genauso wie körperliche Empfindungen. Dazu gehören Lust und Orgasmus. Manchmal war es ein wortloses, transformierendes Erlebnis, dessen Aura bis in die Zukunft schimmerte und neue Gedankenmuster schuf, als ob es neue Furchen ins Gehirn grub. Zur Ekstase gehört ein ganzes Kontinuum positiver sexueller Reaktionen.

»Ein Kontinuum? Sie meinen eins mit einem Anfang, einer Mitte und einem Ende? Wie ein Lineal?« fragt Jan.

»Es ist eher unbegrenzt«, erwidert Maya. »Weil es aus Energie besteht.«

»Energien – nimm den Plural«, schlage ich vor. »Zumindest nach dem, was genügend Frauen sagen.«

»Okay, Energien. Und die tanzen ständig im Kreis und durcheinander durch. Sie verändern ihre Größe und ihre Form und ihre Wichtigkeit, je nachdem, was gerade im Bett oder außerhalb des Bettes oder wo auch immer passiert! Es ist ein Kontinuum, das sich aus Erinnerungen zusammensetzt. Und aus Hoffnungen für die Zukunft. Es bewegt sich und tanzt durch Zeit und Raum und durch das Hier und Jetzt.« Sie erhebt sich aus dem Lotossitz und schwebt über die Terrasse, um uns die fluktuierende, erneuernde, vierdimensionale Kraft zu demonstrieren, die wir versuchen zu verstehen.

»Ach so ist das«, neckt sie Jan. »Das ist der Grund, warum wir keine Schriftsprache für die Ekstase haben? Weil sie ein Tanz ist und nicht ein Haufen von Substantiven und Verben?«

Mayas Bewegungen erinnern mich an eine uralte tantrische Metapher für ekstatische Zustände: *skydancing.*

»Na ja«, werfe ich ein. »Vielleicht fällt uns der *absolute* Begriff dafür nicht gleich auf Anhieb ein, aber wir können versuchen, uns über seine Bedeutung zu einigen und wie wir darüber kommunizieren.«

»Sie haben recht«, sagt Jan, die inzwischen voll in das Gespräch eingestiegen ist. »Wenn man bedenkt, wie viele verschiedene Worte haben Eskimos für Schnee? Zweiundfünfzig oder so. Aber sie wissen alle, was Schnee ist und wie sie ihn schaufeln müssen. He, der ist doch ein Teil ihres Lebens.«

Im Verlauf der Diskussion beginne ich, eine der Vorgaben von Mayas Vorstellung des Ekstase-Kicks zu begreifen. Der

Ausdruck kann nicht als wissenschaftlich bezeichnet werden, weil es keine Möglichkeit gibt, den relativen Wert von Lust, Orgasmus und Ekstase zu messen oder quantitativ zu beurteilen. Das sind Energien, die scheinbar einen potentiell gleichen Wert im ganzen Schema sexueller Betätigung haben. Einige Frauen sagen, sie kommen über Lust und Orgasmus zum höchsten Erlebnis der Ekstase, wohingegen andere den Orgasmus als das Höchste beschreiben. Und es gibt noch andere, die sagen, daß all die Energie zu einem tiefen endlosen Fluß zusammenströmt, den sie Lust nennen.

Maya sieht zu Lorie. »Und dann gibt es unter uns noch die, denen die Worte fehlen, um die Gefühle zu schildern, sie sind nur zu unzusammenhängenden Seufzern und Murmeln fähig. Aber jetzt mal ernsthaft, Lorie, du kannst mir doch nicht erzählen, daß deine Orgasmen von besserer Qualität sind als die Lust, oder daß du Ekstase ohne den ganzen Zirkus empfinden kannst. Ich meine, was ist dir im täglichen Leben wichtiger: dein Herzschlag oder deine Atmung?«

»Ja, okay, ich habe kapiert«, sagt Lorie nachdenklich. »Sie sind voneinander abhängig. Aber willst du damit sagen, daß man das eine nicht ohne das andere haben kann?«

»Ich glaube, sie kommen irgendwie in Wogen oder Schichten«, erwidert Maya. »Für mich haben Orgasmus oder Lust oder Ekstase nicht unbedingt immer etwas mit Sex zu tun, ich meine Sex im Sinne von einem körperlichen Akt. Ich kann die Schicht mit dem Stempel Sex entfernen, und die Gefühle sind immer noch da und durchdringen all die anderen Schichten. Wenn ich hier auf dieser Terrasse sitze, die Sonne spüre, beobachte, wie der Habicht dort drüben kreist und nach Mäusen im Gestrüpp Ausschau hält – das alles ist ein Kick, das ist Lust und Ekstase. Ich spüre es in meiner Seele, ich fühle es in meinem Körper. Ich habe tatsächlich schon oft einen Orgasmus gehabt, wenn ich beobachtet habe, wie sich ein Regenbogen über dieses Tal ausbreitet.«

Lorie und Jan starren ihre Tante mit offenem Mund an.

»Da bleibt mir doch die Spucke weg«, sagt Jan.

Lorie fängt an zu grinsen. »Das könnte also passieren,

wenn ich mich einfach reinsteigere. Ich muß Doug zu einem langen Spaziergang im Regen überreden, wenn er hierher zu Besuch kommt.«

Zugegeben, Maya auf ihrem Berggipfel ist natürlich ein Original, deren sexuelle Reaktionen sich jeder traditionellen Definition widersetzen. Aber viele der Frauen, mit denen ich geredet habe, sind ebenfalls Originale, was den Sex betrifft, auch wenn sie äußerlich wie normale Hausfrauen, Lehrerinnen, Sozialarbeiterinnen, Geschäftsfrauen oder was auch immer aussehen. Vielleicht ist Originalität ein weiteres Kennzeichen für Frauen, die Sex lieben. Sie haben es gelernt, all die Jahrhunderte der Fremdbestimmung abzustreifen. Sie haben gelernt, auf ihre eigenen Erfahrungen als Quelle des Wissens zu vertrauen. Sie haben gelernt, es zu wagen, selbst die Initiative zu ergreifen. Vielleicht sind diese Akte der Originalität die Sprache der Ekstase, wie Maya meint. Die Selbstbestimmung, das Vertrauen und der Wagemut, sie sind der Tanz. Und der Tanz ist die Sprache. Der Ekstase-Kick.

»Ich hab's wohl immer noch nicht ganz kapiert«, beklagt sich Jan. »Dieses Kontinuum, von dem ihr redet, meine ich.«

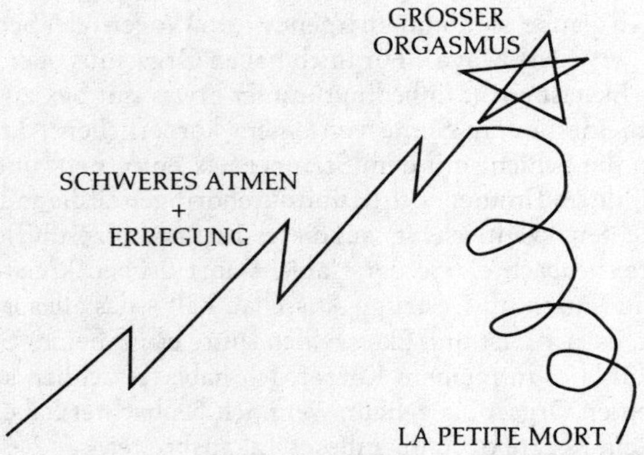

KONVENTIONELLER SEXUELLER REAKTIONSZYKLUS
HÖHEPUNKT IM ORGASMUS,
DANN ABNEHMENDE ENERGIE

»Ich werde es dir zeigen«, biete ich an. Ich habe das Gefühl, daß Jan eine Frau ist, für die intellektuelles Verstehen eine spezifische Form der Kontrolle darstellt.

Ein sandbedeckter Weg führt von der Terrasse nach unten. Ich hole mir einen Stock aus dem Gebüsch und kratze etwas, was aussieht wie eine Hieroglyphe, in den Sand. »Das ist nicht sehr kunstvoll«, sage ich, »aber es ist eine Version des sexuellen Reaktionszyklus von Masters und Johnson.[3] Er zeigt, daß man bei Null anfängt, sich in die Erregung hineinsteigert, bis sie im Orgasmus explodiert, und man dann in sich zusammenfällt – die Franzosen nennen es *la petite mort* – den kleinen Tod.«

»So, jetzt betrachten wir mal ein alternatives Modell, ein Modell, das auf einer energetischen Definition von Sex beruht und Sex nicht als Aktion oder eine Reihe physischer Reaktionen sieht. Das ist ein Modell, das Raum hat für Gefühle jenseits der Empfindungen des Augenblicks.« Ich zeichne einen Kreis. »Wir werden diesen Kreis Lust nennen, in Ordnung?«

Jan steigt von der Veranda, um besser sehen zu können. Ich zeichne insgesamt drei Kreise, die sich überschneiden: Lust, Orgasmus, Ekstase.

»Die stellen also das Kontinuum dar«, sagt Jan.

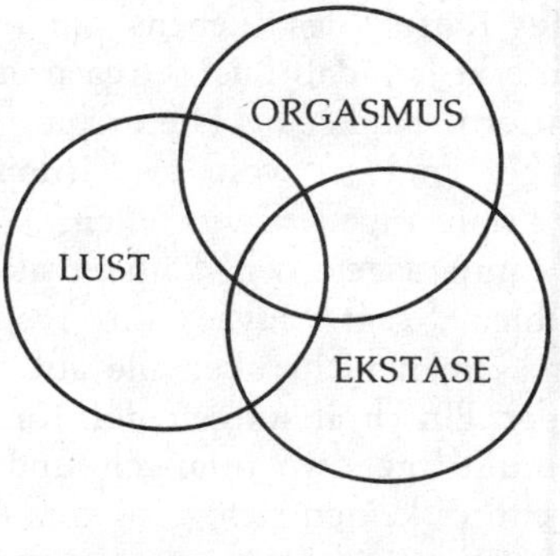

ALTERNATIVER SEXUELLER REAKTIONSZYKLUS — KONTINUUM VON LUST, ORGASMUS UND EKSTASE

»Richtig. Jetzt kommt der kreative Teil. Ihr müßt euch vorstellen, daß das nicht einfach Kreise sind, die ich in den Sand gezogen habe. Ihr müßt sie als Kugeln sehen, tanzende Kugeln voller Energie. Kugeln aus Lust, Orgasmus und Ekstase. Die ständig in Bewegung sind und ständig ihre Form und ihre Größe verändern. Und sich durch die Zeit bewegen, um Erinnerungen und Zukunftsphantasien miteinzubeziehen. Seht sie als sexuelle Energie, die eine Frau mit ihrem eigenen Innenleben verbindet. Und mit ihrem Partner.«

»Und mit dem ganzen übrigen Universum«, fügt Maya mit einer ausladenden Bewegung in Richtung Berge und Himmel hinzu.

Ich sehe Maya an und wünschte, dieses Diagramm könnte sich so geschmeidig bewegen, wie sie es tut, um das Fließen, die Vielschichtigkeit des Tanzes, die Möglichkeit zur Entfaltung zu zeigen.

»Das reicht schon«, sagt Jan und hindert Maya mit erhobener Hand daran, noch einmal über die Terrasse zu schweben. »Das Diagramm, das Sie gezeichnet haben, ist beeindruckend. Ich sehe, wie alles miteinander verbunden ist. Wirklich.«

Wie wir so über dem Gekritzel im Sand stehen, kommen wir uns fast vor wie Bergbewohner der Urzeit, die mühsam versuchen, die Rätsel des Lebens zu entschlüsseln. Schließlich bemerkt Jan, daß Lust, Orgasmus und Ekstase weit davon entfernt sind, eine Hierarchie von Begriffen darzustellen, eher sind sie wohl als Gruppen potentiell gleichwertiger Erfahrungen zu verstehen.

»Du willst damit sagen, wir können all diese Dinge gleichzeitig fühlen«, sagt Maya. »Das mag wohl stimmen, aber wir können nicht über alle auf einmal reden. Das ist eine der Einschränkungen der Kommunikation, weißt du. Du mußt irgendwo anfangen, und das ist ziemlich schwer, wenn es keinen richtigen Anfang, Mitte oder Ende gibt.«

»Die Lust ist doch ein guter Einstieg«, sage ich. »An was denkt ihr, wenn ihr an sexuelle Lust denkt?«

Lust: Die Macht der Zuneigung, der Hunger nach Haut und das Wohlgefühl

»Berührung. Leichtigkeit. Körpermusik«, beginnt Maya. »Sexuelle Lust bedeutet, sich angezogen zu fühlen. Interesse. Sie ist Erregung und Feuchtigkeit. Ein Teil all der wundervollen Energien, die mein Wesen mit dem Universum verbinden. Sie erfüllt mich mit Begeisterung. Meine Nervenspitzen erwachen und sagen: ›Hallo Welt.‹ Und fürs Protokoll: Das passiert bei mir auch nach den Wechseljahren: sogar ohne Hormone. Ohne einen Partner. Ich brauche keine Ergänzung.«

»Für mich«, sagt Jan, »bedeutet sexuelle Lust, Spaß zu haben. Es ist keine große Explosion oder so was. Vielleicht nicht mal miteinander schlafen. Es gehört Flirten dazu, Tanzen oder zusammen Pizza essen, Sie wissen schon, mit Augenkontakt. Oder jemand massiert meinen Rücken, wenn ich meine Tage habe. Es hat nichts mit dem Orgasmus zu tun. Das kann man sehr lange machen, ohne sich total zu verausgaben. Und es ist nicht wie Ekstase. Man kann damit viel einfacher umgehen. Es nimmt einen nicht so in Anspruch und zwingt einen nicht, sich zu verändern.«

»Doug und ich laufen zusammen«, sagt Lorie. »Und manchmal ist das sehr lustvoll, weil wir uns unserer Körper so bewußt sind. Und hinterher kommt dann das gemeinsame warme Bad und eine Umarmung, bei der wir uns ansehen und die Haut des anderen spüren.«

Ist Lust immer dasselbe? Ist es etwas, worauf man immer auf dieselbe Art reagiert? Ich frage die drei.

»Ganz im Gegenteil«, erwidert Maya. »Nehmen wir zum Beispiel das Küssen. Küssen ist für mich definitiv etwas Lustvolles – oder war es vielmehr, als ich noch Partner hatte. Aber wenn ich Halsschmerzen habe, dann ist mir an dem Tag nicht nach Küssen. Auf jeden Fall ist es keine Lust, meine Bazillen als eklige kleine Werbegeschenke weiterzugeben. Dann kuschle ich mich lieber mit einer heißen Tasse Tee auf die Couch oder lasse mich zu beruhigender Musik massieren. Lust ist also nicht immer das gleiche, sondern sie ist relativ. Je nach Situation fließt sie oder nicht. Und sie entwickelt sich aus sich selbst. Je besser ich mich fühle, desto offener bin ich dafür, noch mehr Lust zu empfinden.«

Maya hatte sich selbst in voller Länge auf der Veranda ausgestreckt, so daß ihr ganzer Körper die Strahlen der Nachmittagssonne in sich aufsaugt. »Und ich halte es für wichtig zu erwähnen, daß Lust heilende Wirkung hat. Das stelle ich bei meiner Arbeit mit Leuten fest, du nicht auch?« Sie schaut hoch zu mir. »Wenn ich ihnen helfe festzustellen, was ihnen wohltut, ist das im allgemeinen das fehlende Glied. Auf jeden Fall ist es ein großer Schritt auf dem Weg zur Genesung.«

So lustbringende Dinge wie Massagen, Meditation, Baden und sich in der Sonne aalen können tatsächlich heilende Wirkung haben und auch erregen. Sie gehören zu den ältesten medizinischen Verschreibungen. Selbst die zeitgenössische Wissenschaft ist sich einig, daß diese Dinge helfen können, alle möglichen somatischen und psychosomatischen Störungen einschließlich der Krebserkrankung vorzubeugen.[4] Aber in der Welt der Sexualtherapie und -forschung wird der Begriff Lust routinemäßig als Vorspiel abgetan, eine zweitklassige Aktivität, die der »eigentlichen Sache« vorausgeht.[5]

Maya warnt Lorie davor, sich von Doug zielorientierte Vorstellungen aufoktroyieren zu lassen. »Sag ihm, *Vorspiel* ist ein Golfausdruck, den sich Männer vor dem Abschlag zuschreien. Sag ihm, daß für dich das größte die sanfte, genüßliche Berührung am ganzen Körper und nicht nur an den Genitalien ist.«

Lories Blick wird zärtlich, dann spielt sie mit ihrem Verlobungsring und sieht hilfesuchend zu ihrer Schwester.

»He«, beschwichtigt sie Jan, »mach einfach das Beste draus. Hier hast du deinen Rat für die Hochzeitsnacht auf einem silbernen Tablett. Und auf jeden Fall einen besseren als ›Schließ die Augen und denk an Wisconsin!‹«

»Hunger nach Haut!« ruft Maya. »Daran denke ich, wenn du mich bittest, an Lust zu denken.« Sie ist nicht der erste

Mensch auf dieser Welt, der diese Offenbarung hatte, laut Ashley Montagu ist der taktile Sinn der Ursinn, der erste der fünf, der aktiviert wird, wenn wir zur Welt kommen.[6] Maya ergötzt uns mit einer Schilderung ihres Entzückens, als sie von der allerersten Zeit mit ihren Töchtern erzählt: »Diese weiche, seidige Haut und diese kleinen strampelnden Körper. Ich weiß nicht, wer das Schmusen und Umarmen mehr genossen hat, meine Babys oder ich.«

»War das Stillen ein Teil dieses Genusses?« frage ich sie.

»Das macht wahnsinnig an! Ich meine, natürlich habe ich nie mit einem Baby Sex gemacht. Aber diese ganze Stillerei war mit Sicherheit eine sexuelle Lust. Da gibt's keine Zweifel – wie sollte man es sonst beschreiben? Die Milch, die in deine Warzen strömt, der nasse kleine rosa Mund, der saugt, diese kleinen Fäustchen. Es ist ein Gefühl, als würde der Körper nur existieren, um Hunger zu stillen, wie bei einer Mutterkatze oder Ziege. Ich glaube, die Natur macht das nur, um die Mütter bei der Stange zu halten. Man kann es gar nicht erwarten, bis der nächste Stilltermin kommt, weil man nicht nur das Baby füttert – du stillst auch deinen eigenen Hunger.«[7]

Mayas Freude an ihren Babys ist eine Lebensbejahung. Menschliche Wesen brauchen (wie alle Säugetiere) vom Augenblick der Geburt an angenehme Hautempfindungen. Jan meldet sich zu Wort, mit der Stimme, die ich inzwischen als ihre »Gelehrtenstimme« erkenne: »Hat man nicht in Studien festgestellt, daß Babys, die man allein läßt und viele Stunden lang nicht berührt, wie zum Beispiel in Waisenhäusern, krank werden und in ihren Bettchen einen geheimnisvollen Tod sterben?«

»Ja«, erwidere ich und zitiere aus der wissenschaftlichen Forschung.[8] »Und ihr ganzes Leben lang behalten menschliche Wesen ihren Hunger nach Haut – ihr Bedürfnis nach liebevoller Berührung. Während wir heranwachsen, sehnt sich jeder einzelne unserer Sinne nach Lust. Im Lauf eines Lebens« – ich wende mich zu Jan – »kann man zwischen Berührung, Schmecken, Riechen, Sehen und Hören hin und her schwanken.«[9]

»Das kann sogar von Minute zu Minute schwanken«, sagt Maya, »je nachdem, was du im Bett gerade machst – oder wo auch immer es gerade passiert.« Sie wirft mir einen Blick zu.

»Wenn ihr Lust sagt, krieg ich meist Angst«, sagt Lorie. »So ein flaues Gefühl im Magen. Ich will damit sagen, wir leben zusammen, und im Augenblick vertragen wir uns phantastisch im Bett. Alles ist wunderbar. Fast zu gut. Aber nehmen wir mal an, nach unserer Hochzeit kann ich ihm das nicht mehr bieten, was er sich wünscht?«

Lorie spricht in ihrer vorehelichen Unsicherheit eine Angst an, die Frauen seit Jahrhunderten aus dem einen oder anderen Grund äußern. Umgekehrt heißt diese Angst: »Wenn ich Lust an meiner eigenen Lust zeige – wenn er merkt, wie wohl mir das tut –, wird er mich dann noch akzeptieren?« Ich kann Lorie gerade so gut verstehen, weil ich in meiner Praxis viele Frauen sehe, die anscheinend Todesangst davor haben, sich gut zu fühlen. Man könnte fast meinen, sie würden lieber den Rest ihres Lebens unter Schmerzen, Depressionen und Störungen leiden, als das Risiko eingehen, herauszubringen, wie es sich anfühlt, sich gesund und sexuell erwacht zu fühlen.

»Sie haben Angst davor, als Dirnen und Huren bezeichnet zu werden, oder wie auch immer die Leute heutzutage lose Frauenzimmer nennen«, schlägt Maya vor.

»Sie haben Angst, in verrückte Beziehungen verstrickt zu werden, aus denen es kein Entrinnen für sie gibt, darum geht's«, sagt Jan mit der Überzeugung, die darauf schließen läßt, daß sie diese Erfahrung schon gemacht hat. »Ich hatte diese Mitbewohnerin, die einen echten sexuellen Kick nur kriegte, wenn sie mit einem total besoffenen Typen bumste, dem sie völlig egal war. Man hatte das Gefühl, sie stünde unter dem Zwang, diese Entscheidung zu treffen – entweder mit einem Langweiler rumziehen, der dich liebt, oder mit einem Typen in der Lederjacke, der dich geil macht. Egal was sie machte, sie war immer unglücklich, sie bekam furchtbare Depressionen und schließlich hat sie die Schule hingeschmissen und ist abgehauen.«

Wilhelm Reich hat als erster erkannt, daß es eine Angst davor gibt, sich gut zu fühlen und sie als ein kulturelles Phänomen bezeichnet. Er nannte es Lustangst[10] und wies darauf hin, wie die westliche Gesellschaft darauf aufgebaut ist, unsere Lüste zu kontrollieren, anstatt uns zu lehren, wie wir sie genießen können. Besonders mißtrauisch war Reich in bezug darauf, wie die Familien in seiner Heimat Deutschland zwischen den beiden Weltkriegen ihre Kinder dazu erzogen – in Mayas Worten –, »puritanische kleine Spießer« zu werden. Er nannte diese Familien Unterdrückungsfabriken und stellte fest, daß dort, wie überall sonst in diesem Kulturkreis auch, Frauen und Mädchen in puncto Lust noch mehr unterdrückt waren als Jungen und Männer. »Aber das war damals und wir leben im Jetzt«, sagt Maya. »Wir sind keine Puritaner mehr. Übertragen auf das Amerika nach dem kalten Krieg bedeutet Lustangst eigentlich was?«

Sie bedeutet, daß wir uns verzweifelt nach Sinnlichkeit und Zärtlichkeit in unserem Leben sehnen, aber möglicherweise nie Befriedigung empfinden können, weil wir sie außerhalb unserer Körper suchen, außerhalb unseres Ichs. Sie bedeutet, daß wir eine Junk-food-Mentalität in bezug auf Lust entwickelt haben und unsere Bedürfnisse objektivieren, etwa als Bedürfnis nach Annehmlichkeiten, anstatt sie als Sehnsucht nach persönlicher Verbundenheit zu sehen. Lustangst heißt, sich vor jeder sexuellen Begegnung fürchten, die nicht beiläufig ist, bei der die Gefahr besteht, daß sie eine tiefe emotionale Wirkung und Bedeutung hat.

»Ihr meint, anstatt Angst vorm Heiraten zu haben, kann ich einfach ins Einkaufszentrum gehen und mir Kleider und Stereoanlagen und so was aussuchen?« sagt Lorie. »Lustangst heißt bei mir wohl, daß ich geschäftliche Sachen unheimlich gut regeln kann, aber eine Niete bin, wenn's darum geht, auf menschliche Bedürfnisse einzugehen – die, die ganz tief sitzen. Und das macht mir Sorgen.« Sie beichtet uns, wie sie durch ihre bevorstehende Hochzeit ganz auf Verlobungsring und Brautkleid fixiert ist, als wäre der Status das wichtigste und nicht die Nähe. »Manchmal frage ich mich, ob ich Doug nur heirate, damit ich es mir leisten kann, ein Haus zu besitzen.«

»Ich frage mich, warum du ihn überhaupt heiratest«, platzt es aus Jan heraus. »Natürlich ist er ein klasse Typ, aber mußt du ihn deshalb gleich heiraten? Du bist doch sowieso schon bei ihm eingezogen. Was ist denn so besonders daran, das Ganze mit einer Zeremonie offiziell zu machen?«

»Ich möchte mehr als nur mit ihm zusammenwohnen. Schau, es steckt doch wirklich mehr dahinter als das Kleid und der Ring und das Haus. Ich möchte dieses Gefühl von Dauerhaftigkeit, das man durch eine solche Bindung kriegt. Ich möchte eine Familie gründen. Aber ich fürchte mich davor. Ich fürchte mich davor, daß wir einander überdrüssig werden. Ich lese überall, daß Ehepaare angeblich nach vier oder sieben Jahren unruhig werden und anfangen, es mit den Nachbarn zu treiben.«

Während ich mir Lories Ängste anhöre, fällt mir plötzlich auf, daß sie die absolute Personifizierung von Alice' B-Seite ist, die darum kämpfte, ihren Sinn für sexuelle Begierde mit einem sturen, aber treuen Ehemann wiederzufinden. Und jetzt steht Lorie vor mir, die vor Sehnsucht nach Lust platzt, aber sich mit Ängsten um deren Verlust quält. Sie ist nur ein paar Jahre jünger als Alice, trotzdem scheint sie einer völlig anderen Generation anzugehören, die viel mehr über ihre sexuellen Gefühle weiß. Dennoch hat Lorie Grund für ihre Ängste. In unserem Kulturkreis gibt es keine Garantie dafür, daß eine Ehe sexuelle Anziehung und Lust auf lange Sicht fördert. Um ehrlich zu sein, die hohe Quote von Seitensprüngen, Scheidungen und häuslicher Gewalt könnten gerade für das Gegenteil sprechen.[11]

Doch für Lorie gibt es die gute Nachricht, daß sie Ressourcen hat, auch einige, die Alice fehlten. Sie kann auf ihre Jugend auf der Farm bauen, durch die sie die Art von Stetigkeit und Einsatz lernte, durch die eine Bindung funktionieren kann. Und sie kann auf den Einfluß von Maya bauen. »Eins hast du uns immer wieder eingebleut, Auntie

M, Dinge zu genießen und empfinden. Das hab' ich woanders nie gehört. Immer hieß es: ›Beeil dich, bring die Sache hinter dich.‹ Oder: ›Wenn du jemandem zu nahe kommst, wirst du tot umfallen.‹ Das galt sogar für einfache Sachen wie Händchenhalten oder Schmusen. Angeblich führte das immer zu was Schlechtem, wie ›sich ganz hingeben‹ – was immer das sein soll.«

Tatsache ist, für Lorie, Alice und viele andere Frauen (und auch für viele Männer) können einfache Akte lustvoller Verbundenheit kompliziert und beängstigend sein. Vielleicht wird deshalb die Lust in der Literatur zur Sexualität so ungeheuer unterschätzt. Dazu kommt etwas, was Maya so ausdrückt: »Du hast bereits darauf hingewiesen, daß man sie nicht wirklich messen kann. Für sich betrachtet zeigt sie keine dramatischen Ausschläge auf der sexuellen Richterskala.«

Interessant ist nur, daß die Frauen, die ich über ihre schönsten sexuellen Erlebnisse befragte, mehr von Lustreaktionen berichteten als Reaktionen von Orgasmus und Ekstase. Sie berichteten von ihrer Sehnsucht nach Wohlsein und Sinnlichkeit, ohne Hintergedanken, als Teil ihrer Begegnungen mit Männern – Flirten, Necken, Spielen, Schmusen, Umarmen, Aneinanderschmiegen, süß duftende Rückenmassagen, Wiegen, und wie ein Baby in den Armen gehalten werden. Michelle, eine der Frauen aus meiner ersten Studie, hat eine besondere Einstellung zu ihren Lustreaktionen: »Meiner Erfahrung nach fällt es mir viel leichter, mit weiblichen Geliebten herumzualbern und zu schmusen als mit männlichen. Sie haben eine leichtere Hand. Man versteht sich gegenseitig. Und es gibt nicht soviel Druck, aus einem Augenkontakt gleich eine genitale Verführung zu machen.«

Die Frauen, die Sex lieben, schilderten alle möglichen sexuellen Freuden in Worten, die sprühten von einem Ausdruck des Wohlbefindens: »Energien aufladen«, »sich verbinden«, »Heiterkeit«. Sie sprachen über körperliche Empfindungen, das ist richtig, aber auch von spiritueller Labsal. Die Dichterin Gioia Timpanelli unterstreicht, wie wichtig Lust für Vitalität und Einklang von Körper und Seele ist: »Das Heiligste, was ein Mensch tun kann, ist mit Lust leben. Genießt Euer Leben, genießt Euren Sex. Da liegt die Lebenskraft.«[12] Die Theologin Elizabeth Dodson Gray stimmt ihr zu und drängt uns, es uns zu holen, wie Jan das ausdrücken würde. »Wir müssen uns alle sagen lassen, daß wir uns auf das Leben nach dem Tod vorbereiten müssen. Also meine größte Angst ist es, daß ich in diesem Leben nach dem Tod dem großen Geist begegne, der sagen wird: ›Ich hoffe, daß du das Leben, das du gerade gelebt hast, genossen hast, das war's nämlich.‹«[13]

Ist Lust allein wirklich ausreichend? Die gängige Sexualwissenschaft ist nicht dieser Meinung, aber viele Frauen, die Sex lieben, halten Lust an sich als vollkommen und befriedigend. Sie sind derselben Meinung wie Maya, die jetzt Lorie antwortet: »Ich brauch' nicht immer gleich ein ganzes Feuerwerk. Manchmal ist für mich schon die Lust der ganze Zirkus.«

In unserer lustfeindlichen und von Männern dominierten Gesellschaft ist das Bekenntnis zu sexueller Lust ein Schritt, der von einer Frau viel Kraft verlangt. Dazu muß man sich, wie Lorie, mit seinen Lustängsten auseinandersetzen. Und man muß, wie Maya, die positiven Energien, einschließlich der sexuellen Energien anerkennen, die jeden Bereich unseres Lebens durchfluten. Aber sie wäre sicher die erste, die mahnend den Finger heben und sagen würde, daß Lust mehr sei als nur das auszuleben, was einen anmacht.

»Ihr dürft die Verantwortung nicht vergessen«, sagt sie.

»Aber wo bleibt dann die Spontaneität?« fragt Jan.

»Die geht nicht verloren«, sagt Maya. »Aber man muß sich Zeit nehmen und vorausplanen.«

»Du meinst, sich einen Vorrat von Gurken und Federn anlegen?«

»Das auf jeden Fall auch, zusammen mit einem Korb voller Kondome mit Erdbeergeschmack. Eigentlich meinte ich es aber mehr allgemein. Ich finde nämlich, daß Verantwortung für Lust heißt: wissen, wie man sie erzeugt, sich darauf vorbereitet, dafür bezahlt und hinterher aufräumt. Mit anderen Worten: lernen, wie man auf sich selbst aufpaßt – auf das Kind in der Frau, die reife Frau, auf den weiblichen Stolz und so weiter.«

»Vielleicht ist das die Antwort«, sagt Jan. »Ich sehe immer wieder, wie Frauen furchtbar verletzt werden. Freiheit und Rumspielen ist ja ganz nett, aber was passiert, wenn die Party vorbei ist? Zum Beispiel: Wer muß in die Abtreibungsklinik oder wer kümmert sich die nächsten zwanzig Jahre um das Kind?«

Zur Verantwortung für Lust gehört auch zu lernen, wann und wo man sie angemessen ausleben kann und, vielleicht das wichtigste, mit wem. Jan warnt: »Wir können nicht einfach in die Welt hinausgehen und das mit unseren sexuellen Schwingungen wie ein Plakat vor uns hertragen. Wir würden umgebracht, verletzt, zerstört werden.«

Ihre Warnung ist sehr realistisch und betrifft uns unmittelbar. Die Welt des Sex ist für Mädchen und Frauen nicht der sicherste Ort. Sollten wir dafür Beweise brauchen, müßten wir uns, laut Jan, nur einmal die Statistiken über Inzest und Vergewaltigung ansehen. Obwohl es keine Möglichkeit gibt, genaue Zahlen herauszufinden, behaupten einige Wissenschaftler, daß in den USA jedes dritte Mädchen bereits vor dem zehnten Lebensjahr sexuell mißbraucht wurde und das sei nur die Spitze des Eisbergs. Zahlreiche Studien belegen, daß etwa jeder vierten erwachsenen Frau sexuelle Gewalt angetan wird.[14] In den amerikanischen Gerichten wird immer noch darüber beraten, wie sich andere Formen sexueller Belästigung auf Frauen auswirken, wie zum Beispiel obszöne Bemerkungen auf der Straße, die Anmache im Büro oder die Verfolgungen und Angriffe in den Schlafzimmern und Küchen. Selbst wenn Frauen selbstbewußt ihre Sexualpartner aussuchen und intensive Gespräche mit ihnen führen, gibt es für sie keine Möglichkeit, alles über ihre Motive und Vergangenheit zu erfahren. Da bleibt immer noch das Risiko, ausgenutzt zu werden. Nicht zu vergessen die

Krankheiten, angefangen von Herpes zu Chlamydia bis AIDS.

»Aber wenn wir unsere sexuellen Energien abkapseln, trocknen wir aus wir kleine Dörrpflaumen in ihren Zellophantütchen«, ermahnt Maya. Damit hat sie das entscheidende Dilemma für Frauen, die Sex lieben, genau umrissen: wir brauchen sexuelle Lust in unserem Leben, aber sexuelle Lust kann für Frauen gefährlich sein. Wie können wir uns aus diesem Dilemma befreien? Wie überhaupt erst einmal darüber reden?

»Na ja«, meldet sich Jan zu Wort. »Für den Anfang sollten wir erst einmal zugeben, daß da überhaupt ein Problem für uns existiert.«

»Jetzt aber mal langsam«, kontert Maya, »du hörst dich inzwischen an wie der personifizierte Pessimismus. Warum beginnen wir nicht damit, uns gegenseitig zu helfen, uns gut zu fühlen. Weißt du«, sie schlägt ihren Dozententon an, »wir Frauen müssen viel lernen, und eine Möglichkeit, das zu tun, ist, uns Lust zu bereiten und auch unseren Partnern. Wir müssen den Unterschied zwischen Lust und Schmerz begreifen. Wenn wir das tun, dann können wir auch unseren Kindern ein Vorbild sein – männlichen wie weiblichen –, damit sie die Unterschiede begreifen. Damit sie lernen, was Sensibilität und Zärtlichkeit ist. Das ist gar nicht so unbedingt eine körperliche Angelegenheit, sondern meiner Meinung nach mehr eine Herangehensweise, eine Art, die Welt zu sehen und darin zu existieren. Wir müssen lernen, Körper und Geist zu verbinden. Sich verneigen vor der Heiligkeit des Wohlgefühls.«

»Wenn das der Lustteil des Kontinuums ist«, sagt Lorie, »was ist dann der Orgasmus?«

Der Orgasmus und das Erweitern des Reaktionsspektrums

Was ist der Orgasmus? Diese Frage wurde mir im Lauf meiner Karriere ständig von Frauen gestellt – in Therapiesitzungen, in Selbsthilfegruppen, als Lehrerin. Frauen wie Alice stellten diese Frage, weil sie Zweifel hatten, ob sie je einen richtigen Orgasmus erlebt hätten. Andere stellten diese Fragen, weil ihre Partner Zweifel daran haben, ob das, was sie erleben, tatsächlich ein Orgasmus ist.

»Ich stelle diese Frage«, sagt Lorie, »weil ich gerne wüßte, wie oft man einen Orgasmus haben muß, um okay zu sein – ich meine wirklich okay. Und wie kann ich sicher sein, daß es die richtigen Orgasmen sind?«

Ich beruhige sie. Sie kann so viele oder so wenige Orgasmen haben, wie sie will: »Das kannst nur du allein beurteilen. Und so etwas wie den richtigen oder falschen Orgasmus gibt es nicht. Wenn das jemand behauptet, sag ihm, er hat 'nen Vogel!« Lorie lächelt, als hätte sie gerade ein Geschenk bekommen.

Lorie und die anderen Frauen sind nicht die einzigen, die Fragen zum Orgasmus haben. Auch die Sexualforscher stellen dazu immer noch Untersuchungen an und ihre Debatten über die Vorteile des vaginalen im Gegensatz zum klitoralen Orgasmus nehmen kein Ende, seit Freud die Theorie entwickelt hat, vaginaler Orgasmus sei durch Verkehr mit dem Ehemann die einzige reife und normale Möglichkeit für Frauen, sexuelle Entladung zu erleben. Freuds Theorie macht nicht nur die männliche Lust zum König (Kinsey ist der Meinung, daß die Vagina während des Verkehrs dem Mann mehr Gefühl bietet als der Frau), nein, sie verweist auch die Frauen auf ihren Platz, wie politisch engagierte Feministinnen behaupten, nämlich auf den Rücken in der Missionarsstellung. Während der letzten Jahrzehnte stellte die klitorale Theorie vom Orgasmus die Freudsche These in Frage, und die G-Punkt-Theorie stellt beide in Frage. Trotz umfassender, manchmal geradezu zwanghafter Untersuchungen des Orgasmus und der beeindruckenden Fähigkeit der Wissenschaftler, vaginale Spasmen bis auf Millisekunden genau zu bemessen, wissen die Forscher immer noch nicht definitiv, was ein Orgasmus wirklich ist. Auf jeden Fall haben sie keine Ahnung vom vollen Ausmaß seiner Möglichkeiten, ganz besonders bei Frauen.[15]

»Obwohl also anscheinend keiner weiß, was ein Orgasmus ist, werden unsere Schlafzimmerauftritte immer noch nach dem, was du den Orgasmusstandard nennst, beurteilt«, sagt Maya verächtlich. »Es ist wirklich nicht leicht einzuschätzen, was genug und was zuviel ist. Das kann in Wettbewerb ausarten und einem den ganzen Spaß verderben.«

Sie meint damit den Leistungszwang, die Vorstellung, daß Orgasmus ein Wettkampfziel ist, das erreicht und nicht empfunden, erlebt, genossen, geteilt und ausgelebt werden will. Ich nicke und unterstütze ihre Behauptung mit Kommentaren anderer Frauen, die mir anvertrauten, daß dieses Wettbewerbsdenken ihre Fähigkeit, sexuelle Lust mit einem Partner zu empfinden, beeinträchtigt oder sogar geschädigt habe. Ich zitiere Sarah, eine Patientin: »In meiner Jugend lernte ich, daß Sex heißt, einen Orgasmus zu kriegen, und wenn ich keinen hätte, wäre ich ein Versager. Also lernte ich, den Orgasmus vorzutäuschen, damit er mich für normal hielt. Ergebnis war, daß ich immer weniger normal wurde und unser Sexualleben einfach verpuffte.«

Frauen, die Sex lieben, mögen eigentlich ganz gewöhnliche Frauen sein, aber sie können anderen Frauen – und Forschern – einige sehr wichtige Dinge über den Orgasmus beibringen. Das betrifft zum Beispiel das Sammeln von Daten. Bei der Suche nach dem, was ein Orgasmus tatsächlich ist, muß man die komplexen Strukturen, die das gesamte Kontinuum des orgasmischen Erlebnisses umspannen, erfassen können.

»Sie wollen damit sagen, daß Lust auch ein Teil des Orgasmus ist«, stellt Jan fest.

»Und auch die Ekstase«, sagt Maya.

»Woran denkt ihr, wenn ihr an Orgasmus denkt?« frage

ich die drei Frauen. Es interessiert mich zu erfahren, wie sie einen Begriff des Orgasmus über die Kniereflex-Reaktionen und körperliche Stimuli hinaus formulieren.

Maya: »Ich denke an meinen gesamten Körper – mein ganzes Ich. Orgasmus ist etwas anderes als Lust. Na ja, Lust gehört natürlich dazu, aber Orgasmus ist wesentlich mehr als nur ein Ereignis, das im Hier und Jetzt stattfindet. Es geht dabei um die Erinnerungen des Körpers. Jedesmal wenn ich einen Orgasmus habe, habe ich das Gefühl, er enthält alle Empfindungen von allen anderen Orgasmen, die ich je hatte. Irgendwie summiert sich das alles. Das ist einer der Gründe, weshalb Sex immer besser wird, je älter man ist.« Bei dieser letzten Bemerkung grinst sie übers ganze Gesicht.

Lorie: »Orgasmus ist etwas ganz Besonderes. Bei mir geht's dabei im Augenblick wohl hauptsächlich um Liebe. Meine Orgasmen, also, die finden nicht einfach in einem Vakuum statt. Sie sagen etwas über mich aus, darüber, was Doug und ich füreinander empfinden. Über die Pläne, die wir haben. Über Vertrauen. Über die gegenseitige Hingabe. Darüber, daß wir total romantisch und voller Liebe füreinander sind.«

Jan: »Ich denke oft daran, was für ein gutes Gefühl so ein Orgasmus ist. Ich freue mich darauf. Na ja, okay, ich bastle mir dabei ein paar Phantasien zurecht. Man könnte ohne weiteres sagen, daß meine Orgasmen sowohl meinen Körper als auch meine Gefühle und meinen Geist einbeziehen.«

»Kann ein Orgasmus ein spirituelles Erlebnis sein?« frage ich. Ich bekomme ein lautes, deutliches Ja von allen dreien! »Sex und Geist lassen sich nicht trennen«, sagt Lorie. »Das mag vielleicht abgedroschen klingen, aber ist Orgasmus nicht wie eine Vereinigung von Geist und Körper?«

Maya unterstreicht diese Kommentare, als sie sagt: »Für mich ist Sex keine Suche nach dem großen Geist, sondern eher eine Suche nach Sanftheit, Wärme, Harmonie, Lust. Orgasmus ist ein Crescendo. Es ist etwas Wunderbares, aber eben nicht alles. Als Opernfan würde ich sagen, daß sexuelle Erfahrung so vielschichtig ist wie Wagners *Ring*. Es gibt Leute, die sagen, sie wollen nur die Highlights hören, wie zum Beispiel das Ende der *Götterdämmerung*. Das wäre dasselbe, wenn ich mich auf ein sexuelles Erlebnis einlasse und dabei nur am erregenden Teil interessiert bin, hier und da ein paar Takte und den langweiligen Teil weglasse, wo ich immer einschlafe. Man muß sich schon das ganze Paket aufhalsen, wenn man einen richtig guten Orgasmus haben will.«

Laut dieser drei Frauen und anderer, die Sex lieben, schwanken Größe und Wichtigkeit des Orgasmus proportional zu Lust und Ekstase. Ich erinnere Jan und Lorie an die Zeichnung im Sand. Ein Orgasmus kann nur ein winziger Kreis sein, klein und unauffällig. Es kann ein winziger Lichtpunkt auf unserem inneren Monitor sein oder eine Leerstelle, nichts, was wahrnehmbar wäre.

»Er kann einem Lusterlebnis oder der Ekstase zugeordnet werden«, fügt Maya hinzu.

Lorie sagt: »Ich glaube nicht an die Urknall-Theorie beim Sex. Um ehrlich zu sein, der Beischlaf oder der Höhepunkt sind für mich gar nicht so erregend, sondern die Intimität.« So wie Lorie ihre Gefühle schildert, wird klar, daß für sie das befriedigendste am Orgasmus die emotionale Entladung ist und nicht die Unterleibskontraktionen, die sie mit dem Terminus Orgasmus zu assoziieren gelernt hat.

»Der Orgasmus kann aber auch eine laute und extravagante Hauptrolle spielen.« Maya gestikuliert lachend.

»Richtig«, stimme ich zu. »Er kann stundenlang dauern und die Schlafzimmertür aus den Angeln heben.«

»Es kann sogar passieren, daß man einen Orgasmus als eine Art paradoxer, kranker Witz bei einem Mißbrauch kriegt«, wirft Maya ein. »Habt ihr noch nie davon gehört, daß Frauen mitten in einer handgreiflichen Auseinandersetzung mit ihrem Liebhaber einen Orgasmus erleben?«

Ja, das habe ich, und ich habe auch schon gehört, wie Frauen zugaben, daß sie genitale Spasmen bei einer Vergewaltigung erlebten, während sie verängstigt und angewidert waren.

»Ist das wirklich wahr?« Jan scheint schockiert.

Es ist wahr. Bei extremer Angst oder Wut gibt es einen Adrenalinausstoß, der das autonome Nervensystem aktiviert, eine Erhöhung des Blutdrucks und der Pulsfrequenz auslöst und andere Anzeichen für einen Orgasmus, zu denen offensichtlich auch genitale Spasmen gehören. Das könnte auch erklären, was passiert, wenn Frauen sich permanent positive sexuelle Gefühle versagen. Für sie ist Schmerz vielleicht eine Möglichkeit, ihre Gefühle zu stimulieren, damit sie sich daran erinnern, daß sie noch leben. Ihre sexuelle Aufladung kann sich zum Negativen wenden in Beziehungen, die sie innerhalb und außerhalb des Schlafzimmers verletzen. Es kommt mir so vor, als könnte eine Frau durch eine ekstatische Erfahrung einen Schritt durch den Spiegel machen, in ein kosmisches schwarzes Loch, und sich umgekehrt für sie als Schmerz, Wut und Angst äußern. Diese dunkle Seite des Orgasmus ist aber nicht fließend, sondern zersplittert. Für manche Frauen kann das in ihrem Leben genauso zwanghaft wie Freude sein, doch fehlt die entsprechende Stimmung und die Verbundenheit. Es mag vielleicht die Kriterien für unwillkürliche Muskelspasmen erfüllen, aber laut der Frauen, die Sex lieben, ist es alles andere als eine lebensbejahende Entladung.

»Aber wie ist das mit Schmerz bei gegenseitigem Einverständnis?« fragt Maya. »Ich kenne eine Frau, die es wunderbar findet, mit Handschellen an eine Wand gefesselt und mit einem Rohrstock grün und blau geschlagen zu werden. Sie sagt, die Orgasmen wären unglaublich.«

»Das ist ja ekelhaft«, sagt Jan.

Ekelhaft oder nicht, Maya spricht vom Sadomasochismus, der für manche der bevorzugte Scharfmacher, für andere eine ganze Lebensauffassung ist. Diese Frauen sind auf der Suche nach kribbelnden Gefühlen, vom Hieb einer Lederpeitsche bis zum Zwicken eines Nippelclips. (Eine begeisterte Anhängerin sagte, die Sexspiele würden dann zu weit gehen, wenn die Schnitte und blauen Flecken länger als drei Tage nicht verheilten.)

»Wenn ihr mich fragt, klingt das wie Mißbrauch«, sagt Jan.

Aber da gibt es einen entscheidenden Unterschied. S/M ist im Gegensatz zur alltäglichen Hölle einer Abhängigen die freie Entscheidung einiger Frauen für diese Art Stimulation. Frauen, die das mögen, sind sich einig, daß Schmerz nur ein Teil der Faszination ist.

»Na ja, vielleicht leben da Frauen Mißbrauch während der Kindheit aus. So eine Art Ventil für posttraumatischen Streß.«

Über diese Bemerkung von Jan habe ich oft im Zusammenhang mit S/M nachgedacht. Vielleicht lassen Frauen doch im Bett wieder Dinge auferstehen, die sie kennen, wie zum Beispiel in diesem Fall Schmerz und Opferverhalten. Oder vielleicht brauchen Frauen, die durch Mißbrauch abgestumpft sind, außergewöhnliche Stimulation. Das mag für einige Frauen in sadomasochistischen Beziehungen stimmen, aber die Frauen, die diese Art Sex lieben, erzählen eine andere Geschichte. Diese Frauen erzählen keineswegs, daß das Bedürfnis, alten Mißbrauch wiederzuerleben, sie zu S/M getrieben habe. Vielmehr weisen sie darauf hin, daß S/M sehr faszinierende Phantasieelemente hat, wie die Schaffung aufregender Szenarios und provozierender Maskeraden – Stilettos, Federmasken, Nieten-BHs mit ausgeschnittenen Nippeln. Einige Anhänger sagen, es bestünde ein ausgesprochen kameradschaftliches Gefühl, als gehöre man einem skandalösen Club an, in dem es keine Regeln gibt. Die Stimulation wird nicht nur durch das körperliche Empfinden ausgelöst, sondern durch die Erregung, am Rande des Abgrunds zu leben. Aber der vielleicht wichtigste Faktor für gutes S/M (das heißt, daß der Orgasmus beiden Partnern Spaß macht) ist die vorhergehende Verständigung über die Verteilung der Machtrollen. Diese müssen bestimmt und von beiden Parteien akzeptiert werden. Außerdem müssen sie zeitlich begrenzt sein. Darüber hinaus gibt es ein gemeinsames »Alarmwort«, das die Handlung unterbricht, wenn sie zu grob oder beängstigend wird. Im Gegensatz zu den nicht eingestandenen Dominanz- und Unterwerfungsrollen, die Frauen Jahr für Jahr spielen, liegt die Macht in Händen des »Untenliegenden«, des Partners, der Lust/Schmerz empfängt, und nicht bei dem »Obenliegenden«, dem Partner, der dies so erregend verteilt.

»Das ist eine ganz andere Sphäre des Orgasmus«, überlege ich. »Es bedeutet, sich über die Grenzen des Wohlgefühls hinwegzusetzen, die sexuellen Schranken, die man sich selbst auferlegt, zu erweitern. Einerseits ist es ein Rollenspiel: oben und unten, andererseits ein Prozeß, bei dem man lernt, um Lust und Sicherheit zu verhandeln.«

»Es heißt, dem Wort Vertrauen eine neue Bedeutung geben«, sagt Lorie.

»Vielleicht ist es eine andere Ebene, um das Nehmen und Geben zu lernen«, sagt Maya.

Auf jeden Fall lernt man dabei den Unterschied zwischen nicht genug und zuviel. Lernt, was genug wirklich ist. Vielleicht befindet sich die ekstatische Erfahrung ja immer in einem labilen Gleichgewicht von Schmerz und Lust.

Die Überlegungen zum Thema *genug* bringen mich zu einer zentralen Frage über den Orgasmus, die von den individuellen Unterschieden bei Frauen abhängig ist: Was meinen Frauen damit, wenn sie sagen, sie kämen leicht zum Orgasmus?

Diese Frage hatte ich auch im Zusammenhang mit meinen Studien gestellt. Wenn Frauen sagten, sie kämen leicht zum Orgasmus, meinten sie damit hauptsächlich ihre Gefühle von Lust und Verbundenheit und Macht und nicht unbedingt meßbare Daten, so zum Beispiel, wo auf ihren Körpern sie stimuliert wurden oder wie schnell sie wie oft kommen könnten. Alle Frauen, die von ihrer Orgasmusfähigkeit gesprochen hatten, meinten damit einen gewissen Grad an Kontrolle. Sie gaben bei ihren Orgasmen den Ton an (»ich kann kommen, wann immer ich will«). Oder sie glaubten, die jeweilige Situation im Griff zu haben (»ich brauche eine gewisse Stimmung oder Stimulation, um kommen zu können, aber ich weiß, wie ich das arrangieren kann«). Lorraine beschrieb sich selbst als zwanghafte Nestbauerin. Für sie bedeutete Kontrolle, ein Szenario aufbauen – die Laken wechseln, Kerzen anzünden, die Musik aussuchen. Holly, eine Sportlehrerin, sagte: »Für mich ist Liebe unter den Sternen das Größte. Ich bin immer auf der Suche nach neuen Plätzen. Nichts Perverses – ich steh' nicht drauf, am Ende eines Seils zu baumeln. Aber ich bin ziemlich furchtlos. Ich hatte mit meinem Mann schon einige Gipfelerlebnisse, im wahrsten Sinne des Wortes.«

Einige Frauen hatten gesagt, Orgasmusfähigkeit wäre relativ. Pauline zum Beispiel war viele Jahre unfähig, zum Orgasmus mit einem Mann zu kommen, der verbissen für seine Familie sorgte und ein schmerzlich einfallsloser Liebhaber war. Doch in den sechs Monaten ihrer Beziehung zu einer Frau erlebte sie Orgasmen, die sie selbst in ihren kühnsten Träumen nicht für möglich gehalten hätte. Für sie bedeutete Orgasmusfähigkeit: »Ich habe jetzt keine Probleme im Vergleich zu denen, die ich früher hatte.«

Aber zurück zu Lories Frage »Was ist ein Orgasmus?«. Die Orgasmen, die die Frauen in meiner Studie schilderten, paßten nicht immer in das Schema der Sexualwissenschaftler von Erregung/Plateau/Orgasmus/Auflösung. Sie paßten auch nicht immer in die klitoralen Normen der Feministinnen und die vaginale Norm, die von Freud und den Freudianern diktiert wird. Einigen Frauen war es gelungen, ihren G-Punkt zu finden, anderen nicht. Einige Frauen waren »sofort« gekommen, sobald also die Stimulation begonnen hatte, andere hatten mehr als eine Stunde gebraucht, bis zu einer »Entladung, bei der man den Verstand verliert«. Die typische Anzahl an Orgasmen bei einer sexuellen Begegnung hatte sich von einem bis zu »mehr als ich zählen kann« bewegt. Auch die Häufigkeit, Dauer und Empfindungen hatten von Frau zu Frau variiert, manchmal sogar bei jedem Erlebnis. Die Art der Stimulation variierte ebenfalls, angefangen von der alterprobten direkten klitoralen Manipulation durch die Frau selbst oder den Partner, bis hin zu einem begeisterten Bericht, wie ein

Eis mit Schlagsahne vom Bauch einer Frau geleckt wurde, die von ihrem Geliebten mit Schals aus Seide an die Bettpfosten gefesselt worden war.

Ist der Orgasmus unerläßlich für das Erleben sexueller Ekstase? Ich hatte ein begeistertes Ja von jeder der befragten Frauen erwartet. Aber etwa ein Drittel hatte mit nein, vielleicht oder ich weiß nicht geantwortet. Sie hatten andere Elemente als Auslöser der Ekstase genannt: zum Beispiel eine exotische Umgebung oder sinnliche Freuden, Romantik, Nähe, Liebe. Valerie, eine geheilte Alkoholikerin, sagte, sie hätte eine Phase der Verweigerung aus »Gewissensgründen« durchlebt, sich bewußt Orgasmen widersetzt, um nicht das Gefühl zu haben, im Bett zu Leistungszwang verleitet zu werden.

Interessant war, daß einige Frauen in der Studie zwar sagten, Orgasmus wäre keine Notwendigkeit für ein gutes sexuelles Erlebnis, aber jede Frau, mit der ich sprach, berichtete, sie hätte zumindest einen bedeutenden Orgasmus bei jedem der großen sexuellen Erlebnisse, die sie schilderte, gehabt.

»Sie glauben also, diese Frauen haben gelogen?« fragt Jan.

»Oder verdrängt?« fügt Maya hinzu.

Der Meinung bin ich nicht. Ich glaube, diese Diskrepanz in ihren Berichten ist Ausdruck der Verwirrung, die unseren üblichen Begriff von Sex und Orgasmus begleitet. Wie Maya bereits betonte: In unserer gesamten Geschichte gab es für Frauen keine allgemein anerkannte Möglichkeit, die holistischen Aspekte unserer Sexualität zu beschreiben, die physischen, emotionalen, spirituellen, ja sogar intellektuellen Querverbindungen oder die Beziehung des Orgasmus zu Ekstase und Lust.

Maya sagt, das Problem bei der gesamten Forschung über Frauen und Orgasmus ist die Tatsache, daß sie ohne Herz betrieben wird. »Was hat Freud schon gewußt? Was wußten diese anderen Teutonen um die Jahrhundertwende schon?[16] Nicht einmal das Wort Orgasmus klingt nach dem, was es ist. Ich glaube, wir sollten seinen Namen ändern, damit wir anfangen können, ihn anders zu begreifen. Ein Orgasmus ist nichts Meßbares, er ist ein schöner, befreiender, fortlaufender Prozeß.

»Wie soll denn der Orgasmus heißen, wenn nicht Orgasmus?«

Maya steht auf und streckt die Arme in Richtung Berge aus. »Nennen wir ihn Entladung.«

»Beim Orgasmus geht's darum, sich gehen zu lassen«, fährt sie fort. »Um Erneuerung, Selbsterneuerung, Energie-Recycling. Orgasmus heißt, mit jedem sexuellen Erlebnis einen neuen Vertrag mit dem Leben zu schließen. Man muß ihn in jeder Zelle seines Körpers fühlen. Ein Orgasmus ist nicht nur vaginal. Es geht darum zu spüren, wie jede Haarwurzel explodiert, verdammt noch mal.«

Während Maya so richtig in Fahrt kommt, erinnere ich mich an eine der Frauen, die ich interviewt habe: Rosanne. Sie schilderte voller Leidenschaft einen Orgasmus, der ihren ganzen Körper erfaßte: »Es packte mich vom Haaransatz bis zur Zehenspitze. Meine Brüste fühlten sich lebendig an, die Empfindungen strömten durch meine Beine, meine Wirbelsäule hoch bis in den Hinterkopf. Ich geriet völlig außer Kontrolle. Ich stöhnte, brüllte, hätte meinem Liebhaber fast die Zähne ausgeschlagen. Schließlich brach ich lachend zusammen. Alles schien so komisch und so schön, am liebsten wäre ich losgerannt und hätte die ganze Welt umarmt.« Diese Geschichte ist eine perfekte Illustration von Mayas Vorstellung der Entladung: das Recycling von sexueller Energie in emotionalen Altruismus. Und ich erinnere mich an Amalie, eine Geigenlehrerin, die mir von einem unvergeßlichen Moment sexueller Intimität mit ihrem Mann berichtete, mit dem sie seit zwölf Jahren verheiratet ist. »Wir beide waren uns so nahe, daß es mehr ein Orgasmus der Seelen war als einer des Körpers. Ich spürte ihn bis ins Herz. Mein ganzer Brustkorb öffnete sich, und ich zerschmolz in einer Flut von Tränen, ein ungeheuer heilsames Gefühl.« Wieder Entladung, diesmal säuberte die emotionale Energie den Körper selbst.

Wenn ich mir so anhöre, was Maya, Jan und Lorie

erzählen, wird mir klar, daß ihre Vorstellungen von Orgasmus denen der Frauen, die Sex lieben, entsprechen. Für sie alle heißt Orgasmus emotionale und auch körperliche Entladung.

»Und was ist mit der geistigen Entladung?« frage ich die drei Frauen.

»Die ist nur einen Hauch weit entfernt«, sagt Maya. »Aber ich glaube, jetzt betreten wir das Reich der Ekstase.«

Ekstase – die Erforschung der Quantentheorie beim Sex

Ekstase. Jetzt sind wir wieder genau da, wo wir an diesem herrlichen, sonnigen Tag auf Mayas Terrasse angefangen haben. Das dritte Glied in der Dreifaltigkeit sexueller Verbundenheit. »Was ist das eurer Meinung nach?« frage ich.

»Ekstase hat mit Erkenntnis zu tun«, sagt Maya. »Zu erkennen, daß man eins mit der Sonne und dem Meer und jedem Grashalm und jeder Tannennadel ist. Das heißt vollkommene Entspannung, sich mit dem Pulsschlag des Universums vereinen, das Gefühl haben, eingeatmet zu werden. Ekstase ist Freude, Loslassen. Den Muskel, mit dem man das Leben kontrolliert, einen Augenblick lang entspannen.«

Wieder einmal schafft es Maya, abstrakte Gedanken mit Leben zu erfüllen. Diesmal konfrontiert sie uns mit einem faszinierenden Widerspruch: wer ein magisches Gefühl von Zugehörigkeit und Verbundenheit erleben will, muß erst einmal loslassen.

»Aber was hat das alles zu bedeuten?« fragt Lorie. »Was heißt es denn, wirklich die Zügel loszulassen?«

Lorie versucht diese Aussage zu fassen: »Willst du damit sagen, wenn ich mich an das Seil klammere, das mich an die Erwartungen anderer Menschen bindet, werde ich immer nur das Seil kriegen.«

»Das ist ein Teil davon«, sagt Maya. »Erst wenn du deine klammernden kleinen Finger löst – die Erwartung losläßt –, dann verspürst du eine Woge der Zugehörigkeit – du gehörst dir selbst. Erst wenn du die Zügel losläßt, wirst du von Kraft, Leidenschaft, Kreativität durchflutet. Du siehst die Welt anders. Du hast die Macht, die Welt zu verändern, weil du nicht mehr an das Seil gebunden bist. Du hast die Freiheit, dich zu bewegen.«

Jan liefert das fehlende Stück in dieser Gleichung der Kräfte: »Du willst sagen, daß es nicht die Art Kraft ist, die beherrschen will. Sie spendet Energie, anstatt andere Menschen daran zu hindern, sie zu haben.«

»Verstehst du, wie wichtig es für dich ist, das zu wissen?« sagt Maya zu Lorie. »Besonders jetzt, wo du im Begriff bist, Doug zu heiraten.«

Leider scheitern wir bei dem Versuch, Ekstase zu beschreiben, wieder an den sprachlichen Schranken, von denen wir früher schon einmal gesprochen hatten. Ein wesentliches Problem bei Gesprächen über Frauen und sexuelle Ekstase ist der Bezugsrahmen. Die Definitionen sowohl für Sex als auch für Ekstase sind in eine lineare, hierarchische Struktur gequetscht, die noch nicht einmal versucht, die lyrischen, sphärischen Erlebnisse der Frauen, mit denen ich gesprochen habe, einzubeziehen. Ekstase kommt aus dem Griechischen und bedeutet, jemanden um den Verstand bringen.

»Das ist wirklich albern«, sagt Lorie. »Ich fühle mich nicht so jenseits, wenn Doug und ich uns lieben. Ich fühle mich ganz und gar lebendig. Ich bin mittendrin. Ein Teil von allem.«

»Mir geht es genauso«, sagt Maya. »Ich hab' das Gefühl, ich werde *in* meinen Verstand gebracht. Bei sexueller Ekstase geht es nicht um Entsagung und auch nicht um nicht fühlen, vielmehr ist man außerordentlich sensibel, ist sich auf wunderbare Weise allem bewußt. Bei mir ist das ein Gefühl, als hätte mich Cosmo, der kosmische Elektriker, neu verdrahtet. Jeder Teil von mir ist auf den rhythmischen Zyklus des Universums eingestimmt.«

Mayas und Lories Unterhaltung, quasi die zwischen zwei Generationen, hilft mir zu begreifen, daß Frauen vielleicht doch eine Sprache der Ekstase besitzen, wir hatten nur nicht immer Gelegenheit dazu, sie unmittelbar zu fassen. Nahezu die gesamte Geschichte über waren Frauen gezwungen, die ganze Macht ihrer Gefühle und ihre unverhüllten Einzelheiten zu verbergen, um in einer männlich dominierten Welt überleben zu können. Aber Frauen sind findig, und es ist ihnen gelungen, »akzeptablere« Möglichkeiten auszubaldowern, mittels derer sie ausdrücken können, was sexuelle Befriedigung wirklich bedeutet.

Zwei dieser Möglichkeiten sind Romantik und Religion. Beide haben natürlich ihre Grenzen, ganz abgesehen davon, daß sie nur indirekt mit Lust zu tun haben. Beide basieren auf einer Dynamik der Verehrung des anderen, dem, was Maya »ein Psychospiel Folgt-dem-Führer« nennt. Sie sind eher dazu geneigt, Frauen von ihrer sexuellen Kraft abzuschneiden, als sie damit zu verbinden.

Beim Thema Romantik schwillt den meisten Feministinnen der Kamm. Robin Morgan zum Beispiel behauptet, daß der Mythos der romantischen Liebe eigentlich eine Sackgasse ist, »der Pfahl im Herzen« des autonomen Ich der Frauen.[17] Mary Daly präzisiert den Wahn der Selbstaufgabe, in den Frauen verfallen können: »Die Rituale romantischer Liebe ... ziehen Frauen in die ›Ekstase‹ des Selbst-Verlustes, des Wahnsinns, was bedeutet, buchstäblich außer uns zu sein, neben unserem Selbst zu stehen.[18] Außerdem ist Romantik typischerweise asexuell. In dem Flucht-vor-der-Wirklichkeit-Drehbuch ist die Heldin Jungfrau und muß fürchterlich leiden, meist, um ihre Jungfräulichkeit für den Helden zu erhalten, der im entscheidenden Moment auftaucht, um sie zu retten, damit sie ihm Söhne gebären kann, die seinen Namen erben können.«

»Das ist vielleicht ein sexistischer Plot!« Jan schnaubt verächtlich. »Himmel der Abhängigkeit. Die Frauen werden ausgelöscht.«

»Nicht unbedingt«, sagt Maya. »Viele Frauen stürzen sich darauf, weil es Aufregung und Dramatik bringt. Vielleicht ist Romantik in Wirklichkeit so etwas wie bemäntelte Ekstase.«

Ein weiteres Ventil für die sexuelle Energie der Frauen war die religiöse Ekstase, zumindest die gewisser religiöser Traditionen. Und wenn wir uns Mayas Denkweise anschließen, sind religiöse Praktiken vielleicht eine andere Möglichkeit, sexuelle Begierde unter dem Deckmäntelchen des Erlaubten zu kaschieren. Zum Beispiel wird eine Frau, die aus ihrer Ehe ausbricht und eine Affäre hat, als Jezebel abgestempelt, sie hat eines der uralten Tabus unseres Kulturkreises gebrochen. Aber wenn sie ihre überschüssige Energie in Gebet und gute Werke umleitet, kann sie sich einen Heiligenschein verdienen. Eine der Frauen, die ich interviewte, berichtete, daß es ihr gelungen war, eine sexlose Ehe jahrelang zusammenzuhalten, indem sie sich jeden Sonntag ihre Dröhnung durch leidenschaftliches Singen im Kirchenchor holte. Ein weiteres Beispiel für genehmigtes Energieablassen sind religiöse Sekten. Hier können Frauen singen, schreien, brüllen, sich schütteln, herumwälzen, sich anlangen – und das alles läuft dann unter ›Gebet‹. Sie können in ekstatischem Wahn in der Kirche in Ohnmacht fallen und das auch noch in aller Öffentlichkeit. In der Sprache religiöser Ekstase ist Jesus kein körperloser Geist, sondern im wahrsten Sinne des Wortes der Geliebte. Er ist der ›Bräutigam meiner Seele‹.

»Religion«, sagt Lorie verächtlich. »Der Plot ist ja noch sexistischer!«

»Oder unter noch mehr Deckmänteln versteckt«, erwidert Maya. »Haben Dichterinnen und Mystikerinnen nicht schon immer über sexuelle Ekstase in irgendeiner Form geschrieben?«

Tatsächlich haben sowohl die Romantik als auch die Religion eine Art Code durch all die Jahrhunderte bereitgestellt, mittels dessen Frauen, die Sex lieben, ihre transzendentalen Erlebnisse sexueller Ekstase mitteilen konnten. »Ja«, erwidere ich, »und erinnerst du dich noch an die Phrase: ›Anonym war eine Frau‹?«

»Du meinst wohl, keiner weiß genau, wer all diese Frauen waren«, sagt Jan.

»Aber trotzdem ist es ihnen gelungen, die Botschaft rauszuschmuggeln.«

»Mit Buschtrommeln«, tönt Maya mit dramatischer Stimme, »die Botschaften durch Raum und Zeit übermitteln.«

»Na ja, vielleicht habt ihr recht.« Jan kapituliert. »Ich hab' in einem Frauengeschichtskurs etwas über eine ganz erstaunliche Frau gehört. Eine Heilige. Spanierin. Sie hat ihr ganzes Leben in einem Kloster verbracht. Ganz allein in einer Zelle, glaube ich. Trotzdem hatte sie diese unglaublich erotischen Phantasien. Und sie hat sie tatsächlich niedergeschrieben.«

Die heilige Theresia von Avila. Sie lebte in der Zeit der Gegenreformation und hinterließ ihre Autobiographie, ein bemerkenswertes Dokument religiöser Erotika. Ich zitiere einen Abschnitt über die regelmäßigen Heimsuchungen eines strahlenden Engels, der der heiligen Theresia erschien und ihr Herz mit einem flammenden goldenen Pfeil bis in die Eingeweide durchbohrte. »Der Schmerz war so groß, daß ich laut aufschrie, doch gleichzeitig empfand ich so unendliche Süße, daß ich wünschte, der Schmerz würde bis in alle Ewigkeit andauern. Es war kein körperlicher, sondern ein seelischer Schmerz, obwohl auch der Körper bis zu einem gewissen Maß davon betroffen war. Es war die süßeste Liebkosung der Seele durch Gott.«[19]

Jan sieht mich an. »Damit ist ziemlich präzise erfaßt, in welcher Weise viele Frauen die Qual der Seligkeit empfinden – wenn es manchmal so herrlich gut wehtut.«

Lorie stimmt ihr zu. »Und auch das Verhältnis Sex und Geist – daß man die beiden nicht trennen kann. Sie sind wirklich Teile derselben Sache.«

Wie Jan und Lorie bin ich erstaunt, daß dieselben Bilder immer wieder auftauchen und mit fast identischen Worten die ekstatischen Erlebnisse der Frauen beschreiben. Ich erinnere, wie eine der Frauen während der Interviews hingerissen eine durchwachte Nacht mit ihrem Liebhaber schilderte. Interessanterweise hieß sie auch Teresa – Terry. Wie die heilige Theresia kam Terry ins Stottern und versuchte Worte zu finden, um ihr Erlebnis zu beschreiben. Immer wieder verstummte sie. Sie wandte den Blick nach unten und wieder zur Seite, laut neurolinguistischer Theorie ein Zeichen dafür, daß sie den Bildern Gestalt verlieh, indem sie tief in ihre Erinnerung zurückgriff.[20] Ihre Stimme war sanft und elektrisierend zugleich. »Unser Liebesspiel kann nicht mit Worten geschildert werden. Eine Verschmelzung von Körper und Geist. Ein feiner Schmerz und gleichzeitig eine Offenbarung. Eine Öffnung und Reinigung meiner Seele. Ich fühlte mich als ganzer Mensch. Ich wollte, daß es niemals endet.«

»Moment. Wir sprechen hier über Transzendenz«, erinnert uns Maya nach einem nachdenklichen Schweigen. »Aber wie sieht es mit der anderen Seite der ekstatischen Erfahrung aus. Ich meine den heißen, schweißtreibenden Sex. Diese Raubtiernummer, die auch nicht mit Worten zu beschreiben ist, die aber so bewegend und so unerhört ist, daß sie uns auf eine andere Ebene der Erfahrung, der Selbsterkenntnis bringt.«

»Diese Raubtiernummer taucht in keinem Liebesroman auf, stimmt's?« fragt Lorie.

»Aber sie taucht in anderen Religionen auf«, sagt Jan.

»Denkt doch mal an das Ägypten und Griechenland der Antike«, sagt Maya. »Denkt an Afrika oder Indien. Europa und das Amerika der Ureinwohner ...« Sie ist nicht zu bremsen.

Es gibt tatsächlich Beweise in Hülle und Fülle. In der Antike und in gar nicht allzu ferner Vergangenheit waren handfeste sexuelle Exzesse Teil des religiösen Rituals. Gottgläubigkeit und Wollust gehörten zusammen, genau wie Feiern, Trinken und Tanzen. Lust, Orgasmus und Ekstase waren keine Sünden, sondern Wege zu Gott.

Sexuelle Ekstase bei Frauen ist auch nicht nur transzendent. Sie hat einen Zwilling, bei dem das Innere nach außen gekehrt ist: den ekstatischen Kurzschluß, der sich bis tief in den Körper hineinarbeitet, bis man das Gefühl hat, er wäre eine Erinnerung des Körpers, die sich aus anderen

Erinnerungen des Körpers zusammensetzt. Frauen sprechen von ungezügelter Sinnlichkeit, einer Flut von Reaktionen auf eine Sintflut von Stimulation. Wein, Essen, Musik, Sexspielzeuge. Eine mit Götterspeise gefüllte Badewanne. Ein von Marihuanarauch eingenebelter Raum. Schweiß, Lachen, Lärm. »Es war die pure Völlerei«, erinnert sich Eileen. In unserem Gespräch über ihre besten sexuellen Erlebnisse erzählt sie von dem einzigen Mal in ihrem Leben, als sie es mit Gruppensex versuchte: »Mein Mann und zwei andere Paare machten mit. Wir hatten uns darauf geeinigt, daß jeder von uns alle Aufmerksamkeit kriegen würde, solange er es ertragen würde. Ich hatte Halsschmerzen von meinem Geschrei nach mehr. Es war ungeheuer befreiend, ein Gefühl als würde das Geschrei von woanders herkommen, ein unglaubliches Geräusch, tief, wie Bärengebrüll. Mein Entladungsmechanismus hatte sich für alle Zeit geändert. Ich kann jetzt laut werden beim Sex und um alles bitten, was ich will.«

Frauen behaupten, daß so unersättliche Erfahrungen, wenn sie im Zusammenhang mit Selbstachtung und einer liebevollen Beziehung stattfinden, als Energie- und Freudenquelle in ihr Leben einbezogen werden können.

»Bei mir trifft das zu«, sagt Maya.

Jan und Lorie mustern sie vorsichtig und sehen sich dann verstohlen an, als wollten sie sagen, wollen wir das wirklich wissen?

»Ist schon gut«, beschwichtigt sie die beiden, um im nächsten Moment fortzufahren. »Ich werde nichts sagen, was euch schockiert. Ehrlich. Also, das wird euch vielleicht ein wenig überraschen. Schaut, ihr habt schließlich immer gedacht, ich wäre eure schräge, für alles empfängliche Tante, aber in den ersten vierzig Jahren meines Lebens war ich das genaue Gegenteil davon. Ich fürchtete mich vor Ekstase in jeder Form. Ich war das sprichwörtliche brave Mädchen. Weltmeisterin in Prüderie. Fragt doch eure Mutter.«

Lorie und Jan lachten sie aus.

»Ja, klar, ich war verheiratet, aber das hieß noch lange

nicht, daß ich Freude daran hatte. Mein ganzes Leben lang lechzte ich nach etwas, was ich nicht einmal beim Namen nennen konnte. Jetzt hab ich einen Namen dafür – Vergnügen. Aber damals war ich nicht aufgeschlossen genug, das schon zu erkennen. Also trank ich sehr viel und lechzte ersatzweise nach dem Alkohol. Mein Mann hatte gerade eine Affäre. Er hatte dauernd irgendwelche Affären – er war eben so ein Kerl. Als die Mädchen dann alle zur Schule gingen, machte ich mich auf die Socken und hatte auch eine Affäre, nur um mich an ihm zu rächen. Mit einem Collegestudenten. Sein Stundenplan war flexibel, und wenn die Kinder morgens aus dem Haus waren, konnte ich den ganzen Tag lang mit ihm rummachen, bis zu ihrer Rückkehr um drei Uhr nachmittags. Mein Gott, er war wirklich zum Anbeißen. Und sehr athletisch. Wir trieben es in Yogastellung im Studentenaufenthaltsraum, mittags an Straßenecken, es war völlig egal. Einmal gelang es uns, vier Tage lang heimlich zu verschwinden – in ein hiesiges Hotel, wo jeder uns hätte entdecken können. Ich erinnere mich daran, wie ich einen riesigen Koffer voller Vibratoren und Massageöl anschleppte. Je bizarrer desto besser, was mich anging. Um ehrlich zu sein, mich machte die Gefahr an, daß wir entdeckt werden könnten.«

Wenn Frauen nicht haben können, wonach sie sich wirklich sehnen, fangen sie vielleicht an, das Gegenteil zu ersehnen. Maya entschied sich für Alkohol und Gefahr. Andere Frauen fasziniert vielleicht Schmerz, Gewalt und Drogen. Das Hoch durch Befriedigung dieser Begierden tarnt sich als Ekstase, und es kann Frauen tatsächlich den Verstand verlieren lassen, sie aus sich selbst treiben – eine weitere Ebene der Ekstase des Selbstverlusts, den Mary Daly schildert.

»Aber Eric hatte absolut nicht diese Wirkung auf mich«, widerspricht Maya. »Bei ihm hatte ich das Gefühl, daß all der Sex mich endlich zur Besinnung bringen würde – ich meine, mir all meine Sinne bewußt werden ließ. Ich fühlte mich, als könnte ich die höchsten Gebäude mit einem Satz überspringen. Ich gab das Trinken auf. Ich begann meine

Ausbildung als Therapeutin. Nachdem er promoviert und die Stadt für immer verlassen hatte, stürzte ich nicht in eine tiefe Depression. Ich hatte mit einemmal keine Angst mehr vor Menschen. Ich begann, meine Kinder zu genießen. Und schließlich tat ich das, was ich schon längst hätte tun sollen, ich ließ mich scheiden. Oder besser gesagt, ich befreite uns beide, damit wir unser Leben führen konnten, wie es geführt werden sollte – ohne einander.«

Mayas Beobachtungen über die Auswirkungen sexueller Ekstase gleichen vielen der anderen Frauen, die Sex lieben. Natürlich ließen sich nicht alle von ihren Partnern scheiden. Aber gleichgültig, ob ihre Erlebnisse transzendent oder tief in ihrem Körper verankert waren, alle berichteten, daß etwas für sie Unheimliches passierte. Ihr Selbstbild verbesserte sich. Sie sahen sich tatsächlich anders, wenn sie in den Spiegel schauten. Ihre Beziehungen wurden ehrlicher, selbst ihre Arbeit schien ihnen befriedigender. Sie waren fähig, das zu verlangen, was sie wollten, und das auf eine Art, die ihnen ermöglichte, es zu kriegen. Sie berichteten von der geistigen Anregung, die manchmal so grundlegend war, daß sie dazu getrieben wurden, ihr Leben zu ändern.

»Mein Erlebnis war so einschneidend, daß es mich dazu bewegte, auf die andere Seite des Kontinents zu ziehen und mich am Rand dieser herrlichen Berge anzusiedeln«, sagt Maya und zeigt auf die Sonne, die sich anschickt, hinter den wogenden Hügeln unterzugehen. »Ich begriff, daß ich den Ostküstenteil meines Lebens ausgelebt hatte und dringend eine neue Phase beginnen mußte. Diese neue Phase steht immer noch am Anfang.«

Maya wirft eine provokante Frage auf: »Die Sprache der Ekstase hat sich im Lauf der Jahrhunderte eigentlich gar nicht so sehr verändert. Kommt das daher, daß auch wir uns nicht sonderlich verändert haben, Kleine? Oder kommt das daher, daß diese Worte tatsächlich sexuelle Ekstase beschreiben, obwohl es einem vorkommt, als würde da etwas anderes beschrieben?«

Was Frauen und sexuelle Ekstase betrifft, kann es gut

sein, daß die Sprache der Mystik und der Poesie diejenige ist, die am genauesten die wesentlichen Ausschnitte erfaßt. Wissen ist nicht immer linear und Metaphern können Schichten von Bedeutung liefern, wie Maße und quantitative Analysen es nie können. Laut einiger für Neuerungen aufgeschlossener Wissenschaftler genügen Zahlen nicht einmal in der Mathematik und Physik. Außerdem weisen sie auf etwas hin, das Feministinnen schon lange als Eckpfeiler ihrer Methodik benützen: den Wert und die Gültigkeit der Geschichten, die in der Ich-Form erzählt werden. Information aus Erzählungen ist wissenschaftliche Information. Sie können sogar die einzige Informationsquelle für Forschungsbereiche sein, die man nicht so ohne weiteres anhand von Maßen und Zahlen quantifizieren kann.[21]

»Wenn wir also über den Ekstase-Kick reden«, meldet sich Maya zu Wort, »dann reden wir meiner Meinung nach in Wirklichkeit von der Vorstellung des Quanten-Sex.«

»Vielleicht sollten wir das holographischen Sex nennen«, fügt Jan hinzu. »Wir behaupten doch schließlich, daß jeder Teil der Lust, des Orgasmus oder der Ekstase den Platz jedes anderen Teils einnehmen kann?«

»Ja. Na ja, so irgendwie«, sagt Lorie. »Aber das ist nur der mentale Teil davon. Erinnerst du dich an meine Fragen über das Loslassen? Die habe ich nur gestellt, weil ich es mit dem Kopf noch nicht begreife. Aber ich glaube, auf anderen Ebenen mache ich Fortschritte. Ich fühle vor allem die Nähe. Durch die Nähe kann ich beim Sex wirklich loslassen und zwar so, daß ich auf einem anderen Planeten bin. Vielleicht ist das ein Ekstase-Kick oder ein Quantensprung oder irgendeine Art Wunder, ich war nämlich schon immer eher ängstlich. Ich bin wie Mom, nicht wie du.« Ihr Blick wandert von Maya zu Jan. »Ich war schon eifersüchtig auf dich, als du geboren wurdest. Du hast scheinbar immer schon ganz genau gewußt, was du willst. Ich hatte das Gefühl, mir entgeht etwas, von dem du weißt und ich nicht. Aber jetzt fühle ich mich nicht mehr als ängstliches Mäuschen und bin auch nicht mehr eifersüchtig. Mit einem

Mal habe ich das Gefühl, eine unglaublich geliebte und liebevolle *Frau* zu sein.«

Jan, die im Schneidersitz auf dem Boden hockt, faßt Lories Hand.

Lorie fährt fort: »Vor einigen Nächten hatte ich einen Traum. Er war sehr realistisch und voller Licht. Zuerst lag ich mit Doug im Bett.« Sie lacht und ihr Gesicht bekommt die Farbe des Sonnenuntergangs, der inzwischen den Ozean hinter den Bergen in seinen Glanz taucht. »Da war dieses Gefühl von Bewegung, als wären wir Delphine unter Wasser, als wären wir ein Körper, wir waren uns so nahe und verbunden. Dann änderte sich der Traum, und ich bewegte mich in einer Menschenmasse – wie in Indien oder Afrika – auf einer Art unendlicher Reise. Ich gehe im Traum dahin, bewege mich summend mit Tausenden und Abertausenden von Menschen. Es ist aber nicht staubig oder stinkig. Es ist ein Gefühl, als schwämme man im Meer, auf einer Welle, und würde reingewaschen.« Lorie hält inne und vergewissert sich, daß wir aufmerksam zuhören und auf das Ende ihrer Geschichte warten. »Ich bin aus diesem Traum erwacht, und da wußte ich, daß ich bereit war, mich der Welt zu stellen. Ich mußte nicht mehr eifersüchtig sein. Ich hatte es nicht mehr nötig, mich als die Zweitbeste zu fühlen. Und das wichtigste, ich brauchte mich nicht mehr vor der Heirat mit Doug zu fürchten. Ich erwachte und wußte, daß ich bereit war zu heiraten. Dieses Risiko einzugehen. Ich habe immer noch Fragen. Und im Kopf versteh' ich immer noch nicht alles. Aber man könnte wohl sagen, daß dieser Traum mir endlich die Augen öffnete.«

Maya lacht und umarmt sie. »Du hast es geschafft!« ruft sie begeistert. »Und du hast ein Leben lang Zeit, all das mit dem Kopf zu begreifen. Dein Körper versteht es schon.«

Lorie umarmt ihre Tante mit Tränen der Erleichterung in den Augen. Scheinbar hat dieser Satz sie aus der Position der Fragenden in die der Bejahung und Kraft gebracht. Der New-Age-Physiker Fritjof Capra nennt das eine Systemveränderung oder eine paradigmatische Veränderung.[22] Der Psychologe Abraham Maslow beschreibt seine Auswirkung mit dem Terminus der *Selbstgenügsamkeit.*[23] Die spirituelle Feministin Charlene Spretnak schreibt von einem »postorgasmischen Geisteszustand«. Das ist, sagt sie, »etwas völlig anderes als das, was die Männer als *la petite mort* bezeichnen. Eine genauere Bezeichnung für dieses grenzenlose, freischwebende, nicht diskriminierende Gefühl wäre *le petit satori* (die kleine Erleuchtung).«[24]

Frauen besitzen also eine Sprache, mit der sie sexuelle Ekstase und Orgasmus und Lust beschreiben können. Aber es ist nicht die emotionslose, lineare Sprache der Wissenschaft. Maya, Jan und Lorie haben mir geholfen, in Worte zu fassen, wie die Syntax der Ekstase von innen heraus kommt, geboren aus den Wirren individueller Erfahrung, aus Zweifeln und Fragen, ja sogar aus dem nervösen Gekicher, in das Lorie und Jan zu Beginn unseres Gesprächs fielen. Wenn man ihnen die Gelegenheit dazu gibt, können sie und andere Frauen, die Sex lieben, sehr beredt schildern, welche Gefühle die Ekstase bei ihnen auslöst. Und dank Dokumenten wie der Autobiographie der heiligen Theresia von Avila wissen wir, daß sie diese Fähigkeit schon seit Jahrhunderten haben.

Welchen Namen die Frauen auch dafür gewählt haben, sexuelle Ekstase kann eine scheinbar magische und dauerhafte Verwandlung bewirken. Letztendlich bedeutet das Kontinuum von Lust, Orgasmus und Ekstase Befriedigung. Dazu gehört der Einsatz der ganzen Person, mit Körper, Herz und Seele, mit Haut und Haaren. Sexuelle Befriedigung dringt tief ein und sie kann in überraschenden Facetten des Lebens einer Frau auftauchen – unabhängig vom Alter. Sexuelle Ekstase hat sowohl Lorie als auch Maya dazu gebracht, ihr Leben zu ändern, jede auf ihre Weise. Sie haben keine Möglichkeit vorauszubestimmen, welche Auswirkungen sie schließlich hat.

Audre Lorde gibt uns eine Kostprobe der Möglichkeiten: »Angespornt durch Erotik (...) bin ich nicht mehr so einfach bereit, Machtlosigkeit hinzunehmen oder diese anderen vorgefertigten Zustände des Seins, die mir nicht angeboren sind, wie zum Beispiel (...) Selbstaufgabe, Depression,

Selbstverleugnung ... Frauen mit dieser Kraft sind gefährlich.«[25]

Sexuelle Befriedigung mag tatsächlich gefährlich sein, zumindest für den Status quo, denn Freude und Spontaneität können unsere tägliche Routine stören. Sich mächtig zu fühlen, kann unsere Beziehungen durcheinanderbringen, ganz sicher diejenigen, die davon abhängig sind, daß die Frau sich negiert. Zweifellos sind das einige der Nachwehen, die Maya vor all den Jahren im Sinn hatte, als sie den Schal mit der Aufschrift VERGISS DAS GLÜCK, ICH WILL EKSTASE anzog.

4
Iris und Konsorten

Abenteuer jenseits der Jadepforte

Zuviel des Guten kann wunderbar sein.

Mae West

In meinen Interviews mit Frauen, die leicht zum Orgasmus kommen, stellte ich jeder eine grundlegende Frage zu ihrer sexuellen Reaktion, eine grundlegende Frage, die aber in der Forschung praktisch nie untersucht wird: Sind Sie fähig, allein durch extragenitale Stimulation zum Orgasmus zu kommen, ohne daß irgendein Teil der Vulva berührt wird? Erstaunliche zweiundfünfzig Prozent der Frauen sagten ja.

Iris war eine dieser Frauen. »Ich kenne keine Stelle meines Körpers, deren Stimulation nicht zum Orgasmus führen würde«, erzählte sie mir. »Ich glaube, ich muß kartographisch erfaßt werden.«

Von allen Frauen, die sich mit mir über ihre Liebe zum Sex unterhielten, ist Iris eine der hingebungsvollsten. Ihre Sexualität ist wie die Mayas ein Teil ihrer spirituellen Reife, ein kompliziertes Gewebe wie das des bunten Ponchos, den sie trägt. Sie ist Bildhauerin, Familientherapeutin, die Mutter zweier heranwachsender Jungen und aktiv im hiesigen Schulkomitee. Sie führt seit sechzehn Jahren eine solide Ehe und weiß, was getan werden muß, damit eine solche Beziehung funktioniert.

Wie so viele andere Frauen, die Sex lieben, entspricht Iris ganz und gar nicht den Lehrbüchern, vor allem denen, die die Zielgebietstheorie des Orgasmus verbreiten, dieselbe Theorie, die Alice und Frank jahrelang in einem sexuellen Patt fesselte. Hier wird behauptet, wenn man eine Frau bis zum Höhepunkt erregen will, muß man sich auf die Vagina, die Klitoris und den G-Punkt konzentrieren und darf nie mehr als ein paar Zentimeter davon abweichen.

Ich habe meine Zweifel an der Zielgebietstheorie. Für mich ist sie wieder einer dieser Mythen, den die Wissenschaft schuf, um die Sexualität in den Schranken der Phallokratie zu halten. Vielleicht ist es nur wieder ein Versuch, Frauen in eine vorgeschriebene Abfolge sexueller Reaktionen zu pressen. Wenn ich etwas milder gestimmt bin, ahne ich, daß das Motiv möglicherweise nicht so bedrohlich ist. Vielleicht fehlt den Sexualforschern einfach die Phantasie, sich über das Gebiet der Vulva hinauszuwagen.

Die extragenitalen Wege zum Orgasmus weichen beträchtlich von den konventionellen ab. Aber auch wenn es weniger befahrene Straßen sind, sind es doch breite Bahnen zu Lust und Ekstase, dem ganzen Kontinuum der Befriedigung, das Maya auf ihrem Berggipfel mit Blick auf den Pazifik geschildert hatte. (Je mehr Gespräche ich mit Frauen führe, desto klarer wird mir, daß der Begriff Orgasmus fast immer auch Lust und Ekstase bedeutet.)

Bevor ich nun diese Wege schildere, möchte ich einen wichtigen Punkt klären: Die Tatsache, daß Iris und die anderen die Reichtümer, die jenseits der Vulva liegen, genüßlich zu schätzen wissen, heißt noch lange nicht, daß sie nicht auch die Vulva als Quelle großer Erregung und Freude genießen. Jede Frau, die Sex liebt, betont, daß sie ihrer Vulva sehr zugetan ist – diesen süßen, muschelähnlichen Lippen, der Klitoris, die von einem hauchzarten Häubchen bedeckt wird und ihrem G-Punkt, diesem inneren Schalter für wunderbare Empfindungen.

Die Tatsache, daß diese Frauen überhaupt so liebevoll über ihre Vulven – ihre Genitalien – reden können, zeigt, daß sich die Welt viele Breitengrade vom dunklen viktorianischen Zeitalter wegbewegt hat. Damals wurde der Intimbereich einer Frau versteckt, durfte nie gesehen, geschweige denn berührt werden, außer für den viel zu kurzen Moment beim Zeugungsakt. Selbst während der Geburt mußten unsere Großmütter und Urgroßmütter *da unten* verhüllt bleiben. Der behandelnde Arzt war gezwungen, blind unter Laken, Decken und zahllosen Unterröcken herumzutasten. Die Berührung der eigenen Genitalien aus Lust galt als »schädlich« – eine Sünde, etwas Krankhaftes oder ein Verbrechen, je nachdem, ob das Urteil von der Kanzel, in einer Arztpraxis oder im Gerichtssaal gesprochen wurde.

Daß einige Frauen heutzutage fähig sind, ungeniert ihre Genitalien vor dem Spiegel zu betrachten, Gefallen an ihnen zu finden, sie ohne Schuldgefühle und mit Befriedigung berühren und sogar über sie reden können, ist ein Verdienst der Frauenbewegung und von Büchern wie *Our Body Our Selves* und bewußtseinsfördernder Gruppen, die Frauen ermutigt haben, sich selbst mit Liebe zu betrachten, was frühere Generationen nie gewagt hätten. Alice Walker katapultierte die Vulva sogar auf die Bestsellerliste der *New York Times. Sie hüten das Geheimnis des Glücks* ist die Geschichte der Leiden, die Frauen – ja sogar ein ganzer Kontinent Frauen – auf Grund klitoraler Verstümmelung erdulden. Die Widmung des Buches lautet: »Ich widme es voll Zärtlichkeit und Ehrfurcht der schuldlosen Vulva.«[1] Daß sich mehr und mehr Frauen mit Zärtlichkeit und Ehrfurcht mit ihrer Vulva auseinandersetzen können, ist auch ein Verdienst einer wackeren Handvoll von Forschern, die im Lauf der Jahre die Klitoris und den G-Punkt auf die wissenschaftliche Landkarte gesetzt haben.[2] Betty Dodson ist mit einer der größten Pioniergeister unter den Forschern. Ihre Gemälde, Bücher, Videobänder und Bodysex-Workshops haben Tausenden von Frauen die Freiheit gegeben, sich mit *dem da unten* zu beschäftigen und sich dort zu berühren und das Erlebnis zu genießen.[3]

Wir müssen anerkennen, daß es eines gesteigerten Bewußtseins und fast hundert Jahre Sexualwissenschaft bedurfte, um die Freuden der Vulva über den Freudschen Mythos des vaginalen Orgasmus hinaus ans Licht zu bringen. Und genau wie Iris mit ihrem handgewebten Poncho sollten wir anerkennen, daß Vollständigkeit ungeheuer vielschichtig ist. Wir sollten verstehen, daß unsere klitoralen, vaginalen und vulvalen Erfahrungen ein entscheidender Teil unserer Sexualität sind. Aber dann müssen wir auch verstehen, daß diese Körperteile nicht alles sind. Zur Sexualität einer Frau gehört mehr als das, was zwischen ihren Beinen passiert.

Als es darum ging, Frauen zu ermutigen, mehr über das Tabuthema sexuelle Stimulation jenseits der Vulva zu erzählen, hatte ich die Idee, eine Gesprächsrunde von Frauen, die Sex lieben, zu gründen. Ich frage Iris, ob sie bereit sei, sich mit einigen anderen Frauen zu treffen, um sich über extragenitale Reaktionen zu unterhalten. Rita, Rachael, Mary-Jo, Faith und Tony gehören zu denen, die behaupten, daß sie sexuelle Befriedigung durch extragenitale Stimulation erreichen könnten, und alle sind bereit, ihre Geschichten zu erzählen.[4]

Wir stellen uns einander vor. Iris ergreift als erste das Wort: »Ich stehe zu meiner Sinnlichkeit«, sagt sie. Sie thront auf einem Berg Kissen wie eine Stammesfürstin und spielt mit den Fransen ihres Ponchos. »Ich mag das Anfassen. Ich mag alles, was ich mit meinen Händen tun kann, ob es weben, töpfern oder Liebesspiele sind. Und ich finde es sehr wichtig, daß Frauen eine Möglichkeit finden, über diese Dinge zu reden.«

Neben ihr sitzt Rita, die ich vor zwei Jahren kennenlernte, als sie sich für ein Wochenendseminar über weibliche Persönlichkeitsentwicklung einschrieb. Nach ihrer äußeren Erscheinung zu schließen, macht Ritas Persönlichkeitsentwicklung rapide Fortschritte. Vor zwei Jahren war sie in einem grellorangen Ford Mustang mit dem Nummernschild UPPITY vor meiner Praxis vorgefahren, jetzt fährt sie einen hellblauen Chevy mit GAIA-OM auf dem Nummernschild. »Ich bin hier als bekennende Lesbe«, stellt sie sich vor. »Meine Geliebte und ich haben ein paar wunderbare Erlebnisse zusammen gehabt, die keine Penetration erforderten, und ich hoffe, wir können hier wirklich offen über alles reden.«

Rachael sitzt zusammengesunken auf dem Kissen neben

Rita. Sie beschreibt sich als hungrig nach Liebe und emotionaler Bindung. Ihr Mann hat sie wegen einer jüngeren Frau verlassen und mit ihren neununddreißig fühlt sie sich plötzlich fett, verletzlich und überflüssig. Sie erzählt, sie wäre Autorin, die nebenher in der Werbung arbeitet, um sich und ihrer neunjährigen Tochter die Reeboks zu finanzieren. »Wenn ich nicht diesen mörderischen Sinn für Humor hätte«, bemerkt sie, »würde ich inzwischen nur noch dahinvegetieren. Als Karotte wahrscheinlich. Oder als Rübe. Auf jeden Fall als etwas, das unter der Erde wächst. Bitte verzeiht, wenn ich in der Vergangenheitsform über Sex rede, aber momentan läuft bei mir eben gar nichts. Aber ich hab' ein paar tolle Erinnerungen!« Sie langt nach der Schachtel Kleenex und zieht sie näher an ihr Kissen. »Damit ich es nicht so weit habe, wenn ich anfange, in Selbstmitleid zu schwelgen.«

Mary-Jo ist rekordverdächtig angezogen. Sie trägt einen rosa Jogginganzug mit Rennstreifen aus Satin. »Ich besitze ein Restaurant, eine Sammlung afrikanischer Masken und einen Schäferhundwelpen«, verkündet sie. »Ich bin ein bekehrter Sex-Junkie und ein Narziß auf dem Weg der Besserung. Ich bin ernsthaft auf der Suche nach einem Mann, mit dem ich einen Haushalt und eine Familie begründen kann. Ich suche weder einen Mr. Schlaganfall noch einen Mr. Stetsbereit mit Ständer. Ich suche nur einen netten Kerl, der mir die Zuneigung geben kann, die ich brauche, und der abwäscht, weil ich bei meiner Arbeit schon eine Überdosis Küche verpaßt bekomme. Mein Gott, wie ich es hasse, morgens vor einem Spülbecken voller dreckigen Geschirrs zu stehen.«

Aus Faith spricht eine Seele, die schon viele Leben hinter sich hat: »Ich arbeite als Masseurin und bioenergetische Therapeutin mit den Körpern der Menschen. Jeder Mensch und jeder *Körper* ist etwas ganz Besonderes. Ich glaube, wenn wir so richtig durchatmen würden und immer empfangsbereit für alle Regungen unseres Körpers wären, stünden wir ständig kurz vor dem Orgasmus.« Sie lächelt die anderen Frauen freundlich an, sie nicken ihr zu und lachen wohlwollend. »Damit wären Eifersucht und Kriege und all diese anderen Albernheiten ein für allemal erledigt«, fährt sie fort. »Einer der Gründe für meine Anwesenheit ist, daß ich Möglichkeiten erlernen will, extragenitale Berührung intensiver zu erfahren. Ich bin bisexuell und habe schreckliche Angst vor AIDS. Ich möchte Sex mit Partnern nicht ablehnen und trotzdem nicht früher als vorgesehen sterben. Ich suche nach Praktiken beim Sex, bei denen ich vor Ansteckung geschützt bin.«

Tony ist die Naive dieser Gruppe und mit vierundzwanzig auch die Jüngste im Raum. Ihre Aussagen haben meist einen Schnörkel am Ende, so daß sie wie Fragen klingen. »Ich bin in praktisch jeder Hinsicht ein erwachsenes Kind, oder?« erzählt sie uns. »Vor einem Jahr hab' ich einen Mann verlassen, der mich mißbraucht hat. Er war fünfundvierzig und hatte eine Tochter, die fast so alt war wie ich. Aber bevor er begann, mich zu mißbrauchen, war er ein wunderbarer Liebhaber? Er hat mich immer angebunden und ganz erstaunliche Sachen mit mir gemacht, und da hab' ich alles über meine Körperreaktionen gelernt? Man könnte sagen, er hat mich zum Leben erweckt? Ich lebe jetzt allein mit meinem zweijährigen Tommy – das ist mein Sohn – und mit Emily, unserer Katze. Ich hab's nicht leicht – ich bin arm wie eine Kirchenmaus, und der Sex fehlt mir, und ich bin mir nicht sicher, ob ich mich wieder in den Verabredungszirkus stürzen will, wegen AIDS, aber es ist ein gutes Gefühl neu anzufangen?«

Meines Wissens schreiben wir in diesem Augenblick Sexualgeschichte. Soviel ich weiß, sind Iris, Rita und Konsorten die erste Gruppe von orgasmusfähigen Frauen, die sich offiziell trifft, um über das Thema extragenitale Stimulation zu diskutieren.

Das Treffen findet in meiner Praxis statt, durch deren Fenster man Aussicht auf einen Teich in den Berkshires hat. Es ist später Frühling des Jahres 1986. Während wir uns gegenseitig vorstellen, lächelt die Sonne auf uns herab, das Schilf am Rande des Teichs wiegt sich sanft im Wind. Durch das Fenster sehe ich eine Bisamratte, die am gegenüberliegenden Ufer Gräser ausgräbt und dann zu einer kleinen Insel paddelt, auf der sie ihre Jungen großzieht. Die grünen Girlanden, die sie hinter sich herzieht, sind meistens zwei Meter lang. Tony, die neben mir sitzt, entdeckt das schwimmende Grünzeug und sagt erschrocken: »O Gott, ein Alligator?«

Es ist kein Alligator, sondern nur eine Bisamratte, die ihr jährliches Frühlingsritual vollzieht. Aber Tonys Bemerkung ist ein gelungener Aufmacher für das anstehende Thema. Wir gehen über zu den Problemen bei der Definition der Sexualität der Frau und den lächerlichen (und traurigen) Gerüchten, die kursieren, wenn Außenstehende Begierden und Verhalten von Frauen beobachten und interpretieren. Und schon nach kurzer Zeit klingen diese Gerüchte wie Fakten, eine Art ›Unglaubliche Geschichten‹ für Erwachsene.

Ich benutze Tonys irrtümliche Identifikation der nestbauenden Bisamratte, um zu zeigen, wie Vermutungen über die Sexualität der Frau sich für alle Zeiten festsetzen. So ähnlich könnte das aussehen.

»Oh, ja! Es gibt keinen Zweifel, da lebt ein Alligator in einem Teich in den Bergen von Massachusetts! Ich habe ihn letzten Frühling mit eigenen Augen gesehen! Er war grasgrün und zwei Meter lang und ist wie der Teufel geschwommen! Der hätte jeden, der ins Wasser fiel, bei lebendigem Leib verschlungen!«

»Oh, ja! Ein stocksteifer Penis ist für eine Frau im Bett definitiv das aufregendste und befriedigendste. Das sagt doch jeder! Außerdem hab' ich das in fünf verschiedenen Büchern in der Selbsthilfeabteilung meiner Buchhandlung gelesen!«

Die Wahrheit ist seltsamer als Dichtung: »Stimmt es etwa nicht, daß Männer schon immer das Werbematerial zur Penis-Vagina-Version von Sex unter Kontrolle hatten?« ruft Mary-Jo. Ich bejahe das und bemerke, daß Lust, Orgasmus und Ekstase durch extragenitale Mittel praktisch unerforscht sind.

»Wird es denn überhaupt nicht erwähnt?« fragt sie.

»Na ja, im *Kinsey-Report* gibt es ein paar Zeilen über allgemeine Körperberührungen«, sage ich, »und *The Joy of Sex* erwähnt die Möglichkeit, sich nach Art der Fische zu lieben.[5] Aber meist konzentrieren sich die Forscher auf das, was meßbar ist, und andere Autoren sind scheinbar nicht fähig, weiter als bis zu ihrer Nase (»oder ihrem Penis!« ruft Mary-Jo) zu sehen, außer die Schreiber kitschiger Liebesromane, und die ziehen dann eine andere Nummer über Frauen ab.«

»Sie machen sich nicht die Mühe, die Reichtümer zu erforschen, die jenseits der Vulva liegen«, fahre ich fort. »Für sie hat der Sexualakt immer etwas mit den Genitalien zu tun.«

»Das stimmt«, meldet sich Mary-Jo wieder zu Wort, »man braucht sich doch nur einen Zeitungsstand anzusehen.« Wir diskutieren über die Tatsache, daß zeitgenössische Magazine, die sich mit unverhülltem Sex beschäftigen, voller Propaganda dafür sind, daß Frauen am glücklichsten sind, wenn ein großer Penis in ihnen steckt. Jede Ausgabe von *Playboy* und *Hustler* glänzt mit Passagen wie »Sein pulsierender Motor hämmerte in ihre heiße Höhle, während sie keuchte: mehr, mehr, mehr!« Wenn man in die Geschichte zurückblickt, wird man immer wieder auf Variationen dieser Szene stoßen.

An diesem Punkt unterbricht uns Iris mit der Bemerkung, daß Penispropaganda nicht auf die westliche Welt begrenzt ist. »Habt ihr schon mal diese japanischen Holzschnitte mit den meterhohen Phalli gesehen? Und was ist mit den chinesischen Kissenbüchern, die, die lauter Ratschläge für Bräute geben?«

Eine der kreativsten Versionen genitaler Fixiertheit findet man tatsächlich im chinesischen *Tao der Liebe*, in dem sich Anleitungen zum Stimulieren von Ehefrauen und Konkubinen finden. Bei genauer Betrachtung sind diese Anleitungen gar nicht so sehr darauf ausgerichtet, Frauen zu befriedigen, sondern sie dienen nur der Verbreitung des Penis-Vagina-Gerüchts – der Zielgebietstheorie, die dazu dient, die Lust des Mannes in den Vordergrund zu stellen und die Frauen in ihrer Abhängigkeit von Männern zu halten. Im China der Prämoderne war natürlich das Binden der Füße eine weitere Methode, beides zu erreichen.

Nachdem Iris jetzt dieses Thema angeschnitten hat, kann ich nicht widerstehen und erzähle der Gruppe die folgende Zielgebietsgeschichte, die ich aus Jolan Changs *Tao der Liebe* habe.[6]

Damals im siebten Jahrhundert war eine der todsichersten Liebesstellungen der sogenannte Drehende Drache. Ich lese aus dem Buch vor: »Der Mann schiebt mit seiner linken Hand die beiden Füße der Frau über die Brüste. Mit seiner rechten Hand führt er seinen Jadestengel in die Jadepforte.«

»Ach ja, der Jadestengel. Der Meister Li Tung-hsüan zählt sechs Variationen für seinen Vorstoß in die Jadepforte der Frau auf. Die Unpersönlichkeit der Beschreibung kann jederzeit mit allem mithalten, was man heutzutage im *Playboy*, im *Hustler* oder selbst im *Handbuch für Mechaniker* findet.

Und so (lese ich vor) macht man es im China des siebten Jahrhunderts:

1. »Tauche den Jadeschaft ein, bewege ihn vor und zurück und dringe in die Jadesubstanz ein wie einer, der eine Auster öffnet, um an die funkelnde Perle heranzukommen. Dies ist der erste Stil.
2. Stoße zur Jadesubstanz hinab und komme bei der Goldenen Furche / Klitoris / wieder heraus, wie einer der Steine anritzt, um herrliche Jade zu finden. Dies ist der zweite Stil.
3. Er stößt mit seinem Jadeschaft hart an der Goldader / Klitoris / vorbei, wie ein eiserner Stößel in den Mörser stampft. Dies ist der dritte Stil.
4. Er bewegt seinen Jadeschaft hinein und heraus und pocht dabei an die linke und rechte Wand der Prüfung / Vorhof der Scheide / wie ein Schmied, der Eisen mit seinen Hämmern formt. Dies ist der vierte Stil.
5. Er treibt seinen Jadeschaft mit kurzen, langsamen Stößen

in die Scheide hinein wie ein Bauer, der Pflanzlöcher in den Erdboden bohrt. Dies ist der fünfte Stil.
6. Der Jadeschaft und die Jadepforte prallen aufeinander wie die Schneemassen zweier Lawinen. Dies ist der sechste Stil.«

Rita platzt schon los, bevor ich ganz ausgeredet habe: »Das meiste von diesem Jadepfortenquatsch ist ja zum Totlachen. Aber überlegt mal, was da über Frauen gesagt wird. Das klingt so, als wäre das einzige, worauf wir reagieren, ein pulsierender Motor oder eine bohrende Spitze. Was ist mit der Reaktion auf eine Hand? Oder einen Mund? Mir ist praktisch jede Stelle recht, auf der die Hand oder der Mund meines Partners landet.«

»Geh ruhig noch einen Schritt weiter«, wirft Iris von ihrem Kissenthron herunter ein. »Wo bleibt die Kreativität, wo das Überfluten der Sinne? Mit ein bißchen Geschick kann man praktisch alles im erotischen Spiel gebrauchen, was man in seiner Schreibtischschublade oder selbst im Besenschrank findet. Hat euch schon mal jemand einen Seidenschal unglaublich langsam über den Bauch gezogen oder mit einem Federwisch euren Rücken und Hintern bearbeitet, bis ihr vor Wonne fast gestorben seid?«

»Du meinst die Nummer Leda und der Schwan?« fragt Rita.

Rita und Iris haben die Schleusen geöffnet. Alle Frauen plappern gleichzeitig los. Als die Sintflut verebbt, stimmen wir ab: Sowohl Rachael als auch Tony, die momentan keine sexuelle Beziehung haben, sind sich einig, daß es ein richtig gutes Gefühl sei, wenn der Penis in sie eindringt. Mary-Jo und Iris sagen, Verkehr wäre bei weitem nicht der wichtigste Aspekt beim Sex. Für Rita, die lesbisch ist, und für Faith, die auf der Suche nach dem vollkommen sicheren Sex mit ihren männlichen Partnern ist, spielt der Penis gar keine Rolle.

Wir kommen zu dem Schluß, daß es weit mehr Dinge zwischen Himmel und Erde gibt, die im Bett sensationeller sind als selbst der geschickteste Penis. Ein Penis kann pochen, stoßen, pulsieren, sägen, hämmern, mahlen, ejakulieren, manchmal sogar liebkosen, aber er kann nicht lecken, saugen, nibbeln, schlagen, eine Ganzkörpermassage geben, wie Federn kitzeln oder eine Stunde lang vibrieren. Und es gibt viele Stellen am Körper, an denen man sexuelle Befriedigung auslösen kann.

»Was also ist für euch so wunderbar erotisch?« frage ich diese geschichtemachende Gruppe. »Was macht euch denn extragenital am meisten an? An welcher Stelle eures Körpers?« Ich bitte sie, der Reihe nach zu antworten.

Rita: »Die Brüste liebkosen und sanftes Saugen an den Brustwarzen.«

Iris: »Eine spezielle Stelle an meiner Wirbelsäule.«

Rachael: »Einfach meinen Liebhaber im Arm halten und festgehalten werden.«

Tony: »Die Haare gestreichelt kriegen.«

Faith: »Wenn mir jemand an den Ohrläppchen saugt oder den Handflächen und Fingern.«

Mary-Jo: »Jede Furche.«

Rita (noch einmal): »Wenn mir jemand die Zehen lutscht.«

Ich bitte sie, das Gefühl zu beschreiben, mir mehr von den Abenteuern jenseits der Jadepforte zu erzählen.

Rita beginnt: »Also die Sache mit den Zehen ist für mich ein toller Einstieg. Ich liebe es, wenn meine Geliebte mir jede Zehe einzeln lutscht, mit Hingabe und Lust. Aber eigentlich ist es mir egal, an welchem Ende sie anfängt. Mir ist alles recht, vom Scheitel bis zur Zeh, auch wenn ich es an den Brüsten besonders gerne habe. Ich könnte ein Gedicht über meine linke Brust schreiben. Ich glaube, es gibt da eine direkte Pipeline zwischen dieser speziellen Brust und dem großen, himmlischen Orgasmus. Ich kann mir gar nicht vorstellen, wie ungeheuer schön es sein muß, ein Baby zu stillen.«

Iris ergreift nach Rita das Wort: »Ich reagiere auf sanfte, zärtliche Berührung in der Mitte meines Rückens, auf meinem Po, in der Kniekehle und der Armbeuge. Ich kann dadurch zum Orgasmus kommen. Wenn mein Mann die empfindliche Stelle an meinem Hals neben der Halsschlagader streichelt, dreh' ich durch! Ebenso wenn meine Lippen gestreichelt oder gesaugt werden, oder er mir den Rücken liebkost oder meinen Hintern massiert. Das geht mir durch und durch. Die Orgasmen sind dann heftiger und vollkommener als bei direkter klitoraler Stimulation. Übrigens«, sie wendet sich Rita zu, »meine Babys stillen war einfach großartig – diese intensive Stimulation alle vier bis sechs Stunden. Aber darauf reagiert man nicht mit Erregung, sondern mit ungeheurer Liebe und dem Gefühl der Verbundenheit – und Dankbarkeit.«

»Ich stehe auf Umarmungen – ich meine diese wirklich innigen, genüßlichen, die mit dem ganzen Körper«, sagt Rachael mit ihrer Kleenexschachtel neben sich. Sie ist seit Beginn der Gruppe wesentlich fröhlicher geworden und erwärmt sich allmählich für die anstehende Aufgabe.

»In meiner Familie berührte keiner den anderen. Aber ich erinnere mich an wunderbare Umarmungen, als ich die ersten Male mit ins Zeltlager durfte. Wir lagen dicht aneinandergeschmiegt und lauschten den Geistergeschichten, die uns der Betreuer vorlas. Und wenn wir schon bei der Vergangenheit sind, ich habe eine wunderbare Erinnerung an meinen verschwundenen Exmann und zwar vom Anfang unserer Romanze. Das war, bevor wir damit begannen, uns sexuell zu berühren – eine Umarmung mit dem ganzen Körper. Wir standen in der Tür und hielten einander fest und atmeten. Mir kam es vor wie Stunden (wahrscheinlich waren es drei Minuten). Er sollte verreisen, und es dauerte einen Monat, bis wir uns wiedersahen, aber diese Umarmung war ein Band zwischen uns – eine Art körperlicher und geistiger Vorgeschmack auf Kommendes –, eine Verbindung, obwohl wir weit voneinander entfernt lebten.«

Tony mischt sich in das Gespräch ein, immer noch zögernd und ihrer selbst unsicher: »Ich denke, man könnte sagen, daß mich fast alles anmacht, was mit Haaren zu tun hat? Die Haare streicheln oder daran ziehen, ich mag beides.« Sie packt eine Strähne ihrer schwarzen, lockigen Haare und zieht kräftig daran. »Ich war einmal bei einer

Gruppenmassage, wo wir alles, was wir wollten, verlangen konnten, oder? Ich bat die Leute, mich mit ihren Haaren zu massieren. Da lag ich dann und fünf Leute knieten über mir und streichelten mich mit ihren Haaren, alle bis auf einen Typen der kahlköpfig war, er benutzte seinen Bart. Der Typ, mit dem ich zusammenlebte – er wurde nervös, wenn ich nur in die Nähe seines Kopfes kam. Ich hab' meine Finger immer durch sein Haar gleiten lassen, aber er mochte das nicht, da hab' ich mir Emily geholt, meine Katze.«

Als Faith anfängt zu reden, huscht ein glückliches Lächeln über ihr Gesicht. »Ich bin direkt hinter den Ohren besonders empfindlich. So sehr, daß ich es kaum ertragen kann, dort berührt zu werden. Aber ich kann es für immer mit jemandem aushalten, der meine Ohrläppchen saugt, mir sanft in die Ohren bläst, sie leckt. Ich bin sogar mal gekommen, als der Arzt mir die Ohren ausgespült hat.«

Vom Scheitel bis zu den Zehen können Frauen Lust, Orgasmus und Ekstase finden, wenn sie stimuliert werden. Welche Arten von Berührung bringen es am ehesten? Ich fordere die Frauen heraus, die bereits Hände und Münder, Vibratoren und Federwische genannt hatten. Ich will es genauer wissen.

»Die Hand! Warm und langsam und zärtlich!« ruft Mary-Jo. Alle nicken und lächeln. »Eine lange genüßliche Massage des ganzen Körpers und Streicheln. Ich hatte mal einen Liebhaber, der meinen ganzen Körper mit den Fingerspitzen nachzeichnete, ganz zart und so sanft. Herzzerreißend zärtlich. Ich schmolz von innen nach außen. Aber beim Geschirrspülen hat er versagt, also hat die Beziehung nicht funktioniert.«

Rachael fügt hinzu: »Das mit den Händen kann ich bestätigen. Aber es kommt darauf an, wo ich berührt werde. Wenn ich direkt an den Genitalien oder an den Brüsten berührt werde, brauche ich eine feste Berührung, damit die Spannung meines restlichen Körpers gelöst wird. Ich mag es einfach nicht, wenn ich da gekitzelt werde. Und ich kann nichts ertragen, was zögernd ist. Wenn du dahin willst, wo ich am verletzlichsten bin, dann bitte keine Tändelei und keine Fragen stellen. Ich möchte eine Hand, die intelligent ist, die weiß, wohin sie will und was sie tut. Und ich möchte, daß sie bei mir bleibt, wenn ich anfange, mich zu bewegen.«

»Genau!« Iris verzieht das Gesicht. »Ich hasse es, wenn mein Mann abfährt und an meinen Brustwarzen wie an einem Radioknopf herumfummelt.«

»Oder Türglocke damit spielt. Bäh!« fügt Rita hinzu.

Körper, Respekt und Vertrauen

An diesem Punkt beginnt die Gruppe eine allgemeine Unterhaltung. Thema: Ernst genommen und respektvoll behandelt werden.

»Glaubt ihr, Respekt hat irgend etwas mit dem Bild des Körpers zu tun?« fragt Rachael, die Kleenexschachtel immer noch griffbereit. »Bei meiner Hochzeit hatte ich Größe 34 – ich war sehr nervös und neurotisch, fast magersüchtig. Und offen gesagt, ich katte kein sonderliches Interesse an Sex. Ich meine so richtig Appetit auf Sex, bereit zu morden, um ihn zu kriegen. Natürlich tat ich so als ob, weil es mir gefiel, wenn er geil war, ich meine, damals war das allein schon ungeheuer erregend. Dann hab' ich wohl nicht mehr so richtig aufgepaßt und ehe ich mich's versah, hatte ich fünfundzwanzig Pfund zugenommen.«

»Und da passierte etwas Komisches, na ja, eigentlich ist es eher tragisch, gar nicht komisch. Sobald ich ein paar Pfunde mehr drauf hatte, begann ich plötzlich meinen Körper zu fühlen – die Rundungen und Kurven –, und ich fühlte mich unglaublich sexy und üppig, ich hab' ihn so richtig begehrt. Aber wißt ihr, was dann passiert ist? Er hat sich geweigert, mich anzufassen. Ich wär' zu fett für ihn geworden, sagte er. Er gab mir furchtbare Namen wie Fettsack und Kotelett. Jedesmal, wenn er so was sagte, hatte ich nur noch das Bedürfnis, mich mit Kuchen und Eiscreme vollzustopfen. Kaum fühlte ich mich sexy, war es aus mit dem Respekt, und Sex bekam ich auch keinen.«

»Die Frage ist, was man tun muß, damit der Körper

respektiert wird«, erwidert Iris. »Ich trage Make-up. Ich weiß, das klingt wie ein Relikt, aber ich trag' es nicht, um mich dahinter zu verstecken, ich trage es, um bestimmte Teile von mir zu betonen. In der Natur ist das ganz üblich. Schaut euch nur die Vögel und Tiere und Pflanzen an, was für Merkmale sie haben. Ich betone gern meine Augen. Ich möchte, daß die Leute sie sehen. Und im Bett möchte ich, daß mein Mann mich ansieht, mir in die Augen sieht und mich wahrnimmt.«

»Körper und Respekt«, mischt sich Mary-Jo ein. »Hört mal das: Während meiner Collegezeit lernte ich Bauchtanz. Ein paar Jahre lang verdiente ich mir mein Taschengeld mit Belly-grammen – man zieht sich ein Bauchtanzkostüm an und überbringt Botschaften mit ein bißchen Hüftenwackeln. Meist gingen die Grüße an reiche Geschäftsleute, und einmal mußte ich bei einer Junggesellenparty aus einer Torte steigen. Aber einmal mußte ich zu einem armen sechzehnjährigen Jungen, dessen Mutter ihm das Bellygramm aus Witz zum Geburtstag geschenkt hatte. Als ich an der Tür erschien, hörte er Musik mit seinen Freunden, und ich mußte ihn von Zimmer zu Zimmer jagen, um mein Tänzchen mit den Grüßen endlich loszuwerden. Er hat die Hände vors Gesicht geschlagen und sich furchtbar geschämt, genau wie ich. An diesem Punkt hab' ich beschlossen, daß das Taschengeld den Aufwand nicht wert ist.«

Tony hatte Mary-Jos Erzählungen mit offenem Mund gelauscht. »Ist das nicht erstaunlich?« sagt sie. »Das einzige, was ich je für Taschengeld gemacht habe, war Äpfel zu glasieren?«

Iris merkt an, daß in puncto Körper-Image die Grenze zwischen dem, größtes Vergnügen bereitet zu bekommen, und dem, wie ein Sexobjekt behandelt zu werden, meist sehr schmal ist. »Ich weiß, daß ich es nicht mag, wenn er Türklingel mit meinen Möpsen spielt, aber manchmal hab' ich Schwierigkeiten festzustellen, ob er nur rumspielt oder ob er tatsächlich meinen Körper anbetet.« Sie lacht.

»Für mich liegt der Unterschied in der Absicht«, sagt Rachael.

»Ich glaube, Gefühl und Energie sind entscheidend«, sagt Faith. »Wenn dein Liebhaber nur das Beste für dich will, richtet sich die Energie immer darauf, wie du reagierst, also ist da ein eingebautes Feedback. Ich spüre immer, was jemand für mich empfindet. Wenn da Liebe ist, spüre ich es durch seine Hände. Und, na ja, schon ist er da, der Orgasmus. Das ist sexuelle Ekstase.«

»Es ist alles nur eine Sache des Vertrauens«, tönt Mary-Jo, legt sich auf den Teppich und macht Stretchübungen mit den Beinen.

»Apropos Vertrauen«, platzt Rita dazwischen. »Sprechen wir doch übers Küssen.«

»Ich mag es«, sagt Iris.

»Um ehrlich zu sein, ich hab' eigentlich ein bißchen Angst davor«, sagt Mary-Jo. Sie unterbricht ihre Stretchübungen und stützt sich auf einen Ellenbogen. »Für mich sind Mund zu Mund und Mund zu allem anderen ein echtes Risiko. Für mich heißt das, alles mögliche emotionale Zeug vergessen: Werd' ich Herpes kriegen? Wird Gott mich tot umfallen lassen? Wird mein Partner mich beißen? Werd' ich AIDS kriegen? Wenn ich also jemanden küsse, hab' ich mich entschlossen, ganz offen zu sein, und kann mich dieser Person so ziemlich hingeben.«

»Für mich ist Küssen ein Zeichen von Vertrauen, ein Zeichen von Intimität«, fügt Rita hinzu. »Der Mund meiner Geliebten ist für mich viel intimer als ihre Hand. Sie berührt nicht den ganzen Tag lang Leute mit ihrem Mund. Das hebt sie für mich auf.«

Faith sagt: »Küssen wird für mich ein spirituelles Erlebnis. Vielleicht, weil ich so darauf abfahre. Ich schwirre in andere Sphären ab. Einmal habe ich einen ganzen Abend lang geküßt. Es war ein Gefühl, als würden wir durch Raum und Zeit fliegen, und wir waren beide von einer goldenen Aura umgeben.«

Mary-Jo zieht die Augenbrauen hoch und murmelt: »Ja klar, so macht man das wohl, wenn man eine Art Heilige ist.«

»Na ja«, erwidert Faith. »Küssen kann natürlich auch

sehr fleischlich sein. Und um ehrlich zu sein, ich fahr' sehr auf Zwicken und Knabbern ab – sogar ein bißchen sanftes Nagen ist schön. Wenn jemand an meinem Ohrläppchen knabbert, krieg' ich sofort einen Orgasmus. Ich hatte mal einen Partner, der mich am ganzen Körper sanft gebissen hat, jeden Muskel. Es war wie die Massage eines wilden Tieres – eines netten wilden Tieres natürlich –, unheimlich aufregend.«

Mary-Jo rümpft die Nase und sagt: »Ich kann aber harte Küsse nicht ausstehen, solche, die bis auf die Zähne gehen. Und beißen törnt mich sofort ab. Offen gesagt, ich mag es nicht, wenn mein Partner mich wie eine Mahlzeit behandelt. Er sollte zu Abend gegessen haben, bevor wir miteinander schlafen.«

»Fährt sonst noch jemand auf Grobheit ab?« fragte Tony plötzlich verschämt, mit dem üblichen Fragezeichen am Ende. »Manchmal, wenn ich überrascht oder schockiert werde, wach' ich auf und komme in Fahrt? Ich meine, so ein bißchen quetschen und zwicken? Oder mit den Fingernägeln über den Rücken kratzen. Da krieg' ich todsicher einen Orgasmus.«

Rachael mischt sich ein. »Der erste Mensch, in den ich wahnsinnig verliebt war, hat mich übers Knie gelegt und mir ein paarmal auf den Hintern gehauen. *Klatsch!* Das war keine Machtgeschichte oder Mißbrauch oder so was. Es war wie ein Blitz purer Lust. Ich glaube, es hat nur funktioniert, weil ich verliebt war und es mir sehr gutging und ich sehr selbstsicher war. Es war elektrisierend.«

»Apropos Elektrizität«, fragt Rita, »das erinnert mich an was ... – hat jemand eine gute Geschichte mit einem Vibrator?«

»Du meinst außerhalb der Genitalien? Ein Vibrator kann am ganzen Körper sehr aufregend sein«, meldet sich Iris zu Wort. »Manchmal streiche ich damit nur sanft an meinem Hals entlang, wie mit Schmetterlingsflügeln. Oder lege ihn vorsichtig zwischen meine Brüste.«

»Also, im Augenblick ist mein Hitachi-Zauberstab zufällig mein bester Geliebter«, sagt Rachael, »wir stehen uns also sehr nahe. Aber ich kann euch sagen, daß es kein so tolles Gefühl war, wenn mein guter getürmter Hal den alten Hitachi rausgeholt und ihn wie einen Rasierer meine Schenkel rauf- und runtergezogen hat.«

»Die Losung lautet *Kontrolle,* Schätzchen«, wirft Mary-Jo ein. »Es hätte nicht sein müssen, daß er dich wie ein Spielzeug behandelt. Du hättest ihm sagen sollen: ›Wenn's um meinen Körper geht, dann hab' ich die Kontrolle über die Maschinerie.‹«

»Sonst ist es doch bloß ein Macho-Trip«, stimmt Iris ihr zu. »Ich hab' wirklich nichts gegen außergewöhnliche Stimulation. Einmal hab' ich mich mit Nylons fesseln lassen, hatte eine Dildo in mir drin und dabei wurde mein ganzer Körper mit einem Vibrator bearbeitet. O Gott, ich dachte, ich sterbe«, stöhnt sie. Iris gestikuliert so heftig, daß sie von ihren Kissen rutscht, rücklings auf dem Teppich landet und lachend liegenbleibt.

Während sie wieder auf ihren Kissenthron zurückklettert und ihren Poncho zurechtrückt, sagt sie nicht mehr ganz so erregt: »Maskerade und Phantasien und diese ganzen ungeheuer intensiven Stimulationen sind okay, weil sie bewußt sind. Aber ich glaube, viele Paare versteigen sich in gegenseitiges Foltern, ohne daß Zustimmung herrschen würde. Das ist so eine Art eingebauter Teil der Beziehung, der sich auch im Bett auswirkt. S/M ohne Witz oder Spaß.«

»Manchmal«, sagt Rita, »bearbeiten meine Geliebte und ich uns jeder für sich mit Vibratoren, nur um Barrieren niederzureißen, unsere Gefühle einzustimmen, nicht unbedingt, um damit zum Orgasmus zu kommen.«

»Der Mann, mit dem ich zusammen war – er hat es nie erlaubt, daß ich einen benutze«, beklagt sich Tony.

Iris erwidert: »Manche Männer fühlen sich von Sexspielzeugen bedroht. Sie haben viel starrere Regeln als wir in bezug auf das, was es heißt, ein sexuell aktiver Mensch zu sein.«

Wir suchen die Bedeutung,
die sich hinter der Berührung versteckt

Während ich mir anhöre, wie diese Gruppe von Frauen über verschiedene Arten extragenitaler Berührung redet, mache ich mir im stillen meine Gedanken. Es existiert da ein wachsendes Bewußtsein, daß es nicht so wichtig ist, wo der Körper berührt wird, sondern es viel bedeutender ist, wie diese Berührung wahrgenommen wird, und daß Qualität, nicht Quantität, das Geheimnis ist. Außerdem gibt es da auch ein Bewußtsein, daß das Gefühl, das hinter der Berührung steckt, so wichtig ist wie die Berührung selbst, daß ein Überfluten der Sinne, wie Iris das nennt, in einem Vakuum nicht stattfinden kann. Die zärtlichsten Finger, der stärkste Vibrator, die geschmeidigste Seide können ohne andere Faktoren, die ihnen Bedeutung geben und einen Bezug herstellen, gar nichts auslösen. Umgebung, Laune, Liebe, Verpflichtung, Zeit und Angemessenheit sind einige dieser Faktoren.

Meine Überlegungen werden bestätigt, als ich die Frauen frage, ob es bestimmte Bedingungen gäbe, die ihre Fähigkeit, sexuell und ohne Einschränkungen auf die verschiedenen Arten extragenitaler Stimulation zu reagieren, beeinträchtigen.

Mary-Jo sagt: »Das hängt ganz und gar davon ab, ob ich mich dazu bereit fühle oder nicht – also nicht erschöpft, sondern präsent und erregt. Wo auch immer ich berührt werde, es paßt mir, wenn ich dazu aufgelegt bin.«

»Meine Haut ist extrem empfindlich während der Menstruation«, sagt Iris. »Und als ich schwanger war und stillte, kam ich mir vor wie ein Vulkan, bereit, durch jegliche Stimulation auszubrechen.« Ihr Körper scheint sich jetzt über ihrem Kissenturm zu ergießen, sie ist jetzt Erdmutter, nicht mehr Königin.

»Für mich heißt die Losung Zuneigung«, sagt Rachael. »Dann das Streicheln des Körpers vom Scheitel bis zu den Zehen. Brüste streicheln und küssen und die Innenseiten meiner Schenkel streicheln.«

Rita sagt, Orgasmus wäre oft eine Vorbedingung für extragenitale Sensibilität: »Nach einem oder zwei Orgasmen komme ich mir vor, als wäre ich auf Flug gepolt. Meine Geliebte kann mich berühren, wo sie will, und ich komme wie eine Rakete – Arme, Hände, Gesicht, egal wo. Mein Bauch ist kurz nach dem Orgasmus besonders sensibel.«

Tony nennt keine besonderen Bedingungen: »Nur die Stimulation allein genügt – und natürlich muß man darauf abfahren, oder?«

Faith überlegt: »Es kommt ganz darauf an, wer mein Partner ist. Es gibt einige Leute, mit denen jedes Zusammenspiel zum Orgasmus führt, und bei anderen – also sind wir doch mal ehrlich, nicht jeder macht einen richtig an. Außerdem spielt es auch eine Rolle, ob ich aktiver Partner bin oder nicht. Wenn ich dem anderen entgegenkomme und auch meinen Teil dazu beitrage und nicht nur empfange, bin ich viel erregter und bei der Sache.«

Alle nicken und machen ein paar Scherze darüber, was für ein tolles Gefühl es ist, etwas für den Partner zu tun, solange der etwas für einen tut. Ein paar Minuten lang diskutieren wir über das Thema Frauen, die zu sehr lieben. Rita setzt dem ein Ende, indem sie sagt: »Wenn mir danach ist, die Arme nach jemandem auszustrecken, mach' ich das, weil ich erregt und voller Liebe bin. Das ist eine ganz natürliche Reaktion. Aber das heißt noch lange nicht, daß ich völlig abhängig bin, sobald mein Herz ein bißchen schneller klopft.«

Tony mischt sich in das Gespräch ein. Ihre Aussagen haben endlich das Fragezeichen am Ende verloren: »Aber ihr müßt aufpassen, damit ihr euch nicht damit verausgabt, einen anderen zu befriedigen. Ich hab's nämlich versucht und bin dabei baden gegangen. Ich hab' meine ganze Energie auf ihn verschwendet, und er hat sie mir nicht zurückgegeben. Schließlich war er es überdrüssig und hat mich wie einen Putzlumpen behandelt.«

Diese Gruppe von Frauen, die den Sex lieben, ist jetzt dazu übergegangen, nicht nur aufzuzählen, was genau sie an ihren extragenitalen sexuellen Begegnungen schätzen, sondern auch die Tugenden und Fehler ihrer Partner.

»Also, wenn wir schon über wunderbare Beziehungen reden«, beginnt Mary-Jo und studiert die Sohlen ihrer rosa Laufschuhe, »wenn's hart auf hart geht, ziehen die Harten los und gehen auf den Markt. – Den Beziehungsmarkt durchforsten ist genau das, was ich jetzt mache. Ich kann euch genau sagen, was ich am Sex liebe, aber ich kann euch nicht sagen, mit wem ich es gerne machen würde.«

»Dem schließe ich mich zum Teil an«, sagt Rachael. »Es wäre wunderbar, wenn sich die perfekte Person plötzlich materialisieren würde – Puff! Aber wenn ja, wäre ich fähig, ihn zu erkennen? Bis ich mir dessen sicher bin, bleib' ich zu Hause und versuche rauszufinden, wer *ich* bin.«

Rita rückt dieses Gespräch in die richtige Perspektive: »Ich kann mich wirklich glücklich schätzen, weil ich meine Partnerin liebe und wir beide entschlossen sind, auf Dauer zusammenzubleiben – das ist für mich das Ausschlaggebende. Sex ist nur ein Teil davon. Das Körperliche ist nur ein Teil davon. Man kann reden soviel man will über diese Art der Berührung und jenes Kribbeln, aber das wichtigste für mich ist, daß wir gemeinsam dieselbe Reise machen.«

Iris räuspert sich und lehnt sich in die Kissen zurück. Sie möchte offensichtlich eine Geschichte erzählen.

»Ich bin fast mein ganzes Leben lang mit demselben Mann zusammen. Er ist weiß Gott nicht vollkommen, und unser Verhältnis ist auch alles andere als vollkommen. Aber ich hab' vor Jahren, als mich nach dreijähriger Ehe die große Unruhe packte, eine Entscheidung getroffen. Ich konnte entweder die Ehe zerstören, indem ich mir Liebhaber suchte, die vielleicht, wenn sie alle zusammenarbeiteten, meine Bedürfnisse nach Nähe befriedigen würden. Oder ich konnte die Grenzen der Beziehung, die ich hatte, auf ihre Flexibilität testen. Deshalb beschloß ich, mit meinem Mann ganz offen darüber zu sprechen, worum es mir beim Sex geht – alles andere hieße ihn verleugnen, ganz zu schweigen von mir selbst. Und ich bat ihn, dasselbe für mich zu tun. Was dabei herauskam war, daß wir ein paar ganz schön ausgeflippte Sachen zusammen gemacht haben.«

Ich frage Iris, ob es da ein besonders ausgeflipptes Erlebnis gegeben hätte, das sie uns erzählen möchte.

Sie leckt sich die Lippen und lächelt: »Da fällt mir schon eins ein. Es war, als wir begannen, uns einander öffneten, alles was wir da machten, berührte mich auch innerlich sehr. Wenn wir spielten, waren es diese psychobiologischen Rollenspiele, die einen sehr tief berühren.«

Sie beginnt ihre Geschichte:

»Es begann eines Sonntagmorgens, bevor wir Kinder hatten. Wir duschten miteinander und seiften uns gegenseitig den Rücken ein. Kurz zuvor hatten wir Pfefferminzseife entdeckt – Dr. Bronner's –, ich erinnere mich an den Geruch, das Kribbeln. Ich war ausgehungert nach Berührung. Haut glitschte auf Haut und die Morgensonne schien durch die Hängepflanzen in die Dusche, das Wasser funkelte auf unserer Haut.

Plötzlich veränderte sich die Szene, wurde ganz erotisch und erdig. Jetzt waren wir nicht mehr ein Ehepaar in einer New Yorker Dusche, sondern Eingeborene unter einem Wasserfall im Dschungel, die sich zwischen Lianen und Felsen tummelten. Wir wurden zu wilden Tieren, knurrend tasteten wir mit den Pfoten unsere Körper ab. Ich packte ihn und leckte seinen Körper, den ganzen Rücken, von unten nach oben. Er nannte mich seine Tigerfrau, und er war mein heißer, geschmeidiger Tiger – mein Männchen.

Wir stiegen aus der Dusche, schüttelten das Wasser aus den Haaren und rollten uns auf großen, flauschigen Handtüchern trocken. Dann arbeiteten wir uns, einander leckend, durchs ganze Haus.

Wir taumelten von Möbelstück zu Möbelstück und bewegten uns dabei frei durch Zeit und Raum. Ihr wißt schon, zuerst ist man im Bett unter der Decke, und plötzlich wird es zur Höhle, wir liegen auf Fellen, schnaubend, grunzend nagen wir einander am Pelz. Und plötzlich ist er wieder mein niedlicher Typ auf dem Sofa, der seinen Bart an meinem Bauch reibt. Dann zerrt er mich auf den Teppich, ein Wilder mit vielen Gesichtern, vielen Persönlichkeiten. Und während es passiert, werden alle meine Seiten zutage gefördert – die sinnliche, die harte, die hungrige, die laute. Der Stolz. Alle meine animalischen Neigungen, die Schlampe in mir. Es gab keine Grenzen. Wir tauchten in das Bewußtsein und den Körper des anderen. Es gab keinen Zentimeter des anderen, den wir nicht erforschten, innen und außen.«

Iris hat während ihrer Erzählung die Arme um die Knie geschlungen und wiegt sich auf ihren Kissen. Der Blick ist nach innen gerichtet, als wäre es das erste Mal, daß sie dieses eine Fenster zu sich selbst geöffnet hat.

»An diesem Tag war unser Atem wie Feuer. Er strömte einen wilden Duft aus, den ich nie zuvor gerochen hatte. Sein Körper war stark und zu allem bereit. Wir berührten uns überall, aber was wir da taten, war wesentlich mehr, als nur uns zu berühren. Wir waren völlig synchron, nicht nur unsere Körper, auch emotional und psychisch. Wir lebten die Archetypen – Animus/Anima, wie Jung das nannte. Und unser Geschlecht war austauschbar. Es war nicht nur die Frau in mir, die dem Mann in ihm begegnete, der Mann in mir hatte die Frau in ihm entdeckt. Ich will damit sagen, wenn er in diesem Moment eine Frau gewesen wäre, wäre er ich gewesen. Jeder wurde zum Spiegel des anderen in einer sich unendlich fortsetzenden Spiegelung. Was für ein Gefühl! Es war, als würde ich mich selbst lieben – und zwar als Mann.

Ich fühlte mich so voller Kraft, so elementar, daß ich bereit war, für immer die Kontrolle abzugeben. Ich hatte wirklich das Gefühl, daß ich diesmal vielleicht nicht zurückkehren könnte.«

An dieser Stelle unterbricht sie, läßt sich von dem ganzen Reichtum dieser Erinnerung durchströmen. Tony beugt sich vor und sagt: »Hattest du denn keine Angst vor der Verschmelzung?«

»Jedenfalls nicht direkt in diesem Augenblick, nein. Ich glaube, daß ich mich als sehr starke Frau, die immer zur

Stelle ist, insgeheim nach Flucht sehne, danach, mich aufzulösen, einfach weil es leichter ist, eine Weile lang nicht ich selbst zu sein. Als Frau bin ich darauf programmiert, mich zu unterwerfen. Auf einer gewissen Ebene brauche ich das wohl auch, das steckt in den Genen – und was wäre schon toller Sex, wenn es nicht darum geht? Ich brauche das. Ich hab' das Gefühl, betrogen zu werden, wenn ich diesen Zustand nicht erreiche.

Klar kommt es immer wieder mal vor, daß ich Bedenken kriege – Angst, von der Flut von Gefühlen überwältigt zu werden, und vor der Unterwerfung, die ja immer ein Teil von solchen Geschichten ist. Es ist wirklich schwer, nicht zu zerbröckeln und sich diesem Mann nicht vollständig anheimzugeben – für mich ist er eine Art wandelnder Archetypus. Ich mußte schwer arbeiten, um mir ein Gefühl für mein Ich zu erhalten, um nicht zu zerbrechen, wenn ich nicht ständig diese Art von Aufmerksamkeit kriege. Meine Selbstachtung darf davon nicht abhängig sein.«

Iris schließt die Augen und holt tief Luft. Dann, wie auf ein inneres Kommando, entspannen sich ihre Schultern und ihre Arme lösen sich von ihren Knien. Ihr ganzes Wesen strahlt Wärme aus, als sie sich öffnet und langsam den Blick von einer Frau zur anderen schweifen läßt, um zu zeigen, daß sie ihre Geschichte beendet hat.

Faith erwidert ihren Blick: »Was du gesagt hast, berührt mich wirklich. Gerade weil ich ein ähnliches Erlebnis hatte, wie ich vorhin schon andeutete. Es war nicht so voller Gefühl, aber ziemlich wild. Ich hab' mich bis jetzt immer ein bißchen geschämt, weil es mir so gut gefallen hat. Aber wenn ich dich jetzt so reden höre, scheint es doch ganz in Ordnung zu sein, das zu genießen.« Sie lacht, als hätte Iris sie mit einem Geschenk beglückt.

Abenteuer jenseits der Jadepforte. Wieder einmal höre ich, wie in diesen Geschichten von Frauen, die Sex lieben, das Körperliche zum Emotionalen wird. Sex wird zu einer Schaltstelle von Körper, Verstand und Geist. Gleichgültig, wo Frauen berühren oder berührt werden, meist zählt nur das, was hinter dieser Berührung steckt. Die Lust, der Orgasmus, die Ekstase werden nicht durch die eigentliche Stimulation eingeleitet, sondern vielmehr davon, was Frauen darüber denken und fühlen und was das alles für sie bedeutet.

Faith führt den Dialog fort, der durch Iris' Geschichte veranschaulicht wurde: »Ich würde gerne das Thema wechseln und über die Frage des Safer Sex bei der extragenitalen Berührung sprechen.«

Wie es der Zufall will, habe ich zu dieser Zeit gerade ein Buch über Safer Sex für Frauen begonnen. Es geht vor allem darum, daß »einfach nein sagen« keine Antwort auf die AIDS-Krise ist. Es existieren in diesem Zeitalter sexuell übertragbarer Krankheiten gute und sichere Alternativen zum Verkehr. Faith' Frage gibt mir Gelegenheit, meinen Vortrag über die Notwendigkeit, die Lustbereiche jenseits der Genitalien zu entdecken, vom Stapel zu lassen.

Die Jadepforte einer Frau mag ein Boulevard der Lust sein, aber sie ist auch ein Boulevard für Organismen, die Infektionen übertragen, von Herpes und Chlamydia bis hin zum AIDS-Virus. In diesem Punkt können Frauen sehr viel von den Schwulen lernen, die sich nur allzu schmerzlich der tödlichen Konsequenzen des Geschlechtsverkehrs bewußt geworden sind (die zarten Schleimhäute der Vagina und des Anus strotzen vor Kapillaren, die leicht platzen können, und der HIV-Virus kann mit Samen und Blut transportiert werden). Ein Großteil der homosexuellen Männer hat sich offen auf die Spielarten des Sexes verlegt, die vor Ansteckung schützen und trotzdem anmachen. Ihr Schlachtruf lautet: »*Auf* mir, nicht *in* mir!«

Unbestreitbar machen extragenitale Abenteuer Freude und sie bewahren Männer wie Frauen vor dem HIV-Virus und anderen Erregern, die durch Penetration des Penis in die Vagina und selbstredend auch in Anus und Mund übertragen werden.

Mary-Jo und Rachael stellen beide dieselbe Frage: Ist ein extragenitaler Orgasmus normal? »Sind wir doch mal ehrlich«, sagen sie beide, »die Frauen in diesem Raum sind nicht die amerikanischen Durchschnittskonsumenten, was sexuelle Stimulation betrifft. Wie viele andere Frauen da draußen werden Erlebnisse wie wir haben? Vielleicht sind wir Mißgeburten oder so was.«

Iris erhebt sich erbost aus ihren Kissen. »Wollt ihr damit sagen, daß ich nicht glauben soll, was mein eigener Körper mir sagt? Vielleicht sind wir tatsächlich die einzigen Frauen im Land, die durch nichtgenitale Berührung kommen können. Na und? Vielleicht kann das aber auch jede Frau auf der Welt, wenn sie nur entdeckt, daß es in Ordnung ist, so was zu tun. Ich weiß nicht, wie die Antwort lautet. Aber eins weiß ich: daß alle heute die Wahrheit gesagt haben. Und was wir gesagt haben, kann für alle intakten Beziehungen gelten. Wir wissen, was uns guttut. Wir bemühen uns darum, mit dem Ergebnis, daß wir uns besser fühlen. Wir sind vielleicht nicht im üblichen Sinne normal, aber ich glaube, daß wir im Sinne von Gesundsein normal sind. Und ich weiß, daß unsere Geschichten Frauen anregen können, egal ob sie Lieschen Müller oder Frau Wunderbar heißen.«

»Ich stimme dir zu«, sagt Faith. »In meiner bioenergetischen Therapiepraxis sehe ich so viele Frauen, die behaupten, sie wären sexuell gestört. Einige von ihnen haben körperliche Probleme, wie diese eine Frau, die gelähmt ist. Sie hat kein Gefühl in ihrem Unterleib. Was bringt ihr dann genitaler Sex? Ich arbeite mit ihr, damit sie wieder lernt, Lust zu empfinden. Sie muß das Lustpotential, das sie hat, entwickeln – in ihren Armen und Schultern.«

Iris nimmt den Faden auf: »Mir begegnen in der Therapie auch immer wieder Frauen, die behaupten, sie wären gestört. Manchmal liegt ihre Störung nur darin, daß sie nicht akzeptieren, daß das, was sie tun und fühlen, tatsächlich etwas mit Sex zu tun hat. Und manchmal liegt es daran, daß sie durch die schrecklichen Dinge, die ihnen passiert sind, regelrecht von ihren Genitalien abgeschnitten wurden. Wenn diese Frauen ihren ganzen Körper einsetzen könnten, müßten sie ihre Sexualität nicht verdrängen.«

»Okay, ich hab's kapiert«, sagt Rachael. »Wir sind genauso normal wie alle anderen. Oder vielleicht sind wir nicht weniger *unnormal* als alle anderen. Wenn man an all das glaubt, was allgemein als normaler Sex betrachtet wird, sind nämlich fast alle Frauen unnormal.« Bei Rachael ist der Groschen gefallen. Sie hat soeben die Zielgebietstheorie sexueller Normalität begriffen.

»Richtig«, erwidert Iris. »Aber ich glaube, wir müssen uns davor hüten, daß diese extragenitalen Orgasmen, von denen wir reden, nicht plötzlich als neue Norm, als neues Ziel betrachtet werden. Dann würden sich einige Frauen noch mieser fühlen, weil sie nicht jedesmal kommen, wenn sie sich die Haare bürsten.«

Dem widerspricht keine. Ich frage die Frauen, ob jemand noch etwas zum extragenitalen Sex sagen möchte, bevor wir uns trennen.

Rita sagt: »Das Gespräch hat mir wirklich gutgetan. Ich bin richtig froh, andere Frauen gefunden zu haben, die über so etwas reden wollen. Die ganze Welt unterschätzt das weibliche Potential – aber man wird mit uns rechnen müssen.« Rita lächelt mit strahlenden Augen in die Runde. »Danke«, sagt sie.

Tony ergreift als letzte das Wort. Sie schaut hinaus zum Teich, wo die Bisamratte gerade ihr Mittagessen beendet hat und wieder mit Grünzeug vom Ufer zur Insel rudert. »Der Teich sieht jetzt wirklich völlig anders aus. Ich schau' da raus und sehe eine Bisamratte. Eine glänzende, kleine, graue Bisamratte, die mit Gras im Maul hin- und herschwimmt. Ich kann gar nicht mehr glauben, daß ich sie noch vor ein paar Stunden für einen Alligator gehalten habe.« Kein Fragezeichen verunstaltet mehr das Ende ihrer Sätze.

Kein Wunder, daß Tony erstaunt ist über das, was sie von der Bisamratte gelernt hat. Vielleicht war es die nämlich, die die wichtigste Botschaft dieses Nachmittags gebracht hat: Die Dinge sind nicht immer das, was sie auf den ersten Blick scheinen. Dazu sind die sexuellen Reaktionen der Frau viel zu vielschichtig, viel zu sehr mit Gefühlen, Bedeutungen, Erinnerung, mit Widerstand und Mut verwoben. Die Quellen sexueller Energie sind unter der Erde, vielleicht in einem Irrgarten weicher Höhlen, wie sie die Bisamratte unter dem Teichufer gegraben hat, um ihre Jungen vor Raubtieren zu schützen.

Sogar Frauen, die Sex lieben, sind sich möglicherweise nicht all der Schätze, die da unter der Oberfläche liegen, bewußt, bis man sie direkt darauf anspricht. Die Geschichten von Iris und Konsorten eröffnen neue Möglichkeiten für sexuelle Abenteuer oder sind Rechtfertigung von Abenteuern, die Frauen vielleicht schon gehabt haben. Wenn Mae West recht hat, und zuviel des Guten wunderbar sein kann, stellen Sie sich nur mal vor, was passieren kann, wenn wir ständig unsere Definitionen dessen, was gut ist, erweitern.

5
Suzanne

Der Orgasmus mit dem Kopf und andere Überlegungen zu sexuellen Phantasien

Bestand die Heiligkeit der Männer hauptsächlich darin, den Körper hinter sich zu lassen, so könnte die Heiligkeit von Frauen darin bestehen, daß wir erst einmal *in* unseren Körper hineingehen, uns zu ihm bekennen. Ich selbst bin dann die frömmste Atheistin, wenn ich mir klarmache, daß es eine Heiligkeit gibt, die nicht unser Ende bestimmt, sondern unseren Anfang.

Robin Morgan

Orgasmus ohne Berührung. Frauen, die Sex lieben, sagen, daß das möglich ist. Ob sie sich nun solo verwöhnten oder es mit einem Partner erlebten, sie sind sich einig, daß es wie ein Geschenk ist, ein phantastisches Ereignis, als würde man von einem Sturm ins Land Oz geblasen. Die klinische Bezeichnung ist spontaner Orgasmus, aber Dr. Suzanne Adesta, eine Frau, die diese Art Sex besonders schätzt, bietet uns eine plastischere Bezeichnung. »Es ohne Hände machen?« sagt sie. »Das tu' ich ständig. Ich nenne das sich einen abdenken.«

Dr. Suzanne ist Professorin für Soziologie an einem Kleinstadtcollege, in einer dieser Gemeinden, wo man die Haustür nicht absperren muß. Sie ist alleinerziehende Mutter, begeisterte Yoga-Anhängerin, ein Anwalt für die Rechte der Frau und jemand, der nur wenige Geheimnisse vor seinen Studenten und Kollegen hat. Aber jetzt werde ich Ihnen etwas erzählen, was die nicht über sie wissen. Sie besitzt das einzigartige Talent, Orgasmen zu haben, ohne sich dabei zu berühren. Und sie ist eine der zwanzig Frauen, die sich bereit erklärt haben, diese Fähigkeit durch einen Labortest dokumentieren zu lassen.

Lassen Sie mich kurz ausholen. Im Sommer 1987 hatte ich die Ehre, Koautor eines Ratgebers für Sex an der Seite von Dr. Beverly Whipple zu sein, eine Wissenschaftlerin, die durch ihre Studien über den G-Punkt berühmt wurde.[1]

Beverly hatte sich soeben einen neuen Computer für ihr Labor in der Rutgers University zugelegt. Mit dieser Anlage war es jetzt möglich, beeindruckend genaue Messungen menschlicher Zustände zu machen, auch der sexuellen Reaktion bei Frauen. Während unserer Zusammenarbeit für *Safe Encounters*[2] war sie ganz fasziniert, daß so viele Frauen, die ich für meine Doktorarbeit interviewt hatte, berichteten, sie könnten ohne Berührung einen Orgasmus erleben. Zuerst konzentrierte sie sich auf die Folgen, die das auf die Frage nach Safer Sex haben könnte – kein Partner, kein Problem. Ohne Hände, erst recht kein Problem.

Aber so wichtig auch diese Fähigkeit der Frau im Zusammenhang mit Safer Sex ist, war uns klar, daß weit mehr dahinter steckte als nur die Vermeidung körperlicher Ansteckung. Wenn man die Tatsache, daß eine Frau sexuelle Befriedigung durch bloße Gedanken erzielen kann, ernst nimmt, so ist das ein Angriff auf einen Mythos, der immer noch erstaunlich lebendig ist und das so kurz vor Beginn des einundzwanzigsten Jahrhunderts – den Mythos, daß eine Frau einen Mann braucht, der ihr Orgasmen schenkt oder sie zu einer unbefriedigten, nörgelnden Megäre macht. Damit wird der heiligste Glaubenssatz der Sexualforschung angegriffen: die Vorstellung, daß sexuelle Lust auf die Genitalien konzentriert und von körperlicher Stimulation abhängig ist. Außerdem ist es ein Angriff auf die Normen des politisch korrekten Feminismus, der sich auf die gewalttätigen und zerstörerischen Aspekte der Sexualität und seine fast vollständige Verneinung positiver Möglichkeiten konzentriert. Wenn Frauen fähig sind, solche Freuden durch das Spiel mit ihrer Phantasie zu erleben, haben sie die Wahl, Sex zu erleben, ohne Opfer eines in sie eindringenden Partners zu werden.

In der einschlägigen Literatur hatte ich praktisch keine Hinweise auf spontanen Orgasmus gefunden. Der *Kinsey-Report* berichtet zum Beispiel, daß bloß zwei Prozent der befragten Frauen einen Orgasmus »nur mit Phantasie«[3] erreichten. Hite entdeckte weniger als ein Prozent.[4] Masters und Johnson berichten, daß nicht eine einzige ihrer Testpersonen einen nur durch Phantasie ausgelösten Orgasmus im Labor erleben konnte.[5] Und trotzdem haben von meinen ursprünglichen Fallbeispielen für Frauen, die Sex lieben, vierundsechzig Prozent diese Frage mit einem Ja beantwortet. Sind Sie je ohne jegliche Berührung zum Orgasmus gekommen? In den Jahren bevor und nachdem ich diese Fallstudien anstellte, fanden sich noch viele Frauen, die mir eine enorme Auswahl von aufschlußreichen Geschichten zu diesem Thema erzählten. Offensichtlich existierte da eine unversöhnliche Diskrepanz zwischen der einschlägigen Literatur und den Erfahrungen von Frauen, die Sex lieben. Wie konnten wir es angehen, das zu erforschen? Wie konnten wir die Geschichten der Frauen aufwerten? Dr. Bev, immer ganz die strenge Wissenschaftlerin, wandte sich mir zu und sagte: »Ich wette, wir können Ihre Forschungsergebnisse im Labor quantifizieren.«

»Warum nicht«, erwiderte ich. Obwohl ich mich energisch gegen die meiste quantitative Sexualforschung ausgesprochen hatte, da sie in meinen Augen die Sexualität einschränkt und codifiziert, hatte ich das Gefühl, diese Zusammenarbeit könnte ein lohnender Ausflug werden. Zum einen könnte die Teilnahme an einer solchen Laborstudie helfen, einige meiner Vorurteile zu lockern. Aber noch wichtiger war, daß es das Anliegen der Frauen fördern könnte. Ich wußte, daß es genau in jenem Augenblick auf der ganzen Welt Frauen gab, die sich fröhlich einen abdachten. Aber mir war ebenso klar, daß diese Fähigkeit für die meisten Menschen, darunter auch viele Sexualwissenschaftler, etwa so glaubhaft war wie eine Sichtung von

Mörderbienen über Grönland. Zahlen sprechen jedoch für sich selbst. Und ich war überzeugt, daß vom Computer registrierte Daten dabei helfen könnten, die Zweifler davon zu überzeugen, daß Frauen das, was sie behaupten, tatsächlich können. Beverley und ihr Mitarbeiter hatten das Verfahren bereits weitgehend entwickelt, nach dem wir vorgehen wollten.[6] Jetzt mußten wir nur noch die Frauen finden.

Das Forschungs-Szenario

Während meiner Doktorarbeit war es ein sehr einfaches und durch glückliche Zufälle unterstütztes Unterfangen gewesen, Frauen zu finden, die bereit waren, hinter geschlossenen Türen über ihre sexuellen Erlebnisse zu sprechen. Eine ganz andere Sache ist es dagegen, Frauen zu finden, die bereit sind, an einem Donnerstag oder Freitag nachmittag mitten im Sommer in eine glutheiße Stadt zu reisen und dort angeschlossen an Monitore, die ihre körperlichen Reaktionen messen, sich durch erotische Phantasien einen Orgasmus herbeizudenken.

Nach einigem Hin und Her ist uns das Glück aber doch noch hold. Mit Hilfe einiger Kollegen aus der Sexualforschung stoßen wir auf eine Reihe von Frauen, die nicht nur bereit sind, ihre Körper und ihren Verstand der Wissenschaft zur Verfügung zu stellen, sondern uns auch noch an ihre Freundinnen weiterzuempfehlen. Suzanne ist eine von ihnen, versehen mit den besten Referenzen. Sie kann sich sehr gut ausdrücken und hat den messianischen Drang, anderen Frauen ihre Botschaft zu überbringen. Außerdem ist sie lebender Beweis dafür, daß es erlernbar ist, den Orgasmus selbst zu steuern. »Sagt mir einfach nur, welches Chakra ihr gern messen würdet«, verkündet sie, als sie sich in die schmucken Kissen zurücklehnt, mit denen wir versucht haben, das Krankenhausbett etwas freundlicher zu gestalten. Sie läßt sich an die Meßgeräte anschließen. »Ich kann quer durch alle Energiezentren Orgasmen kriegen. Ich weiß nicht, wieviel Zeit euch zur Verfügung steht, aber ich kann das problemlos den ganzen Nachmittag durchhalten.«

Nur allzu offensichtlich sieht Suzanne in diesem Augenblick das Experiment wesentlich lockerer als ich. Der Grund dafür ist nicht etwa, daß es mir peinlich ist, ihre Gedankenturnerei ansehen zu müssen. Um ehrlich zu sein, ich bin ungeheuer neugierig darauf und absolut zuversichtlich, daß sie durchziehen wird, was sie behauptet. Aber werde ich mich richtig verhalten? Schließlich und endlich produziert sie schon seit Jahren Orgasmen quer durch ihre Chakras, aber für mich ist es der erste Versuch, richtige Laborforschung zu betreiben. Und auch wenn sie nicht die erste Testperson ist, deren Reaktionen wir messen, hab' ich immer noch Ängste, ob alles korrekt ablaufen wird. Ich habe auf der Reise nach Rutgers einen weißen Kittel erstanden, um mich besser in die Rolle einstimmen zu können, nur ob das wirklich eine Hilfe ist?

Suzanne trägt einen rosa Baumwollrock, eine mit Blumen bedruckte Bluse und sieht aus wie eine frischgebadete Jugendherbergsmutter. Ich setze mich auf den Stuhl neben ihr Bett und erkläre ihr, wie der Test verlaufen wird.

Der Versuch ist in drei Zehn-Minuten-Sequenzen aufgeteilt, mit jeweils fünf Minuten Ruhepause zwischen jedem Teil. Zuerst wird sie sich ein zehn Minuten langes Band anhören, das ihre Phantasie steuern soll[7] und dabei – wenn möglich – *ohne Berührung* zum Orgasmus kommen. Zweitens wird sie sich zehn Minuten lang genital stimulieren und sich damit – wenn möglich – *mit Berührung* zum Orgasmus bringen. In den letzten zehn Minuten wird sie mit Hilfe ihrer eigenen Phantasien versuchen, sich – wenn möglich – zum Orgasmus zu bringen, *ohne sich zu berühren.* Ich weise sie darauf hin, daß ich sie während der Sequenzen immer wieder unterbrechen werde, um Messungen durchzuführen.

»Kein Problem«, sagt sie grinsend. »Wofür sind denn all diese Maschinen?« Sie zeigt in meine Richtung. Ich sitze in einem solchen Wirrwarr von Drähten, daß ich mir trotz meines weißen Kittels vorkomme wie das Fräulein vom Amt.

Neben mir steht ein Tonband mit dem Phantasiesteuerungsband, das ich aufgenommen habe, ein aufgeteilter Monitor, auf dem vier Reihen von Messungen Sekunde für Sekunde in einminütigen Intervallen erscheinen, eine Gegensprechanlage zu Beverly, die im nächsten Raum am Computer sitzt, und ein Vibrator für den genitalen Teil des Experiments.

»Und was ist mit mir«, fragt sie. »An was bin ich da angeschlossen?«

An Suzannes linker Wade ist eine Manschette zum Messen des Blutdrucks befestigt und an ihrer großen Zehe ein Pulsmonitor.[8] Ich erkläre ihr, daß alles automatisch aufgezeichnet würde. Ich bin heilfroh, daß ich die nicht auch noch beachten muß.

»Wir werden mal den Druckmesser ausprobieren«, sage ich und zeige auf das Instrument aus Acryl und Chrom auf dem Tisch neben ihrer linken Hand.[9] Ich bitte sie, ihre Fingerspitze auf einen kleinen Zylinder am Ansatz des Instruments zu legen, während ich den Pegel aktiviere, mit dem der Druck gesteigert wird.

»Aua!«

»Hoppla«, sage ich und senke den Druck. »Also das funktioniert so: Sobald Sie etwas fühlen, sagen Sie ›Jetzt‹, und sobald der Schmerz einsetzt, sagen Sie ›Halt‹. Dann reduziere ich den Druck.«

»Auf diese Weise werden wir die Schmerzschwelle an jedem Finger Ihrer linken Hand messen. Wir werden diesen Vorgang mindestens zehnmal wiederholen, einmal während jeder Ruhepause und dann alle fünf Minuten oder jedesmal, wenn Sie einen Orgasmus haben.«

»Sie müssen mich auf dem laufenden halten«, sagt sie. »Was ist denn in dem Kasten? Ein verborgener Schatz?«

Auf meinen Knien ruht ein etwa dreißig Zentimeter langer Plastikcontainer mit Nylonfäden, abgestuft in genau kalibrierten Stärken, von Dübeldicke bis Haarstärke.[10]

»Nach jeder Serie von Fingermessungen werde ich mit einem oder mehreren Fäden über ihren Handrücken streichen, um die Empfindlichkeit Ihrer Haut zu messen.«

»Und wofür ist das Ding?« Sie zeigt mit ihrer freien Hand auf ein futuristisches ophthalmologisches Gerät, das über dem Bett angebracht ist.

»Das ist der Pupillometer.[11] Er dient dazu, Vergrößerungen des Pupillendurchmessers anzuzeigen und ist mit das fortschrittlichste Gerät, das wir zur Messung von Orgasmusreaktionen haben.«

»Sieht aus, als käme es vom Raumschiff Enterprise«, bemerkt sie.

»Sie werden sich damit anfreunden müssen. Wir werden es jedesmal benutzen, wenn wir die Fingerschmerzmessungen und die Tests für die Empfindlichkeit der Haut machen.« Um sie mit dem Gerät vertraut zu machen, bitte ich sie, sich aufzusetzen, ihr Kinn auf die Kinnstütze zu legen und ohne zu blinzeln durch die Augenschlitze des Geräts auf ein X, das auf die Wand gemalt ist, zu schauen. Ich zeige auf den Fernsehmonitor, auf der anderen Seite des Zimmers, wo jetzt ihr Pupillendurchmesser wie ein Erntemond erscheint. Der Videorecorder darunter zeichnet alles für die Nachwelt auf.

»Dann fangen wir mal an«, sagt sie, als ich den Testlauf beendet habe. Ich bemerke, daß ihre Augen etwas glasig werden.

»Okay, wir sind bereit«, teile ich Beverly auf der Gegensprechanlage mit. Fast im selben Augenblick tritt der bernsteinfarbene Monitor neben mir in Aktion. Die erste Minute unseres Tests beginnt mit der Aufzeichnung der Daten von Dr. Suzanne zu laufen.

Wir werden Zeugen der Körper-Geist-Verbindung

Die Testreihe wird mit einer sogenannten Ruheperiode eingeleitet, einer von fünf Kontrollperioden, mit denen wir die experimentellen Teile des Versuchs vergleichen werden. Während der ersten Meßreihe frage ich Suzanne, wie sie ihre Fähigkeit, sich einen abzudenken, entdeckt hat.

»Aua!« sagt sie, als ihr kleiner Finger wieder vom

Druckerzeuger überrascht wird. »Ich mach' das schon seit frühester Kindheit. Meine Großmutter lebte bei uns. Sie war ziemlich verbissen, eine Art selbsternannte Kalvinistin, Sie wissen schon, arbeiten bis zum Umfallen, aber niemals Spaß haben. Also die hat mir gesagt, daß ich mich da unten nie, nie berühren dürfte. Und ich gehorchte. Alle gehorchten ihr. Das war ein Naturgesetz. Bis ich merkte, daß ich mir die Sachen auch vorstellen konnte. Nur im Kopf. Das konnte ich tun, wann immer ich wollte, und Oma konnte überhaupt nichts dagegen machen. Und dann entdeckte ich etwas Wunderbares auf dem Schulspielplatz. Eine dieser hölzernen Schaukeln, die an langen Seilen von einem Baum hängen. Jedesmal wenn die Schaukel nach oben schwang – wusch! kam ich. Und dann wieder runter – aaah! Damals wußte ich natürlich noch nicht, wie man das nannte, aber ich hab' als Kind sehr viel Zeit auf dieser Schaukel verbracht.«

Was Suzanne da erzählt, führt mir wieder einmal vor Augen, wie erstaunlich einfallsreich Frauen sein können. Manche Frauen scheinen das Talent zu haben, sowohl in ihrer Sexualität als auch in anderen Lebensbereichen Unterdrückung als Sprungbrett in ein erfüllteres Leben zu benutzen, anstatt sich in ein freudloses Dasein zwingen zu lassen. Betty Jane ist eine weitere freiwillige Teilnehmerin an dieser Studie und ein weiterer Beweis für dieses Phänomen. Bei ihr war es keine strenge Großmutter, sondern ein aus dem Mund stinkender, fummelnder Alkoholiker von Onkel, der ihre Neigung für Kopforgasmen ins Rollen brachte: »Ich habe ihn gehaßt wie die Pest. Ich hab' gelernt mich auszuklinken, als ich noch sehr jung war. Ich wäre wahrscheinlich nie dazu gekommen, das auf den Sex zu übertragen, wenn ich nicht das Bedürfnis gehabt hätte, alles zu verstecken, um mich sicher zu fühlen.» Betty vertraute mir das so selbstverständlich an, als würde sie sagen: »Na ja, wenn das Leben so gemein ist und einem die Zitrone des Jahres überreicht, dann ...«

Natürlich entdecken nicht alle Frauen den spontanen Orgasmus durch Unterdrückung. Während ich mir Suzannes und Bettys Talent für defensives Abdenken durch den Kopf gehen lasse, fallen mir viele Frauen ein, die erzählten, daß sie spontane Verzückung nur durch einen glücklichen Zufall entdeckten – zum Beispiel während verträumter Sommertage in ihrer Kindheit, die die Phantasie anregten. Oder als Erwachsene beim Joggen am Meeresufer von San Francisco, in der belebenden frischen Luft und dem weiten Horizont. Oder auf Kissen liegend bei schöner Musik. Oder neben einem Liebhaber im Kino, während sie sich Sexszenen anschauen.

Nachdem die erste Meßreihe beendet ist, ist es Zeit das Band zur Steuerung der Phantasie zu starten (eine komplette Niederschrift findet sich auf Seite 299). Dabei kann Suzanne zehn Minuten lang voll durchatmen und beliebig dem Rhythmus ihres Atems bis zur Befriedigung folgen. Das Band lädt den Hörer ein, sich seiner sexuellen Phantasien voll und ganz bewußt zu werden und sich hinzugeben, aber es erwähnt keine Körperteile oder konkrete genitale Handlungen. Suzanne findet das Band ungeheuer erotisierend. Wie angekündigt regte sich ihre Lust und steigerte sich bis zur Entladung im Orgasmus.

Ich kann keinerlei Bewegung ihres Körpers feststellen, abgesehen von ihrer Atmung, die langsam in leises Stöhnen übergeht. Ich sehe, wie sich Tränen am Rand ihrer Lider sammeln. Der bernsteinfarbene Monitor zeigt den steten Anstieg ihres Blutdrucks und wie ihr Puls in die Höhe klettert.

Ihr Orgasmus ist lang und schön. Er wird fast greifbar. Ein ehrfurchtgebietendes, geradezu heiliges Wesen, es ist, als würden wir beide durch diesen Energiefluß gesegnet. Auch mir steigen die Tränen in die Augen. Ich unterbreche Suzanne so behutsam es geht, um die erforderlichen Messungen vorzunehmen, und schlage vor, daß sie ihre Energie weiterhin auf die inneren Bilder konzentriert und mich die Arbeit machen läßt.

»Okay, Chef«, stöhnt sie, ohne aus dem Takt zu kommen.

Ich lege ihren linken Zeigefinger auf den Plexiglaszapfen,

und der Druckerzeuger bohrt sich in Suzannes Finger, über den Punkt hinaus, an dem sie bisher immer »aua« gesagt hat, über die letzte Skaleneinteilung hinaus bis zum Anschlag. Offensichtlich ist sie während des Orgasmus schmerzunempfindlich. Dasselbe passiert bei jedem Finger.

»Haben Sie etwas gespürt?« frage ich sie.

»Mmmh?« erwidert sie, immer noch wie weggetreten.

Während der Messungen in den Ruhepausen hatte Suzanne bisher immer laut protestiert, wenn sie spürte, daß der Druck stieg. Aber mitten im Orgasmus zeigt sie unbegreiflich wenig Schmerzempfinden, als schiene sie keine Nervenenden zu besitzen.

Und dennoch reagiert sie sofort, als ich Sekunden später mit einem haarfeinen Nylonfaden über ihr Handgelenk streiche: »Klar fühle ich das.« Ihr Ton sagt: »Warum stellt ihr mir so dumme Fragen? Natürlich spüre ich da etwas. Tut das nicht jeder?«

Suzannes Orgasmus ohne Berührung hat also denselben Effekt, der bereits in den Studien von Whipple und Komisaruk über Versuche von Orgasmen durch genitale Selbststimulation beobachtet wurde: Der Orgasmus hat schmerzabweisende Wirkung.[12] Und eine weitere Beobachtung können wir bestätigen: Trotz der schmerzreduzierenden Wirkung des Orgasmus bleibt die Haut äußerst empfindlich. Während ihres Orgasmus reagiert Suzanne sofort auf den leisesten Kontakt mit dem Nylonfaden auf ihrem Handrücken.

Jetzt ist der Pupillometer an der Reihe. Zeit, Suzanne dazu zu überreden, sich aufzusetzen und sich dem futuristischen Meßgerät, das über ihrem Bett hängt, zu widmen. Das ist kein einfaches Unterfangen. Suzanne liegt in tranceähnlichem Zustand da, äußere Einflüsse tangieren sie praktisch überhaupt nicht. Als sie meine Aufforderung allmählich registriert, muß sie eine Möglichkeit finden, ihren Orgasmus zu halten, während sie sich stocksteif aufrichtet und Kinn und Stirn in der vorgeschriebenen Stellung gegen das kalte, schwarze Metall drückt. Dann muß sie, immer noch den Orgasmus haltend, durch die

Augenschlitze starren, das X auf der Wand vor sich finden und sich darauf konzentrieren, bis Beverlys Stimme durch die Gegensprechanlage ertönt: »In Ordnung, ich hab' es auf dem Computer. Sie können sich jetzt entspannen.« Einige der zwanzig Freiwilligen bei diesem Projekt werden von diesem Pupillometer vollkommen herausgerissen, aber nicht Dr. Suzanne. »O Gott«, keucht sie, als sie sich schwankend aufrichtet, um das X an der Wand anzustarren. »Das Ding macht mich geil.«

Während der nächsten Ruhepause bitte ich Suzanne, mir zu schildern, was sie gerade beim Abhören des Bandes erlebt hat. Die Mitglieder unseres Forschungsteams sind neugierig, welche Bilder Frauen heraufbeschwören, wenn sie mit dem Kopf kommen. Unser Kollege Barry vertritt die These, daß irgendeine Art von genitaler Stimulation Teil der heraufbeschworenen Bilder sein wird.

Suzanne überrascht uns. »Ich sah mich in strahlendem Sonnenschein dahintreiben«, beginnt sie mit immer noch verträumten Augen. »Dann war da ein noch strahlenderes Licht, und ich schwebte in einer goldenen Wolke. Und all das Licht drang in mein Wesen ein. Ich spürte, wie es meinen Körper durchflutete, bis es das Herz erreicht hatte. Mir wurde mit einem Mal klar, daß jede Kultur einen Namen hat für das, was sie ausmacht, und in meiner ist es das Herz. Ich spürte, wie mir die Tränen kamen und mein Herz sich öffnete wie eine Blume, spürte, wie es sich in mir zu regen begann. Ich fühlte mich voller Liebe und wollte nie wieder zurück. Es war traurig, als das Band zu Ende war. Habt ihr die Messungen gekriegt, die ihr braucht?«

Ich versichere Suzanne, daß alles bestens läuft.

Während des nächsten Teils des Programms stimuliert Suzanne mit der rechten Hand ihre Klitoris. Ihre Orgasmen setzen praktisch sofort ein, die Muskeln spannen sich sichtbar an, und sie wird viel lauter: ein wollüstiges Jammern ist jetzt zu hören, nicht mehr das atemlose Stöhnen, als ihre Phantasie über das Band gesteuert wurde. Der Bernsteinmonitor zeigt stärkere Ausschläge. Doch die Fingermessungen zeigen dieselbe Schmerzunempfindlichkeit, und sie reagiert auf die leiseste Berührung mit derselben Heftigkeit. Schon jetzt zeichnet sich ein Muster ab, noch ehe wir die Computerdaten analysieren können. Orgasmen durch Phantasiebilder erzeugen genau wie die hier schon früher untersuchten Orgasmen eine Schmerzunempfindlichkeit, ohne die Empfänglichkeit der Frau für angenehme Berührungen zu reduzieren.

Diese Geschichte mit dem Orgasmus und der Verminderung von Schmerz gibt mir zu denken. Ist es so, daß der Orgasmus einer Frau Schmerzen abblocken kann, wie die Whipple-Komisaruk-Studien angedeutet haben? Oder erhöhen sexuelle Erregung und Orgasmus in Wirklichkeit die Fähigkeit einer Frau, den Schmerz zu ertragen? Ich denke dabei an Mayas Gespräch mit einer Frau. Sie schilderte die quälende Lust, die sie empfand, wenn sie mit einem Lederfetzen so lange auf den Hintern geschlagen wurde, bis sie zum Orgasmus kam. »Je erregter ich werde«, erzählte sie Maya, »desto stärker verändert der Schmerz sich, ich empfinde ihn dann kaum noch als solchen. Das ist wie ein anderes Stadium der Empfindung, bei dem ich meine Toleranzgrenzen ausreize und nach mehr schreie.«

Nach fünf Minuten intensiver klitoraler Stimulation fragt Suzanne: »Soll ich jetzt auf einen Vibrator umsteigen, damit Sie sehen können, ob das einen Unterschied bei den Daten ausmacht?« Sie greift zum Nachttisch und holt einen Hitachi-Zauberstab aus ihrer Samttasche. Sobald sie ihn eingeschaltet hat, setzt bereits der nächste Orgasmus ein.

Ein Ausschnitt des bernsteinfarbenen Monitors neben mir zeigt plötzlich nichts mehr an – wie bei einem Gehirntod. Ich überprüfe Suzannes Lebenszeichen. Sie bäumt sich im Orgasmus, hechelt und grunzt abwechselnd und fragt: »Gibt Ihnen das die Daten, die Sie wollen?« Das Problem bei meinem Monitor ist nicht Suzanne, sondern die Manschette des Blutdruckmessers. Der Klettverschluß ist aufgegangen. Ich bin so von Drähten eingekesselt, daß ich es nicht schaffe, bis zu Suzannes Schienbein zu kommen und sie wieder zu befestigen, also zische ich ein SOS in die

Gegensprechanlage, und Beverly kommt und befestigt die Manschette.

Abgesehen davon verläuft dieser genitale Teil der Studie glatt. Die Daten werden problemlos aufgezeichnet, und Suzanne amüsiert sich offensichtlich blendend. Anscheinend kommt sie gerade erst richtig in Fahrt.

Ob sie irgendwelche Bilder während des genitalen Orgasmus gesehen habe, frage ich sie während der nächsten Ruhepause.

»Ja, verschiedene sind an mir vorbeigezogen«, erwidert sie. »Zuerst war ich in einer Bar in São Paulo und hab' so einem tollen Tänzer schöne Augen gemacht. Dann war ich mit meinem Mann in einem Strandhaus, und er hat mir ein Frühstückstablett mit wilden Rosen gebracht und mich am ganzen Körper abgeknutscht. Nach einiger Zeit gesellten sich drei Frauen zu uns, ich lehnte mich in die Kissen zurück, lutschte Mangoschnitze und beobachtete, wie sie ihn und sich gegenseitig mit ihren Händen und Mündern verführten. Ich hab' mich in sie hineinversetzt und alles nachempfunden, was jeder einzelne von ihnen gefühlt hat. Ich glaube, das war der Punkt, an dem die Manschette vom Blutdruckmesser aufging.«

Diese sehr plastische Imagination erotischer Geschichten war typisch für die Phantasien von Frauen bei meiner Studie. Jede hatte ihr ureigenes Handlungsmuster, von dem Stelldichein mit einer neuen Liebe im Messingbett bis hin zu einer Rotkäppchen-Eskapade mit einem Wolf, der sein Opfer mit oralem Sex verwöhnt. Nur eine der Frauen hatte eine völlig andere Auffassung von sexueller Phantasie: »Für mich geht's bei sexuellen Wunschvorstellungen nicht darum, mir einen *ab*zudenken, sondern darum, mich *rein*zudenken. Ich gehe völlig in mich und versuche an nichts zu denken. In mir ist es dann ganz still und hell, und ich bin ganz bei mir. Manchmal sind meine Orgasmen sehr subtil und manchmal richtige Explosionen. Aber sie sind immer toll, weil sie Ausdruck des Vergnügens an mir selbst sind.«

Für den letzten Teil des Versuchs gebe ich Suzanne die Anweisung, sich nur mit Hilfe ihrer eigenen Phantasie zum

Orgasmus zu bringen. Kein Band, keine Berührung. Ich beobachte und warte und behalte den Monitor im Auge.

Sie liegt vollkommen reglos da, aber man kann doch noch einen weiteren Aspekt der Reaktion beim Orgasmus beobachten.

Als sie an den Höhepunkt der Erregung kommt, scheint es, als würde ihre Energie für etwa eine Minute in einer Art Vakuum verschwinden, parallel dazu zeigt der Monitor einen Abfall der Herzfrequenz und des Blutdrucks, so als würden ihre Lebenszeichen abwarten, bis Suzanne wieder auftaucht.

Ich frage sie, wo sie gewesen sei. Ihre Stimme ist tief, und sie spricht sehr langsam und gefühlvoll mit geschlossenen Augen: »Unterwegs. Mit Tony. Vor langer Zeit. Auf einem Boot.«

»Wo sind Sie jetzt?« frage ich. Ich sehe deutlich, daß sie sich immer noch im Stadium des Orgasmus befindet, trotz der fallenden Werte auf dem Monitor.

»Ich bin in meinem Hals.« Die Stimme ist nur ein heiseres Flüstern. »Ich hab' einen Orgasmus in meinem Hals-Chakra ...«

Der Forscher in mir würde natürlich zu gerne jedes Detail dieses außergewöhnlichen Phänomens erfahren, aber ich habe das Gefühl, es wäre ein Einbruch in ihre Intimsphäre, noch mehr Fragen zu stellen. Obwohl ich nur beobachte, fühle ich mich schon wie ein Eindringling. Ich versuche, mich ganz ruhig zu verhalten. Ihr Körper bewegt sich nicht, doch bei jedem Ausatmen, das in langen Abständen kommt, scheint es, als würden Energiewellen von ihrem Kopf bis zu den Zehenspitzen wogen.

Kurz vor dem Ende des Versuches unterbreche ich Dr. Suzanne, um ihre Schmerzschwelle und die Pupillengröße zu messen. Auf dem Monitor an der gegenüberliegenden Seite des Zimmers sehe ich ein definitives Zeichen ihrer Erregung: Ihre Pupillen werden groß wie Basketbälle.

Nachdem der experimentelle Teil unseres Tests beendet ist, betritt Beverly den Raum, und wir drei setzen uns zusammen, um alles noch einmal durchzusprechen. Beverly erklärt uns, daß Suzanne jetzt kein »naives« Subjekt mehr ist und wir deshalb unsere Hypothesen vor ihr nicht mehr geheimhalten müssen. Wir können uns jetzt entspannen und jeden alles, was wir wissen wollen, fragen. Suzanne soll uns als erstes etwas über ihre Chakra-Orgasmen erzählen.

»Während des genitalen Teils hatte ich definitiv Orgasmen in meinem Becken. Ich spürte die Kontraktion – zuerst vaginale und dann uterine, als ich den Vibrator benützte. Das würden Sie wohl als »normale« Orgasmen bezeichnen, solche, bei denen ich zuerst anspanne und dann alles loslasse.«

»Während meine Phantasie durch dieses Band gesteuert wurde, kam die Entladung in mein Herz-Chakra. Mein ganzer Brustkorb wurde immer wärmer und dann öffnete ich mich einfach. Alles fand mehr oder minder über der Gürtellinie statt. Ich fühlte mich ungeheuer selig, ein Gefühl der Liebe floß aus meiner Brust durch Arme und Fingerspitzen. Deshalb habe ich wahrscheinlich kaum etwas von Ihren Fingerspitzenmessungen registriert.« Weil es sie vielleicht interessiert, erklären wir ihr, daß die Frauen, die wir vor ihr testeten, ebenfalls einen dramatischen Rückgang des Schmerzempfindens hatten, während sie das Band hörten, auch wenn sie den Fluß ihrer Orgasmen nicht so genau nachzeichnen konnten.

Beverly fragt: »Was ist während des dritten Teils des Tests passiert, als Sie sich durch Ihre Phantasie selbst stimulierten?«

»Also das war wirklich sehr interessant.« Suzanne lacht. »Der Orgasmus fand in meinem Hals statt. Ich war auf einer Bootsfahrt mit Tony und war so verliebt in ihn. Ist es Ihnen schon mal passiert, daß Sie vor lauter Liebe nicht mehr denken können? Als hätten Sie den Stecker aus dem

Kopf gezogen. Genau das ist passiert. Alles passierte in meinem Hals. Und in meinen Augen. Am Schluß fühlte ich es hinter meinen Stirnhöhlen und Augen.«

»Was genau haben Sie denn gefühlt?« fragen wir im Chor.

»Ich fühlte Schönheit und Anmut. Ich spürte, wie all meine Kräfte sich sammelten und in Bewegung gerieten. Man könnte wohl sagen, ich spürte es wie einen kommenden Erdrutsch.«

Und dann, wie unsere Daten so bereitwillig dokumentierten, kam er tatsächlich.

Suzanne hat auch Fragen an uns. »Ich spüre es, wenn ich mir einen abdenke, also weiß ich auch, daß es passiert«, sagt sie. »Aber wie geht das? Gibt es eine wissenschaftliche Erklärung für das, was dabei physiologisch vor sich geht?«

Beverly gibt zu, daß diese Studie bisher die einzige Labortestreihe ist. (Dank der Studie gibt es jetzt zum erstenmal einen mit Zahlen belegten Beweis, daß Frauen nach Lust und Laune durch bloßes Denken Orgasmen herbeiführen können, ohne körperliche Stimulation der Genitalien oder irgendeines anderen Körperteils. Dank Dr. Suzanne und den anderen war es uns möglich, unwiderlegbare Anzeichen für solche Orgasmen zu dokumentieren: erhöhte Herzschlagfrequenz, systolischer Blutdruck, Pupillendurchmesser genauso wie Schmerztoleranz verbunden mit großer Hautempfindlichkeit.[13]

»Darüber hinaus können wir Ihnen keine wissenschaftlichen Daten zur Beantwortung Ihrer Frage geben.«

Wir weisen darauf hin, daß die Sexualwissenschaft nur wenig Interesse an den spontanen Orgasmusreaktionen von Frauen gezeigt hat, erinnern sie an die verschwindend geringen Prozentzahlen, die sowohl Kinsey als auch Hite in ihren umfassenden Arbeiten über das sexuelle Verhalten der Frauen vermerken. Wir erinnern sie auch daran, daß, abgesehen von unserer Untersuchung, Wissenschaftler bis jetzt keinerlei Erfolg bei den Versuchen hatten, spontane Orgasmen unter Laborbedingungen zu messen – offensichtlich hatten sie nicht das Glück, Dr. Suzanne und ihren Freundinnen zu begegnen.

»Aber es gibt doch eine Menge Daten über spontane Orgasmen bei Männern, nicht wahr?« fragt sie. »Ist das nicht angeblich normal? Man erwartet das doch, besonders bei jungen Männern und besonders an Plätzen, wo sie ertappt werden wie im Matheunterricht und auf den Rücksitzen von Autos. Die Armen.«

»Ja«, erwidere ich. »Und wir lachen darüber, aber manchmal ist das gar nicht komisch. Einen abdenken wird bei Männern oft verfrühte Ejakulation genannt.« Wir erinnern Suzanne daran, daß die medizinische Literatur von Berichten über diese gefürchtete Störung strotzt. Demnach wäre der Mann unfähig, seine Partnerin zu befriedigen, weil er »spontan« ejakuliert und seine Erektion verliert, bevor ausreichender Penis-Vulva-Kontakt stattgefunden hat, um die Frau zum Orgasmus zu bringen. Ich füge noch hinzu, daß es auch bekannt ist, daß Männer von der Pubertät an im Schlaf regelmäßig spontane Ejakulationen haben, auch nächtliche Ergüsse oder feuchte Träume genannt.

»Na ja, um das zu beweisen, braucht man wohl keine Labortests.« Sie lacht. »Mein Sohn ist fünfzehn, und wenn man seine Laken und seinen Pyjama sieht, ist ziemlich klar, was nachts bei ihm passiert.«

»Richtig«, stimme ich ihr zu. »So verräterische Beweise produzieren Frauen nicht. Es gibt tatsächlich Studien, die die Ansicht vertreten, Frauen würden nur sehr selten nächtliche Orgasmen erleben, weil diese ein Produkt von Hormonen wären – von männlichen Hormonen.« Ich zitiere aus einem Forschungsbericht, der davon ausgeht, daß hohe Androgenanteile feuchte Träume auslösen.[14]

»Und was sagt die Forschung über schlafende Frauen?« fragt Suzanne.

»Nicht viel.« Wieder zitiere ich aus der spärlichen Literatur. Sexualwissenschaftler haben zugegeben, daß weibliche Querschnittsgelähmte im Schlaf Orgasmen erleben können. Aber das wären auch keine erstklassigen Orgasmen mit Echtheitszertifikat, sondern nur Phantomorgasmen, »rein zerebrale Ereignisse, ohne genitopelvische Begleiterscheinungen«.[15]

»Traurig, aber wahr«, Suzanne schnaubt verächtlich und lehnt sich gegen den Pupillometerständer. »Die Sexualwissenschaft geht einfach davon aus, daß Männer die Stars unter den Akteuren sind.«

Ich stimme ihr von ganzem Herzen zu. Die Forschung, oder vielmehr der Mangel daran, verleitet die Leser dazu, sich noch eine weitere physiologische Ungleichheit zwischen Männern und Frauen vorzustellen. »Die Literatur möchte uns anscheinend dazu bringen zu glauben, daß Männer spontane Orgasmen haben können und Frauen nicht, außer wir haben Wirbelsäulenverletzungen. Und diese Orgasmen sind sowieso keine richtigen Orgasmen, diese Gefühle existieren nur in unserer Phantasie.«

»Aber Phantasie ist doch das allerwichtigste!« Suzanne lacht höhnisch. »Sie ist doch der entscheidende Faktor bei der Wahrnehmung aller sexueller Gefühle!«

Die wissenschaftlichen Daten mögen ja eher dürftig sein, aber es gibt jede Menge Frauen, die den glücklichen spontanen Orgasmus bezeugen können. Zu diesen gehören Dr. Suzanne und andere, die sich für den Laborversuch zur Verfügung gestellt haben. Dazu gehören vierundsechzig Prozent der Frauen, die ich für meine Doktorarbeit interviewte, und viele weitere Frauen, mit denen ich im Lauf der Jahre gesprochen habe. Zugegeben, diese Frauen sind nicht gerade der repräsentative Querschnitt des urbanen und ländlichen Amerikas, genausowenig wie es Maya auf ihrem Berg ist, als sie von sexueller Ekstase erzählte, oder Iris und Konsorten, die über extragenitale Stimulation diskutierten. Aber ihre Erfahrungen – ob nun im Schlaf- oder im Wachzustand – zeigen uns, wie weit die Bandbreite wirklich ist.

Viele Frauen, die Sex lieben, erleben im Schlaf Orgasmen, ohne Rücksicht auf den Androgenpegel. Einige berichten, das wäre nur ein- oder zweimal in ihrem Leben passiert, andere sprechen von einer gewissen Regelmäßigkeit: immer, wenn sie besonders glücklich sind, kurz vor ihrer Periode, oder einfach so, in bestimmten Abständen. Sandra, Mutter von vier Kindern, Wirtin und Bäckerin, deren Leben mit Geschäftigkeit und Wärme erfüllt ist, sagt: »Ich habe Phasen, in denen mein Schlaf aufregender ist als mein Wachzustand – ich fühle mich lebendiger, aufgeschlossener. Psychisch tut sich dann sehr viel bei mir, ohne daß ich eine Kontrolle darüber hätte, dazu gehört auch, daß ich mich sexuell öffne. Manchmal kommen Träume dazu, aber meist ohne bestimmten Inhalt, es geht nur um Gefühle.«

Die Autorin Judy Grahn bestätigt mit der Schilderung ihrer Schlaforgasmen die »wissenschaftliche« These von einem Fehlen genitaler Reaktionen, betont aber, wie lustvoll diese Erlebnisse waren: »Ich wurde schon ab und zu von Orgasmen im Schlaf, die begleitet waren von erotischen Träumen, geweckt. Und wenn ich dann nach meiner Vulva griff, um die angenehmen Empfindungen fortzusetzen und möglicherweise eine zweite Portion davon zu kriegen, entdeckte ich, daß meine Klitoris brav in ihrem Vulvabett steckte und nicht heiß, nicht geschwollen, nicht empfindlich, ja nicht einmal wach war. Der Orgasmus hatte nicht in meiner Klitoris oder sonst irgendwo in meinem Körper stattgefunden, sondern in meinem Kopf.«[16]

Andere Frauen berichten, wie sie ihren Verstand in wachem Zustand einsetzen, um sich einen abzudenken, einige können das auch bis zu einem gewissen Grad steuern. Sie spielen vielleicht nicht alle in Dr. Suzannes Liga, sind aber trotzdem gute Spielführer, was den Einsatz von Meditation und Phantasie betrifft: »Ich male mir zum Spaß die ausgefallensten Szenarios aus.« »Ich schaffe mir eine gewisse Atmosphäre, indem ich mich in sie hineindenke.« Andere Frauen lassen einfach der Natur ihren Lauf. »Ich habe keine Ahnung, wie ich da hineingerate«, sagt Carol, die auf einer Farm lebt und ihren Lebensunterhalt mit dem Trainieren von Pferden verdient. »Manchmal kommt es mir so vor, als würde ich gerade aufwachen oder eine bestimmte Art von Film sehen.«

Jeder will anscheinend wissen, woran Frauen denken, wenn sie sich einen abdenken. Einmal fragte mich ein Interviewer im Fernsehen: »Denken sie denn an ihre Männer?«

Ja, sie denken an ihre Männer. Und sie denken auch an die Männer anderer Frauen, an Freundinnen, Liebhaber, Filmstars und den schnuckligen Typen mit den breiten Schultern, der das Loch in der Straße vor dem Bürofenster ausbessert. Ihnen kommen Melodiefetzen in den Sinn oder das Schimmern des Lichtes an einem Frühlingsmorgen. Genau wie Suzanne denken sie praktisch an alles, angefangen von Gruppensex bis zum Abtauchen in einer goldenen Wolke. Kurzum, sie denken an das, was sie anmacht.

Und paradoxerweise denken sie auch an das, was sie abstößt. Frauen haben die Fähigkeit, sich daran zu erregen, was sonst wie eine kalte Dusche wirkt: peitschen, schlagen, beißen und Ketten um den Hals. Sie können Gedanken im Kopf spielerisch verkehren, so daß sie sogar von den Dingen, die sie abstoßen, angemacht werden. Dabei fällt mir Betsy ein, eine Kollegin, die ebenfalls in der Sexualwissenschaft tätig ist. Zu ihren erfolgversprechendsten erotischen Phantasien gehört die Vorstellung, mit schwarzen Lederriemen gefesselt zu werden und an einem genieteten Hundehalsband an der Leine herumgeführt zu werden. Es gibt auch Frauen, die beängstigende Erinnerungen an Vergewaltigung und Mißbrauch einsetzen, um sich zum Orgasmus zu bringen.

Einige Frauen sagen, sie könnten sich sogar einen abdenken, wenn die Stimulation nicht sonderlich erregend oder erotisch ist: »Ich saß an meinem Schreibtisch und schrieb über intensive, bewegende Gefühle«, sagt Moira, eine Familientherapeutin, die in einer Drogenklinik arbeitet. »Ich spürte, wie eine heftige Erregung sich in mir breitmachte, und ließ mich einfach gehen.« Michelle erzählt mir, daß sie die Natur liebt. »Ich brauche nur in der prallen Sonne zu liegen und schon geht's bei mir los. Wenn die Wärme jeden Zentimeter meiner Haut durchdringt, fühle ich mich, als würde ich schmelzen und ein Teil des Universums werden.«

Außerdem gibt es auch Frauen, die berichten, daß sie die Nichtberührungstechnik mit einem Partner praktizieren: einen Liebesbrief lesen, miteinander telefonieren, sich Blicke durch ein mit Menschen überfülltes Zimmer zuwerfen. »Das ist ein Gefühl, als kriege man eine telepathische Massage«, sagt Jess, eine der Frauen aus dem ersten Interview. »Ich brauche ihn nicht einmal zu berühren. Wenn er in der Nähe ist, fühle ich mich einfach anders, mein Körper kribbelt vor Liebe.«

Arlene, eine Physiotherapeutin, hat ausdrücklich Experimente mit solchen telepathischen Massagen gemacht. Sie bezeichnet sich selbst als »Mittler« (»und natürlich eine wunderbare Liebhaberin«) und hat die Fähigkeit, in ihrer Partnerin eine Art organisierte Erregung zu inszenieren, die an Dr. Suzannes Demonstrationen, wie sie Orgasmen in ihren Chakras heraufbeschwören kann, erinnern. »Es ist altruistisch und dabei ungeheuer kraftvoll«, sagt Arlene, als sie mir schildert, wie sie die Aura ihrer Geliebten streichelt, um Orgasmus und Ekstase auszulösen. »Ich lasse einfach meine Hände über sie gleiten, sehr, sehr langsam, nur ein paar Zentimeter über ihrer Haut. Das erregt sie ungeheuer, und sie kommt, manchmal viele Male hintereinander. Die meiste Energie scheint sich bei ihr auf das Becken und den Hals und den Bereich ihres Herzens zu konzentrieren. Meist lieben wir uns mit dem Körper, aber manchmal ist es wunderbar, wenn sich unsere Auren vereinen und wir sie spielen lassen.«

Mittlerweile bin ich zu der Überzeugung gekommen, daß das Phänomen, über Phantasien zu einem Orgasmus zu kommen, viel verbreiteter ist, als es die Literatur über Sexualität dokumentiert. Ich gönne mir eine kleine gedankliche Spielerei mit Dr. Suzanne, während wir im Labor den vorangegangenen Versuch besprechen. Sie hat sich von ihrem Hochsitz auf dem Bett erhoben, steht da und läßt die Finger über das Plastik des Pupillometers gleiten.

»Nehmen wir doch mal an, Frauen ist das Vermögen angeboren, ihren ausschweifenden Phantasien freien Lauf zu lassen, man es ihnen aber über die Jahrhunderte hinweg verboten hat.«

»Sonst würden wir als sexbesessene Hexen bestraft.« Suzanne weiß genau, was ich meine. »Und so waren wir gezwungen, diese Fähigkeit geheimzuhalten und nicht ans Tageslicht kommen zu lassen. Im kollektiven inneren Sanktissimum unseres sexuellen Bewußtseins.«

»Und nehmen wir doch an, dieses Geheimnis phantasiebegabter Frauen wäre eine Quelle von Kraft«, fahre ich fort. Allmählich komme ich in Fahrt. »Befriedigung durch Berührung ist eine Möglichkeit, sexuelle Energien anzuzapfen, ohne durch einen Partner bestimmt zu werden, selbst wenn das Erlebnis möglicherweise in Anwesenheit eines Partners stattfindet. Es ist eine Möglichkeit, die spirituelle Energie heraufzubeschwören, die Körper, Verstand und Gefühl verbindet. Frauen können das zu jeder Zeit an jedem Ort machen, weil es nur in den Köpfen stattfindet. Oder in all den Chakras.« Ich nicke Suzanne zu. »Das hat etwas von einer Parthenogenesis: die Kräfte fließen nur innerhalb der Frau, die ganze Zeit über.«

»Genauso empfinde ich das«, sagt Suzanne. »Meine sexuellen Gefühle gehören mir allein. Sie empfangen sich selbst in meinem Gehirn und wachsen in meinen Sinnen heran. Sie werden durch meinen Körper geboren. Ich fühle mich wie Liebhaberin und Geliebte, als ob ich mich selbst nähren würde. Es ist buchstäblich eine Wiedergeburt.«

Für einige Frauen kann das im ersten Augenblick verwirrend und beängstigend sein. Aber Suzanne sagt, sie findet es berauschend: »Ein Einssein mit dem Geist, wie wenn man an einem Herbstnachmittag durch die Wälder spaziert oder singt oder von einem Gemälde gebannt ist. Als wäre man eins geworden mit dem Strom des Lebens.«

Suzanne und die anderen Frauen schildern, wie sie zu ihren eigenen Geliebten werden: »Wenn ich so für mich alleine komme«, sagt Suzanne, »wird mir klar, wie stark ich bin. Ich muß bloß dran denken und schon geht's ab! Das ist etwas, das mir keiner nehmen kann. Selbst wenn ich wie meine Großmutter in einem katholischen Pflegeheim ende, werde ich meine Geheimwaffe haben. Und keiner ahnt etwas davon!«

»Und es liegt auf der Hand«, füge ich hinzu, »daß die Fähigkeit, mit dem Kopf zu kommen, eine völlig neue Perspektive auf die Möglichkeiten für Safer Sex eröffnet: Lust ohne Risiko!«

Die Vorstellungen der Gesellschaft und meine eigenen

Zwar ist es eine anerkannte Tatsache, daß das Gehirn das wichtigste Sexualorgan ist, aber es gibt kaum Informationen darüber, wie die Vorstellungskraft sich auf die Sehnsüchte, die Vorlieben und Handlungen von Frauen auswirkt. Auch jenseits der Frage, ob Phantasien zum Orgasmus führen können oder nicht, geistern noch genügend Mythen über die Geschlechter rum. Nancy Fridays Bücher haben viel dazu beigetragen, den Mythos, daß Frauen keine sexuellen Phantasien hätten, zu zerstören.[17] Trotzdem existiert immer noch der Glaube, daß Frauen durch sexuelle Phantasievorstellungen längst nicht so erregt werden wie Männer – wie er auch von namhaften Sexualforschern vertreten wird.[18]

Ein Grund für das scheinbare Desinteresse von Frauen könnte sein, daß fast alles, was mit dem Etikett *Sexuelle Wunschträume* versehen ist, dem Reich des Mannes zugehörig ist – die Buchläden nur für Erwachsene, die Pornokinos, die Herrenwitze und seit neuestem die Telefonsexspots spätnachts im Kabelfernsehen. Es stimmt, Frauen haben weder besondere Freude daran, sich auf den hinteren Sitzen eines Pornokinos einen runterzuholen, noch haben sie das Geld für die teuren Kontakttelefonate, selbst wenn sie darauf Lust hätten.

Was machen die Frauen statt dessen? Einige Frauen gehen einfach ihrer Wege und ignorieren dieses Kaliber sexueller Wunschträume. Andere kämpfen aktiv dagegen. Sie tun sich zusammen und gründen Organisationen wie WAP in Amerika oder Por No in Deutschland – Frauen gegen Pornographie. Ein Marsmensch, der auf der Erde landet und das alles sieht, ohne die Gründe dafür zu kennen, muß denken, Frauen wären in den Startlöchern hängengeblieben, was den Sexphantasien-Parcours angeht. Wenn der Marsmensch sich nicht ein Magazin wie *On Our Backs* abonniert oder sich ein von einem weiblichen Regisseur gedrehtes erotisches Video der Femme- oder Tigris-Produktion ausleiht, ist es nicht weiter verwunderlich, wenn er zu dem Schluß kommt, daß die Frauen der neunziger Jahre überhaupt keine sexuelle Phantasie besitzen.

Aber Frauen besitzen sie. Da ist zum Beispiel Dr. Suzanne, die die Blutdruckmanschetten während unserer Laborversuche sprengte, und die vierundsechzig Prozent der Frauen aus meinen ursprünglichen Interviews, die sagten, sie könnten ohne Berührung zum Orgasmus kommen. Da gibt es Autoren, Künstler, Fotografen und Journalisten, die Erotika für Frauen produzieren, Leute wie Jane Rule, Betty Dodson, Tee Corinne, Susie Bright und Nancy Friday.[19] Da gibt es die Produzenten feministischer erotischer Filme, die das weite Spektrum von Lust, Orgasmus und Ekstase für Frauen zeigen und das mit Anmut und oft auch mit Humor.[20] Da gibt es die Kensington Ladies Erotica – sieben lustige kalifornische Hausfrauen, die sich zusammentaten und ihre Phantasien in zwei Bestsellern niederschrieben.[21] Und schließlich gibt es auch noch die heilige Theresia von Avila, der die Heimsuchungen durch »den flammenden Pfeil Gottes« während der Gegenreformation über Jahre hinweg in der Enge ihrer Klosterzelle einen transzendentalen Orgasmus bescherten. Diese Frauen sind lebender und historischer Beweis dafür, daß Frauen eine sehr aktive sexuelle Phantasie haben und daß sexuelle Wunschträume nicht nur auf spezifische Körperteile und spezifische Handlungen beschränkt sind.

Ein weiterer Beweis für die Phantasien von Frauen sind Patientinnen wie Alice, die Probleme mit sexuellen Störungen (genauer gesagt mit sexuellen Beziehungen) haben. Sie sehen vor ihrem geistigen Auge das Schlimmste, was es beim Sex geben kann, und nicht das Beste. Sie stellen sich das Schlimmste vor, weil das ihr Bild von Sex ist, das, was sie aus ihrer Erfahrung kennen. Ihre sexuelle Vorstellungskraft verhindert ihre sexuellen Reaktionen, selbst bei einem potentiell positiven Erlebnis, sie beraubt sie ihrer Fähigkeit, sich zu behaupten, zu vertrauen, ihre Sinne zu genießen, feucht zu werden, loszulassen. Und solange sie sich weiterhin immer nur das Schlimmste vorstellen, kann Sex für sie nicht gut sein, denn Lust, Orgasmus und Ekstase gedeihen nicht in einem Klima von Angst und Sorge.

Suzanne war während meines Monologs im Labor auf und ab gelaufen und dehnte und streckte ihren Körper wie eine Katze. »Ich habe so viele Fragen«, sagt sie. »Wie kommt es, daß manche Vorstellungen auf die eine Frau wahnsinnig erotisch und auf die andere wie eine kalte Dusche wirken? Woher kommen sexuelle Wunschbilder und wohin gehen sie? Es muß doch Filter geben, die wir dazu einsetzen, das, was da draußen passiert, zu übersetzen – die Erotika, die Pornographie, die Deowerbungen und das ganze Zeug. Was sind sie?«

Auf diese Fragen gibt es keine im Labor eruierten Antworten, nur ein paar Annahmen. Ich glaube, die Wirkung der Wunschbilder variiert, abhängig vom Auge des Betrachters. Die genaue sexuelle Reaktion auf einen vorgegebenen Stimulus sexueller Phantasien ist individuell verschieden und nicht vorhersehbar. Durch die jahrelange Arbeit mit diesem Material habe ich mir ein Modell zurechtgebastelt.[22] »Ich wette, dieses Modell illustriert genau das, was mit Ihnen passierte, als wir unsere Messungen vornahmen«, sage ich zu Suzanne.

»Nehmen wir an, es gibt zwei Klassen von Bildern. Die einen sind die inneren Bilder: selbsterzeugte Wunschträume, wie zum Beispiel sexuelle Phantasien, goldene Wolken, Trips mit einem Geliebten, was immer gerade in Ihnen vorgeht. Das zweite sind äußere Bilder: Bilder, die von außen produziert werden, zum Beispiel durch Magazine, Videos, einen schönen Körper, den man auf der Straße sieht oder durch ein Band wie das, welches Sie gerade gehört haben.«

Ich glaube die Phantasien von Frauen entstehen in einem Wechselspiel von innerlichen und äußerlichen Bildern. Das ist vergleichbar mit dem Prozeß des Atmens. Einatmen und Ausatmen stehen in einem fließenden Gleichgewicht – jedes ist für sich ein Ganzes und dennoch sind sie voneinander abhängig, damit der Zyklus in Gang bleibt. Und hier gibt es statt des Austausches von Sauerstoff und Kohlendioxid einen Austausch von Bildern, einen ständigen Wechsel von Introjektion und Projektion.

Ich wende mich an Suzanne. »Ich erklär's Ihnen anhand eines Beispiels. Als Sie sich im ersten Teil des Tests das Band anhörten, atmeten Sie ein bzw. introjizierten Bilder von außen. Und dann atmeten Sie diese Bilder quasi aus, das heißt, Sie projizierten Ihre eigenen inneren Bilder auf das, was Sie von dem Band hörten. Sie wiederholten diesen Vorgang immer wieder, ließen die Worte des Bandes in Ihr Bewußtsein eindringen und projizierten dann Ihre eigenen inneren Bilder auf das Band. Diesen Wechsel zwischen Introjektion und Projektion hielten Sie etwa zehn Minuten durch. Als würden Sie die Bilder ein- und ausatmen.«

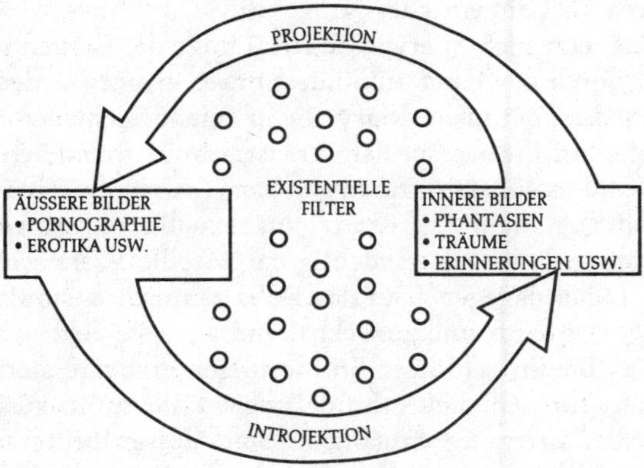

ÄUSSERE UND INNERE SEXUELLE BILDER
(PORNOGRAPHIE UND EROTIKA, PHANTASIEN,
TRÄUME, ERINNERUNGEN):
DER PROZESS VON PROJEKTION UND INTROJEKTION

Während ich rede, skizziere ich für Suzanne ein Diagramm. »Man kann diesen Vorgang auch in einer Grafik veranschaulichen. Stellen Sie sich das Diagramm als Mobile vor, das ständig in Bewegung ist durch den Austausch von Energie.«

»Aha«, sagt Suzanne, »so lief das also ab, als das Band bei mir all diese Erinnerungen und Phantasien auslöste.«

»Genau. Es war einfach eine endlose Reihe von Suggestivbildern und so angelegt, daß Sie sie ergänzen und umstrukturieren konnten. Wobei es keine Rolle spielte, ob Sie das bewußt machten. Sie schnitten das, was Sie da hörten, auf sich zu und paßten es Ihren Vorstellungen an. Je erregter Sie wurden, desto stärker und klarer wurden diese Projektionen. Der Kreislauf von Projektion und Introjektion kam dann irgendwann richtig in Schwung. Ein klassisches Beispiel dafür, was Sie *einen abdenken* nennen.«

Suzanne kichert bei dem Gedanken, wie heftig sie sich in ihr Kontinuum von Lust, Orgasmus und Ekstase hineingedacht hatte – allein durch den Energieaustausch, den das Band ausgelöst hatte. »Hat das Band alle Frauen bei diesem Test angemacht?« fragt sie.

»Bis jetzt nicht«, erwidere ich. Einige der Frauen waren zwar durch das Band zumindest etwas erregt worden, andere jedoch gar nicht. Mary, die in einem Buchladen arbeitet, der auf Erotika spezialisiert ist, war fast eingeschlafen, das Band sei für sie zu zahm gewesen. Sie sagte, sie bräuchte ein bißchen mehr Aufregung, um sexuell erregt zu werden – dröhnende Musik, eindeutig dargestellte Szenen und so fort. Lilian dagegen fand das Band ziemlich anstößig, obwohl es so sanft und zurückhaltend war. Sie beklagte sich, weil es bei ihr schlechte Erinnerungen erzeugte statt erotischer. Ihr war die Aufforderung an alle zum Ausdruck sexueller Erregung entgangen. Statt dessen hörte sie die Stimme ihres abweisenden Onkels, des Priesters. Er stand hinter ihr und zischte, sie wäre »ein unartiges kleines Mädchen«. Sie projizierte Erinnerungen an Angst und Erniedrigung in die Worte auf dem Band.

Suzannes Frage hat einen interessanten Punkt über sexuelle Vielfalt zur Sprache gebracht. Frauen, die Sex lieben, können sehr verschiedene Reaktionen auf dasselbe sexuelle Phantasiebild haben, gleichgültig ob es ein Band, ein Film, ein Körper oder etwas anderes ist. Wie kommt es, daß Suzanne und diese anderen Frauen alle Sex lieben und trotzdem so verschiedene Reaktionen auf das gleiche Phantasiegebilde haben?

Ich zeige auf das Diagramm. »Sehen Sie sich an, wie verschieden sich sexuelle Wunschbilder bei Frauen auswirken. Fangen Sie mit den inneren Bildern an – Erinnerungen, Phantasien, Träume.«

»Sie meinen wohl die Bilder, die uns dazu gebracht haben, uns im Labor einen abzudenken, die, die Frauen dazu bringen, Gruppen zu gründen und Bestseller zu schreiben wie die Kensington Ladies!« Suzanne lacht.

»Auch die, die für andere Frauen wie eine kalte Dusche sind«, erwidere ich. »Die, die furchtbare Erinnerungen an den Tag bringen. Die Art, die beschämt und verängstigt.«

Als bewußt lebende Frau und Soziologieprofessorin weiß Suzanne, daß nicht alle innerlichen sexuellen Wunschbilder positiv sind oder eine positive Wirkung haben. Sie können auch die Negativität beinhalten, die von zischenden Onkeln, von beherrschenden Partnern und Familien ausströmt und von der Kultur: religiöse Verbote, verzerrte Botschaften, Erfahrungen mit Mißbrauch, verlorengegangene Selbstachtung. Die meisten Frauen in unserem Kulturkreis können dem einfach nicht entkommen. Auch Frauen, die Sex lieben und keine Probleme mit ihrer Sexualität haben, erzählen von genau solchen Erinnerungen, Phantasien und Träumen, die wir im allgemeinen von Patienten mit sexuellen Beschwerden hören. Aber sie reagieren anders darauf. Ich habe das Gefühl, daß Frauen, die Sex lieben, gelernt haben, die negativen Effekte weitgehend zu minimieren, so daß die sexuelle Stimulation sie stärkt und nicht Energie nimmt.[23]

Ich zeige erneut auf das Diagramm. »Wie steht es nun mit den Bildern, die von außen kommen? Die meisten Frauen, die mit mir über ihre schönsten sexuellen Erfahrungen gesprochen haben, sagen, daß sie zu irgendeiner Zeit in ihrem Leben erotische Bilder, Geschichten oder Filme benutzt haben, um sich zu erregen oder ihre Lust zu steigern. Sechsundachtzig Prozent der Frauen aus meinem ersten Interview sagten, das träfe auf sie zu.«

»Aber Frauen haben nicht immer die Möglichkeit, sich die sexuellen Bilder auszusuchen, die sie ansprechen«, wirft Suzanne ein. »Da draußen kursiert soviel Mist und ist Teil unseres Lebens, egal ob wir das mögen oder nicht.«

Sie meint die Bilder, mit denen Frauen täglich konfrontiert werden und die Meßpegel für Wert und Selbstwertgefühl der Frau sind. Es sind die sexistischen Bilder von Gewalt, Inzest, Vergewaltigung, es sind die Anzeigen, die Frauenkörper benutzen, um Produkte zu verkaufen und uns »sanft töten«, wie Jean Kilbourne sagt.[24] Und sie meint damit Pornographie und Erotika. Frauen, die Sex lieben, charakterisieren Pornographie im allgemeinen als eine Form von Sex, die über Macht, Gewalt und Objektivation funktioniert – kurzum, sie finden sich darin nicht wieder. Sie sagen, der pornographische Standpunkt wäre beschränkt und auf Männer ausgerichtet, genauer gesagt auf den Penis.

»Erotika«, sagt Suzanne, »sind da schon anders als reine Pornographie. Sie sind sanfter, voller Gefühle, von ihnen fühle ich mich nicht angegriffen. Und es geht nicht nur um die Befriedigung der Männer, Frauen wird genauso etwas geboten, womit sie sich identifizieren können. Außerdem sind sie vergnüglich. Sie machen Spaß. Erotika gehören zu den Dingen, die man sogar als Feministin auf dem Nachttisch haben darf.«

Im Laufe unseres Gesprächs über die Unterschiede zwischen Pornographie und Erotika fällt der entscheidende Begriff: Subjektivität.

»Wenn jemand versucht, einem einzureden, objektive Definitionen existierten tatsächlich«, sage ich, »so ist das eine ganz und gar subjektive Behauptung. Bei der sexuellen Vorstellungskraft geht es um Emotionen. Wie kann es da Objektivität geben?«

»So etwas wie Präzedenzfälle gibt es bestimmt«, stimmt Suzanne mir zu, »aber keine objektiven Definitionen. Was ist also mit den Filtern für all diese sexuellen Wunschbilder. Was sind sie laut Ihrem Modell?«

»Wir haben darüber diskutiert. Das Leben ist ein existentieller Filter, und alles, was passiert, beeinflußt unsere sexuelle Reaktion auf Bilder. Unsere Empfindungen, unsere Erwartungen, unsere Bedürfnisse, das ganze Drehbuch unseres Lebens. Alle unsere Erfahrungen aus Vergangenheit, Gegenwart und Zukunft sind prägend, genauso wie unsere Phantasien, Träume und Erinnerungen.«

»Erinnerungen«, sagt Suzanne nachdenklich. »Erinnerungen färben alle diese Filter ein. Und das betrifft nicht nur das, woran ich mich mit dem Kopf erinnere – zuerst ist dies passiert und dann das. Meine Erinnerungen kommen auch aus meinem Körper, als hätte mein Körper ein Eigenleben. Ich habe verschiedene Stufen von Erinnerungen für jedes Chakra. Die können schließlich eine sehr spirituelle Ebene erreichen, wie vorhin zum Beispiel, als ich in das goldene Licht eintauchte. Wenn man sexuelle Reaktion und Erinnerung mischt, hat man ein Gefühl von Ganzheit, die Erinnerungen verbinden dann Vergangenheit und Zukunft. Man könnte fast sagen, es sind Erinnerungen an kommende Ereignisse!«

»Ihre Sinne sind die Filter, jeder einzelne von ihnen«, fahre ich fort. »An ihnen empfinden wir Lust und Schmerz, außer sie sind irgendwo unterwegs abgestumpft oder man hat sie durch einen Unfall oder Krankheit verloren.«

»Mein Geruchssinn ist für mich ein sehr starker Filter. Welche Freuden beschert er mir – sogar hier!« Suzanne saugt genüßlich die Kellerluft des Labors ein und lächelt. »Das klappt auch mit den anderen Sinnen. Es gibt Zeiten in meinem Leben, in denen ist alles mit Eros aufgeladen. Ich kann sogar in Ekstase geraten, wenn ich einfach dasitze und mir ansehe, wie sich meine Katze am Küchenfenster sonnt.«

»Genau, und das, was einem nicht gefällt, passiert auch diese Sinnesfilter. Wenn Sie auf dem Teppich kauern und

Kätzchens ausgegangene Haare einsammeln, ist das wahrscheinlich nicht der geeignete Moment für einen romantischen Anfall Ihres Mannes. Da sind Sie einfach nicht bei der Sache.«

»Und es muß Situationen geben, in denen überhaupt kein Bild sexuelle Reaktion auslösen kann«, kontert sie.

»Das kann bei schwerer Krankheit der Fall sein. Man braucht dann seine gesamte innere Kraft für die schwere Aufgabe der Genesung.«

»Oder wenn eine Frau mißbraucht oder verletzt wird, dann schottet sie sich einfach ab.«

»Ja genau, und wenn sie sich wieder öffnen will, werden ihr ihre Phantasien helfen, sich wieder stark und selbstbewußt zu fühlen.«

»... wunderbare Bilder«, sagt Suzanne nachdenklich. Sie hat jetzt auf Modus kooperativ geschaltet. »Wissen ist Macht, und für Frauen kann das Wissen darum, wie Sex funktioniert, ein sehr starkes Aphrodisiakum sein.«

»Ein positives Partnererlebnis ist auch ein tolles Wunschbild«, füge ich aus meiner Perspektive als Therapeutin hinzu. Eine Frau kann es in die Erinnerung einschalten, besonders wenn die Beziehung noch besteht. Abgesehen von dem grenzenlosen Potential im Bett kann ein positiver Partner ein wichtiger Begleiter auf dem Weg einer Frau zu sexueller Genesung sein. Alice' Verwandlung zum Beispiel wurde durch die gleichzeitige Verwandlung ihres Mannes Frank sehr unterstützt.

Was einer mißbrauchten Frau aber ganz bestimmt nicht weiterhilft, da sind wir uns einig, sind sexuelle Phantasien, die sie noch mehr mißbrauchen. Wir leiern eine ganze Litanei dieser Bilder herunter, angefangen von den Centerfolds zum Aufhängen bis zu dem inzwischen historischen Titelbild des *Hustler*, auf dem eine Frau in Stilettos und Netzstrümpfen durch einen Fleischwolf gedreht wird und als Hackfleisch unten wieder rausfällt.

Es gehört nicht sonderlich viel dazu zu begreifen, daß Frauen von Bildern, die ihr Leben aufwerten, sexuell erregt, und von Bildern, die sie abwerten und verkleinern, kaltgelassen werden. Leider ist es nicht immer so einfach. Wenn Sex eine gesellschaftliche Konstruktion ist, dann sind es sexuelle Phantasien auch. In unserem Kulturkreis werden Frauen mit Bildern bombardiert, deren Aussage ist: sexy heißt schwach, gefügig, von anderen gelenkt, sogar gefesselt, eingesperrt, verängstigt und verletzt zu sein. Für einige Frauen sind solche Fleischwolfbilder ein Aufgeiler, der bis zum Orgasmus führen kann.

Ich erzähle Suzanne von einer Kollegin, die ich über sexuelle Wunschbilder befragte. Clara bezeichnet sich selbst als aufrechte Feministin. Ich weiß, daß ihr Alltag von wohlverdienter Selbstachtung erfüllt ist, aber als ich sie fragte, welche Vorstellung bei ihr ganz bestimmt zum Orgasmus führe, sagte sie: »Ich habe eine Erinnerung an die Zeit, in der ich etwa acht Jahre alt war. Ich sitze auf der Treppe, und meine Mutter wird von meinem Stiefvater auf dem Eßtisch festgehalten, während seine Kumpel sie vergewaltigen.«

An dieser Phantasie erregte sie sich regelmäßig, konnte mir aber nicht in die Augen sehen, als sie mir das erzählte, am ganzen Leib zitternd.

»Sie muß sich so verraten und verängstigt gefühlt haben«, erwidert Suzanne. »Und sie muß sich immer noch so fühlen. Was ich nicht begreife ist, wie einige Frauen – sogar ausgewiesene Feministinnen –, wie sich solche Frauen durch Bilder, die so weh tun, erregen und sogar zum Orgasmus bringen können?«

Suzanne hat eine entscheidende Frage aufgeworfen: Was bringt normale, höchst intelligente Frauen dazu, sich ständig, fast rituell, sexuelle Lust durch Schmerz zu holen?

Als Antwort zeige ich auf das Diagramm: »Wenn um uns nur Leid ist, dann setzen sich daraus auch unsere projizierten Wunschbilder zusammen. Wir nehmen es auf und machen es zu unserem eigenen verinnerlichten Wunschbild.«

»Wie können Frauen in diesen Prozeß eingreifen?« fragt Suzanne. »Welche Möglichkeiten haben wir denn?«

»Ich glaube, wir haben einige Möglichkeiten, also abgesehen von denen, sich dem Schmerz zu beugen oder das gesamte soziale Gefüge der Sexualität zu verändern. Eine Möglichkeit ist zu verneinen, sie wird zumindest so verstanden, weil sie mit Wut zu tun hat, und brave Frauen haben nicht wütend zu sein. Diese Möglichkeit wäre: schimpfend aus dem Film ab achtzehn stapfen, sich lauthals zu wehren, Protestmärsche gegen Bilder zu veranstalten, die verletzen. Man kann auch versuchen, in einer Therapie die Erinnerung an die Vergewaltigung der Mutter durch eine ganze Horde von Männern abzuladen.«

»Sie meinen, die Imagemache kurzschließen«, sagt Suzanne. Solches Kurzschließen verhindert jegliche Verinnerlichung sexueller Bilder. Diese Methode ist altbewährt, unterstützt aber auch die Legende, daß Frauen nicht durch sexuelle Wunschbilder angemacht werden und keine sexuellen Phantasien haben.

Eine eigene Vorstellungswelt zu entwickeln und zu verbreiten, wäre eine zweite Möglichkeit, das haben zum Beispiel die Kensington Ladies oder die Frauen von Femme und Tigris gezeigt. Die Methode ist bejahend, produktiv, sie ist anziehend und bedroht das gesamte Establishment, angefangen von den Gesetzesmachern bis hin zu diesen sensiblen New-Age-Typen, die unsere Partner sein wollen. Das kann für uns natürlich unangenehm werden, denn es weckt ihren Zorn.

»Haben wir denn nicht das verfassungsmäßige Recht zu veröffentlichen, was immer wir wollen?« fragt Suzanne.

»Klar haben wir das, aber das Establishment hat das Geld und die Macht, uns geschäftlich den Garaus zu machen, wenn wir versuchen, dieses Recht durchzusetzen«, erwidere ich, eingedenk der Kämpfe, die die weiblichen Filmemacher auszufechten haben, um weiterhin qualitativ hochwertige Arbeiten produzieren zu können.[25]

Eine andere Möglichkeit ist weniger spektakulär, aber sie hat sich meiner Meinung nach auch bewährt und hat mindestens so viele Konsequenzen für die Gesellschaft wie die anderen. Es geht darum, die Auffassung von sexuellem Schmerz zu verändern. Dabei werden die sexuellen Vorstellungen und Bilder, die Schmerz verursachen, aufgenommen und heimlich, still und leise in solche verwandelt, die Lust bereiten. Das heißt, Schmerz wird als Stimulans für sexuelle Erregung eingesetzt und nicht für defensiven Rückzug – das Adrenalin, das durch die Angst ausgelöst wird, dient der sexuellen Erregung.

Diese Methode setzt meine Kollegin Clara ein, wenn sie sich immer und immer wieder auf die Kindheitstreppe ihrer Phantasie begibt und die schreckliche Szene zwischen den Geländern als sexuelle Stimulans heraufbeschwört.

»Wenn man sich das so überlegt«, sagt Suzanne, »dann ist die Fähigkeit, Schmerz in Lust zu verwandeln, ein ziemlich guter Trick. Ein mißbrauchtes kleines Mädchen betritt eine Telefonzelle und kann sie als Wonder Woman mit einem Zauberarmband wieder verlassen.«

Ich bin mir mit Suzanne, der Soziologieexpertin, einig. Frauen haben diese Methode entwickelt, um in einer sozialen Ordnung überleben zu können, mit der wir oft auf Kriegsfuß stehen oder die uns zumindest für unser Genießen sexueller Freuden bestraft.

Aber ich muß ihr zugestehen, daß dies immer noch nicht die Lösung aller Probleme ist. In Boston, wo ich aufwuchs, haben wir ein Sprichwort, eines, das aus der Armut und dem steinigen Boden Neuenglands geboren wurde: *Brauch es auf, trag es auf, begnüge dich damit oder verzichte darauf.* Genau das machen einige der Frauen, die Sex lieben, wenn sie sexuelle Wunschbilder entmachten. Um in den Genuß sexueller Lust zu kommen, begnügen sie sich mit Bildern aus zweiter Hand. Aber diese Bilder fordern ihren Tribut auf Kosten der Selbstachtung einer Frau.

Wenn ich über Suzanne und die anderen Frauen nachdenke, die sich freiwillig für unseren Labortest meldeten, über ihre erhöhte Schmerzschwelle beim Orgasmus, den Anblick ihrer weiten, pulsierenden Pupillen, die dramatischen Sprünge von Blutdruck und Puls auf dem Monitor, dann kriege ich Respekt vor ihnen. Ihre Orgasmen auf Kommando sind an sich schon erstaunlich. Aber ich kenne auch die Geschichten dieser Frauen – keine von ihnen hat ein sonderlich leichtes Leben gehabt und einige haben große Verluste und Rückschläge hinnehmen müssen, manche Vergewaltigung und Inzest. Mich erstaunt diese innere Entschlossenheit und Stärke, die ihnen trotz persönlicher Wirren ein so sicheres und klares Gefühl für ihre eigene Lust gegeben hat.

Und ein warmes Gefühl von Kameradschaft durchströmt mich, ähnlich dem, das man auf nächtlichen Busfahrten zu Demos mit Freiheitsliedern auf den Lippen entwickelt hat. Bei dieser Sache geht es um uns. Wir sind die ersten, die solche Phänomene untersuchen. Vielleicht kann diese Arbeit anderen Frauen helfen, Frauen, die unfähig sind, sich lustvoll zu berühren, weil sie verletzt oder mißbraucht wurden oder eine Gehirnwäsche erlitten haben, auf Grund derer sie glauben, daß es sündig oder krank sei, sich selbst zu berühren. Vielleicht wird durch eine Vertiefung des Verständnisses dafür, wie Frauen sich in Lust hinein- oder hinausdenken, eine Veränderung des Systems, das Schmerz unterstützt, herbeiführt.

Forscher handeln grob fahrlässig, wenn sie voraussetzen, daß Frauen keine rege sexuelle Phantasie haben. Sie haben sie, und Frauen, die Sex lieben, besitzen eine besonders rege, gleichgültig wie sie sie einsetzen. Sie können sie heraufbeschwören, um dem Schmerz zu entrinnen oder Schmerz in Lust zu verwandeln, um physische Empfindungen zu steigern oder, wie Dr. Suzanne und Gott weiß wie viele andere, sich einen abzudenken, ohne sich überhaupt zu berühren.

Es gibt mir neuen Mut zu wissen, daß jedesmal, wenn eine Frau sich ihrer Phantasie aus Lust hingibt, wieder einmal das System geschlagen wird, wenn auch nur für einen Moment. Dieser Moment intensiviert die Beziehung zu ihrem Ich. Er schafft Vertrautheit mit sich selbst und das Gefühl der eigenen Stärke, einen Energieschub, Genuß. Wir haben eine Geheimwaffe, die unser Leben schöner macht!

6
Molly

Der Tanz des Gebens und Nehmens

Golden im Lichte, thronende Aphrodite.
listiges Kind des Zeus. ich rufe dich an.
laß mich nicht länger in Not und Verzweiflung
bitten und klagen.

Hilf mir und eile herbei, so wie du früher
meinen flehenden Liedern gnädig gelauscht hast.

Sappho

Frauen, die Sex lieben, sagen, sie sehnen sich danach zu kuscheln und im Arm gehalten zu werden, weil es möglicherweise die einzige Gelegenheit in ihrem erwachsenen Leben ist, bei der sie das Gefühl haben, wirklich etwas zu empfangen. Sie genießen die Nähe und die Fürsorglichkeit, den Augenkontakt, die geflüsterten Scherze, das Streicheln, das Herumlümmeln im Bett. Sie genießen es, sich im Rhythmus eines Partners zu bewegen, ihrem Partner Lust zu bereiten, sich seiner Erregung hinzugeben.

Molly stellte sich mir als Frau vor, die diese fürsorglichen Aspekte einer Partnerschaft besonders schätzt. Molly ist ein gemütliches, breites Wesen mit der Angewohnheit, sich ständig durch ihr feuerrotes Haar zu fahren. Sie strotzt vor Vitalität, von ihren farbenprächtigen Kleidern bis hin zu ihrem gutturalen Lachen. »Ich liebe Kochen, ich liebe Essen, ich liebe die Liebe«, verkündete sie. »Ich liebe die Wärme und liebe es, andere Leute zu wärmen. Ich glaube, ich war in einem früheren Leben ein Holzofen.«

Das mit dem Holzofen ist gar nicht so weit hergeholt,

denn Mollys Kapazität, Wärme und Licht auszustrahlen, ist wirklich beachtlich. Ich lernte sie auf einer Konferenz in Minneapolis kennen, wo wir beide einen Vortrag hielten. Als sie den Raum betrat, bemerkte ich, wie die Menschen sich ihr zuwandten, instinktiv ihre Nähe suchten. Wenn sie zuhörte, hörte sie mit dem ganzen Herzen zu, wenn sie mich ansah, war es, als würde sie mein Innerstes berühren. Als ich sie schon etwas besser kannte, wurde mir klar, daß sie tatsächlich Kraft daraus gewann, sich für andere Menschen einzusetzen. Diese Fähigkeit ist für sie als Mutter von zwei Heranwachsenden und Leiterin eines Frauenzentrums von entscheidender Bedeutung.

Mollys Anliegen bei ihrem Vortrag war die Frage, wie Frauen für sich selbst sorgen können – und wenn das auch eine eher nüchterne Angelegenheit war, konnte man doch sehr viel erfahren. Ich war gerade dabei, meine Interviews neu auszuwerten. Nachdem so viele von den Frauen betont hatten, daß Fürsorge ein unerläßlicher Bestandteil ihrer schönsten sexuellen Erlebnisse wäre, schien Molly die ideale Gesprächspartnerin. Wir trafen uns an diesem Abend zum Essen, um über einige Ideen zu diskutieren. Zwei Monate später besuchte sie die Ostküste und wir hatten Gelegenheit, uns mehrere Stunden lang über sexuelle Fürsorge und ihre Bedeutung für Frauen zu unterhalten.

»Ich glaube, Fürsorge bedeutet, daß man weiß, wie man bei jemandem unter die Haut dringt, während man weiter in seiner eigenen eingeknöpft bleibt«, sagt sie, als wir es uns bequem machen. »Sexuelle Fürsorge kommt mir vor wie ein Tanz zwischen zwei Menschen. Ein komplizierter, verschlungener Tanz des Gebens und Nehmens.«

Auch Molly bezeichnet Sexualität also als Tanz, und wenn sie beim Sprechen die Arme ausbreitet und ihr ganzes Wesen in Bewegung setzt, dann gebraucht auch sie die Sprache des Körpers, um Ideen zu vermitteln. Genau wie Mayas choreographische Auffassung von Lust, Orgasmus und Ekstase geht Mollys Tanz der sexuellen Fürsorge weit über das Körperliche hinaus. Er umfaßt die Beziehung der Frauen zu ihren Partnern, wie sich ihr Geist begegnet, und den Austausch von Träumen und Wünschen. Während ich die Bögen und Drehungen betrachte, die sie beschreibt, entdecke ich, daß dieser Tanz rund und beweglich und voller Gefühl ist, also eine völlig andere Auffassung von Sexualität vertritt als die sogenannte wissenschaftliche, die Sex auf den genitalen Akt beschränkt, meßbar und stereotyp.

Molly schildert ihre Vorstellung von sexueller Fürsorge: »Das ist ein Tanz der Zärtlichkeit, des Liebens und des Geliebtwerdens. Jemanden hegen und gehegt werden.«

Sie betont, daß dazu erst einmal ein solides, vertrautes und empathisches Selbstwertgefühl gehört. »Ansonsten«, sagt sie, »kommt man sich vor wie eine Konkubine mit eingeschnürten Füßen, und mit denen kann man ganz bestimmt nicht tanzen!« Molly streckt ihre Beine mit den roten Turnschuhen vor, als wolle sie ihre Verbundenheit mit Generationen verkrüppelter Chinesinnen unterstreichen. »Die Kunst der Fürsorge im Bett heißt, seine eigenen Bedürfnisse genauso zu würdigen wie die des Partners.«

Molly erwähnt noch einen weiteren Faktor, den sie als äußerst wichtig für sexuelle Fürsorge betrachtet: die Erinnerung. »Ich stürze mich nicht wie eine Jungfrau in dieses Erlebnis.« Sie lacht. »Ich habe schließlich eine Vergangenheit.« Wie viele Frauen, die Sex lieben, bestätigt auch sie, daß eine Reihe von Verhaltensweisen beim Liebesspiel den Weg in die Vergangenheit eröffnet, sogar bis zurück in die Kindheit. Berühren, schmusen, alle Arten winziger Aufmerksamkeiten für Körper und Seele können frühere zärtliche Erlebnisse heraufbeschwören, wie damals im Sommer, als die Tage noch endlos schienen und eine andere das Essen bereitete: »Sie wollen wissen, was für ein Gefühl Seligkeit beim Sex ist? Wenn ich das kindliche Vertrauen wieder zulassen kann.«

Vertrauensselig wie ein Kind im Bett mag ja für eine Frau mit einem vertrauenswürdigen Partner gut und schön sein – wenn sie dabei nicht vergißt, um was es geht. Allzuoft begegne ich Frauen, die eine Therapie machen, weil sie darauf programmiert sind zu glauben, daß die

Seligkeit beim Sex mit der Hilflosigkeit des Kleinkindes verwandt ist und nicht mit der Fürsorge, die sie damals hätten bekommen sollen. Ich denke dabei an Sylvia, eine ehemalige Alkoholikerin, die sich in der Therapie redlich bemühte, ihr verlorenes Selbstbewußtsein zurückzugewinnen: »Keiner hat sich um mich gekümmert, als ich klein war«, erzählte sie mir. »Alles was ich habe, habe ich mir selbst erarbeitet. Wissen Sie, daß ich schon immer den Traum habe, daß sich jemand meiner im Bett annimmt? Und solange ich betrunken herumtorkelte, hab' ich das auch gekriegt. Zumindest hab' ich das geglaubt. Ich hab' mich einfach zugeschüttet und ließ alles über mich ergehen. Ich glaubte, der Sex wäre toll, zumindest bis zum Kater am nächsten Morgen. Als ich mit dem Trinken aufhörte, stellte ich fest, daß Sex nur das ewig gleiche Rein-Raus-Spiel war. Keiner nahm sich meiner an. Sie benutzten mich einfach.«

Sylvia und die anderen Frauen, die sich nach sexueller Fürsorge sehnen, haben ein Problem. Sie müssen versuchen, die unschuldigen Gefühle des Umsorgtwerdens wiederzufinden, ohne in ihrem erwachsenen Dasein wieder in den Zustand der Hilflosigkeit zurückzufallen. Selbst wenn der Sex wirklich liebevoll ist und nahegeht, stellen viele Frauen fest, wie sich herausstellt auch Molly, daß Zärtlichkeit im Bett sehr verwirrende Erinnerungen auslösen kann. Manchmal sind sie sogar richtig erschreckend, schmerzlich, voller Scham und Angst. Zu den Frauen, die Sex lieben, gehören auch solche, die Vergewaltigungen und Kindheiten voller Gewalt überstanden haben, in denen Schmusen und Umarmen Mißbrauch war und nicht Fürsorge. Dazu gehören auch Frauen, die eine Gehirnwäsche durch spießige Familien hinter sich haben und jetzt glauben, Lust sei eine Sünde und jeder Versuch, sich selbst Lust zu bereiten, würde sicherlich den Zorn Gottes oder den der Nachbarn heraufbeschwören – je nachdem, welche Prioritäten die Familie gesetzt hat.

Ich gestehe Molly, daß dies die Frauen sind, mit denen ich mich am leichtesten identifizieren kann. In meinem schrecklichen Bostoner Zuhause fiel sogar Daumenlutschen unter die Kategorie Sünde. Als Baby band man mir die Handgelenke mit weißer Schnur an die Seiten der Wiege, um mich daran zu hindern, meinen Urinstinkt für Selbstfürsorge auszuleben. Ich glaube, das war der Anfang für meine lebenslange mangelnde Selbstfürsorge. Ich muß gelegentlich immer noch kleine Zettel im Haus verteilen, damit ich einfache Akte der Selbstfürsorge, wie zum Beispiel Mittagessen, nicht vergesse.

Aber wie schlecht Erinnerungen wie diese auch sein können, die meisten Frauen, die Sex lieben, sind sich mit Molly einig: Letztendlich erhöht die Erinnerung das, was sie in der Lust, im Orgasmus und der Ekstase erfahren. Gerade diese beschwörende Eigenschaft der Fürsorge macht sie so eindringlich für Körper und Verstand, Herz und Seele. Sie macht eine Vertrautheit mit sich und dem Partner möglich, die die Grenzen der Vergangenheit und der Zukunft hinter sich läßt.

Molly hat dazu etwas beizusteuern: »Manchmal kommt dieses spezielle Gefühl von Vertrautheit, gerade weil man so hart kämpfen muß. Irgendwann stand ich vor der Frage: Warum fühle ich mich nicht automatisch wunderbar, wenn mein Schatz so lieb und so aufmerksam ist? Die Antwort fand ich erst durch einen merkwürdigen Traum. Ich stand auf einer großen Wiese und rang mit dem Engel der Güte. Ehrlich!« Molly kichert und räuspert sich. »Durch diesen Traum habe ich begriffen, wie intensiv die Vergangenheit sein kann – meine Vergangenheit. Wie schwierig es für mich war, auf Güte oder andere wohlwollende Gefühle zu vertrauen. Daß ich immer versucht hatte, sie zu Boden zu zwingen.«

Sie erzählt uns, wie sie bewußt Techniken trainierte, die den Fluß positiver Emotionen erlaubten. Sie greift in ihren Rucksack und reicht mir ein Stück liniertes Papier, auf das sie ein Fragment des Dichters Ntozake Shange geschrieben hat: »Da geht es um Fürsorge, seit zwölf Jahren begleitet mich dieser Text, seit ich das erste Mal auf ihn stieß. Manchmal lese ich ihn durch, nur um in der Spur zu bleiben.«

Ich bitte sie, ihn laut vorzulesen:

»Fülle ein Glas, das im Sonnenlicht funkelt, mit klarem Quellwasser. Gebe einen Zweig frische Minze und einen Mundvoll Honig in das Glas. Streiche mit dem Mittelfinger sanft über die Wölbung deiner Lippen, so wie es dein Geliebter in deiner Vorstellung machen würde. Küsse deine Fingerspitzen. Hole so tief Luft, daß du es in deinem ganzen Leib spürst. Halte den Atem an, während du dir das Gesicht deines Geliebten vorstellst. Atme aus, während du dir immer noch das Gesicht deines Geliebten vorstellst. Dann mache mit dem geküßten Finger zwölfmal einen Kreis um den Rand des Glases, wobei du jedesmal den Namen deines Geliebten wiederholst. Dabei mußt du dir das von Freude erfüllte Antlitz deines Geliebten vorstellen. Laß deinen Geliebten dein Herz erfüllen. Führe das Glas an deinen Mund. Trinke die Freude, die dein sein wird.«[1]

Während Molly diese Passage vorliest, ist hinreichend klar, daß die Sprache sexueller Fürsorge sinnlich, poetisch und mystisch ist, aber ganz sicher nicht die objektive Sprache der Wissenschaft. Wie sollte es möglich sein, genau zu zählen oder zu messen, wieviel Freude eine Frau trinken kann? Oder definitiv zu dokumentieren, wie gut oder beängstigend oder schwierig es ist, einen Mundvoll Honig zu geben oder Freude zu empfangen? Labortests, die etwas Licht auf die Rolle der Fürsorge im gesamten Spektrum sexuellen Verhaltens bringen könnten, sind traurig beschränkt. Als zum Beispiel der Verhaltensforscher uns Studenten der Sexualwissenschaft zeigte, wie raffiniert er sexuelle Störungen in der Makakenaffengruppe auslöste, indem er die soziale Ordnung durcheinanderbrachte, konzentrierte er sich auf nur einen Aspekt sexueller Funktion und ausschließlich auf diesen einen: die Fähigkeit der männlichen Affen, erfolgreich mit den Weibchen zu kopulieren. Er ignorierte die fürsorglichen Aspekte sexuellen Verhaltens, obwohl diese in der Affengruppe direkt sichtbar wurden in dem Desinteresse an der Fellpflege. Denken Sie dran, diese Art von Sexualforschung beschäftigt sich mit Genitalien, nicht mit Gefühlen.

Aber wenn wir uns die Mühe machen, den Frauen zuzuhören, gewinnen wir durch die vielen Geschichten ein großes Maß an Einsicht über die Rolle der Fürsorge beim sexuellen Begehren, der Erregung und Befriedigung. Als ich Molly bitte, uns etwas zu erzählen, was ihren Tanz des Gebens und Nehmens anschaulich machen würde, strahlt sie übers ganze Gesicht. »Ich werde euch erzählen, wie meine Freundin und ich zusammenkamen«, sagt sie. Die Szene, die sie schildert, ist mehr als zehn Jahre her, aber so wie Molly die Geschichte erzählt, sind die Details so klar, als wären sie erst gestern passiert.

Ich hatte es endlich geschafft, mich aus einer aussichtslosen Ehe mit einem Kiffer – dem Vater meiner Mädchen – zu befreien. Er gehörte nicht zu der Sorte, die jeden zusammenschlagen. Nur zu der, mit denen man kein vernünftiges Gespräch mehr haben kann, sobald sie ihren ersten Joint geraucht haben. Oder irgendeine Art von Gefühlsaustausch. Kein Sex in den letzten vier Jahren. Mir kam es vor, als wären es vierzig gewesen,

Ich war bereit, mich zu verlieben – und Kate und ich waren schon seit einigen Monaten befreundet. Na ja, etwas mehr als befreundet. Jede fand die andere wahnsinnig attraktiv, warum weiß ich auch nicht. Sie war so anders als ich. Ich war nur ein neugieriges jüdisches Mädchen aus Milwaukee und hatte keine Ahnung, was ich eigentlich wollte. Sie war bekennende Lesbe und vereinte alle möglichen Nationalitäten in sich – teils afrikanisch, teils spanisch, teils Cherokee. Sie schien all das zu wissen, was ich wissen wollte.

Die Mädchen waren übers Wochenende zu ihrer Großmutter gefahren. Kate hatte eine kleine Hütte an einem See, wo sie im Sommer immer hinfuhr, und sie lud mich auf ein paar Tage ein, mich auszuspannen, bevor die Winterferien begannen.

Molly rückt ihren Stuhl näher zu meinem und redet schneller, so als kämen die Bilder schneller, als sie sprechen konnte:

Es muß unter Null Grad gehabt haben, als ich dort ankam. Der Schnee knirschte unter den Füßen und die Haare gefroren in meiner Nase – fast konnte ich sie hören, wie kleine Windharfen klirrten sie aneinander. In ihrer Hütte stand einer dieser alten bauchigen silber-schwarzen Öfen, die soviel Hitze ausstrahlten, daß man ständig aufpassen mußte, daß einem die Hosen nicht am Hintern anbackten. Wir kicherten über den Gedanken, daß dieser Ofen vielleicht einmal eine Großtante von mir war.

Als ich aus dem Schnee ins Haus kam, hatte sie bereits Kerzen auf den Tisch gestellt und eine Suppe auf den Ofen. Diese Gerüche! Es war so gemütlich, ich konnte es kaum fassen. All die Jahre voller Spannung, in denen ich für alle anderen hatte sorgen müssen. Im ersten Augenblick konnte ich gar nichts sagen, nicht mal Hallo.

Kate streckte mir einfach die Hand entgegen, führte mich zur Matratze auf dem Boden und fragte: »Was hältst du davon, wenn ich dir eine Massage mache?«

War diese Frau etwa ein Engel? Ich nahm das Angebot natürlich an und zog mich sofort splitternackt aus, ohne zu überlegen, was ich da eigentlich tat. Was tat ich denn da? Ich lag auf Kates Bett, genau. Nackt. Die Arme an die Seiten gepreßt. Mein Bauch war so angespannt, daß man Ping-Pong darauf hätte spielen können.

Molly verschränkt die Arme unter der Brust, während sie weiterredet.

Ich lag mit geschlossenen Augen da. Ich bildete mir ein, dann wäre ich weniger sichtbar, klar? Ich lauschte, wie sie den Ofen schürte und eine Flasche Massageöl zum Wärmen in einen Topf mit Wasser stellte. Dann spürte ich, wie sie sich hinter mich auf die Matratze setzte und sich so hinrückte, daß sie meinen Kopf zwischen ihren Schenkeln hielt. Ich beschloß, einen Blick zu riskieren, schlug die Augen auf und sah mir ihre Beine an. Sie trug schwarze Leggings. Ihre Waden und Füße waren braun und bloß. Sie schimmerten wie Kupfer, und ich dachte, wieviel schöner braune Haut ist im Vergleich zu der blassen, sommersprossigen, mit der ich gestraft bin. Sie legte ihre großen, unglaublich warmen Hände unter meinen Nacken, dann beugte sie sich über mich und flüsterte mir ins Ohr. Ihr Atem duftete süß.

»Vergiß nicht zu atmen«, sagte sie. »Horch auf meinen Atem und dann atme im gleichen Takt mit.«

Atmen! Mit dieser Frau, die über mich gebeugt war und deren Brust an meinem Ohr lag? Ich zwang mich, Luft zu holen und auszuatmen, um mir wenigstens den Anschein zu geben, noch am Leben zu sein.

Dann setzte sie sich auf und goß etwas warmes Öl in ihre Handflächen. Ein heilender Duft, den ich aus meiner Kindheit kannte, erfüllte den Raum. Einer von diesen Gerüchen, die einem sofort den Kopf freimachen.

Molly holt tief Luft und guckt in die Ferne, als würde sie sich an etwas längst Vergangenes erinnern. Eine Zeile aus Shanges Gedicht geht mir durch den Kopf: Hole so tief Luft, daß du es im ganzen Leib spürst … Dann fährt Molly mit ihrer Geschichte fort.

Ihre Hände glitten meine Schultern und Arme entlang und irgendwie zog sie mich in derselben Bewegung von der Taille ab hoch – all die verspannten Muskeln entlang meiner Wirbelsäule, sie zog meinen Körper hoch und dehnte meinen Brustkorb, bis ich endlich wirklich zu atmen begann. Ich sog die Luft bis zu den Zehen ein.

Ich erinnere mich, wie ich die Augen öffnete und zu ihr hinaufsah, in dieses hagere, ehrliche, verkehrt über mir hängende Gesicht. Das Weiß ihrer Augen hatte einen bläulichen Schimmer, so klar war es. »Was tust du?« murmelte ich, und meinte damit: »Was für eine Massage ist denn das? Sie ist wunderbar!«

Ihre Antwort werde ich nie vergessen, weil sie mit diesen paar Worten das Wesen der Sorge um den anderen traf: »Ich mache DICH!« sagte sie zu mir.

Ich glaube, genau in diesem Augenblick habe ich mich in sie verliebt. Ich verliebte mich in ihr Selbstvertrauen und ihre Wärme und ihre Fähigkeit, mit ihren Händen mein Innerstes zu erfassen. Sie bewegte sich weiter über mir, verband all meine Körperteile zu einem Ganzen. Der Raum zwischen uns verschwand immer mehr. Als würden wir zu einem Rhythmus. Nie zuvor in meinem Leben hatte ich mich einem anderen Wesen gegenüber so offen gefühlt, oder so nahe, außer vielleicht meinen Kindern, als sie noch ganz winzig waren. Aber das war eine andere Art von Nähe.

Ihre großen warmen Hände fanden meinen Bauch. Sie begann, ihn zu kneten, rollte in Wogen darüber. Ich hörte sie kichern, und dann spürte ich, wie sie warmes Öl auf meinen Nabel tropfte. Sie tauchte einen Finger in das Öl und zeichnete damit eine Linie auf meinen Körper. Von meinem Bauch hinauf zwischen die Brüste – ganz langsam – bis hoch zu meinem Hals, über Kinn und Nase und Stirn, ernst und bedächtig machte sie das, wie bei einem Initiationsritus.

Sie legte einen Finger auf meine Stirn und einen anderen direkt über mein Schambein. Ich spürte, wie mir die Tränen aufstiegen, und dann rauschte ich ab in diesen Zustand der Schwebe, wo man nur so treibt und gerade noch die Ränder des Universums berührt. Ich weiß nicht, wie lange ich da war. Und dann glitt plötzlich ihr warmer Körper auf meinen und wir spürten den Schlag unserer Herzen und wie sich unsere Bäuche berührten und den Atem des anderen im Ohr.

Das Phantastische war nicht, ihren Körper zu spüren, sondern die Elektrizität zwischen uns. Wir fingen an, uns im Takt zu bewegen. Und während wir unsere Hüften und Schultern bewegten, fingen wir an, Töne von uns zu geben. Das waren aber keine kleinen Seufzer und kein Wimmern. Hätte es in den Wäldern noch Wölfe gegeben, dann wären sie von unserem hemmungslosen Stöhnen aufgewacht. Es war, als würde sich aller Schmerz und alle Freude, die wir empfanden, in diesen Raum ergießen. Und dann ergossen sie sich in Orgasmen – solche, bei denen das ganze Innere zu einem endlosen Fluß wird.

Und wir waren noch nicht einmal bis zu den Genitalien vorgedrungen. Mir fehlen die Worte zu schildern, was für ein Gefühl es war, nach unten zu langen und diese süße Handvoll zu entdecken – die genau wie ich war! Und meine Zunge auszustrecken und zu spüren, wie ihr Nippel hart wurde, als ich daran sog. Was war ich mächtig, als ich sie in dieser Nacht berührte. Es gab nichts, was ich nicht hätte tun können. Ich rezitierte Gedichte für sie. Sie nannte mich ihre lyrische Geliebte.

Mollys Blick ist in die Ferne gerichtet, als sie dieses außergewöhnliche Erlebnis schildert. Jetzt sieht sie mich direkt an und fährt fort.

Der Ofen war bis auf die Glut heruntergebrannt, als ich aufwachte. Ich fühlte mich wie neugeboren. Alles war so anders. Als ich die Augen aufschlug, öffnete ich sie zum ersten Mal. Als ich die Kerze ansah, sah ich zum ersten Mal eine Flamme. Ich lag da und ließ den Blick über die Schatten an der Wand gleiten. Dann wurde es mir mit einem Schlag klar: Ich hatte soeben zum ersten Mal mit einer Frau geschlafen.

Ich prüfte ihre Atmung, um zu sehen, ob sie noch am Leben war. Ich prüfte meine, um mich zu vergewissern, daß ich noch am Leben war. Wir waren beide noch am Leben. Aber, was ich in meinem Inneren fühlte, war etwas, das ich nicht kannte. Ich hatte dieses neue Bewußtsein, dieses neue Fenster in meinem Gehirn. Sein Name war Vertrauen. Jemandem vertrauen. Mir wurde klar, daß ich dieser Frau, deren Bein um meinen Schenkel geschlungen war, vertraute. Ich hatte immer die Fähigkeit gehabt, mir selbst zu vertrauen. Und ich hatte immer dafür gesorgt, wenn ich jemandem nahestand, daß ich die Verläßliche war. Die Geberin. Die alles unter Kontrolle hat. Und jetzt war da jemand, eine Geliebte, die die Fähigkeit hatte, sich meiner anzunehmen.

Sie trug einen Amethyst an einer Kette um den Hals, und ich hatte dessen Abdruck seitlich auf meiner Brust – das ganze Wochenende lang, glaube ich. Von diesem Moment an war ich gezeichnet!

Ich kroch unter ihrem Bein hervor, wickelte mich in einen Quilt, zog meine Stiefel an und ging auf die Veranda, um Holz für den Ofen zu holen. Es war Neumond – der Mond, der Wünsche erfüllt, und der Himmel war übersät von Millionen von Sternen. Die Luft roch nach Rauch und die Stille war gigantisch.

Ich schürte den Ofen mit den Eichenscheiten, nahm den Quilt ab und deckte sie damit zu. Ihre Urgroßmutter hatte ihn gemacht – die Tochter eines Sklaven. Er war mit apfelgrünen Blättern und roten Erdbeeren benäht. Ich legte mich neben ihren warmen Körper und beobachtete ihren Schlaf. In dieser Nacht schwor ich mir: dieser geliebten Frau würde nie ein Leid geschehen.

Mollys Tonfall ändert sich, als sie am Ende ihrer Geschichte angelangt ist. Ihre Stimme ist immer noch warm und kehlig, aber sie wird deutlich frischer, als sie wieder ihren beruflichen Habitus überstreift, so wie ich sie auch kennengelernt hatte.

»Kate und ich sind jetzt seit elf Jahren zusammen, und ich glaube, wir haben beide die Fähigkeit, dem anderen Freude zu bereiten – im Bett und außerhalb. Manchmal ist es schwer zu sagen, welcher Teil der Fürsorge Sex ist und welcher nicht. Ich will damit sagen, unsere Beziehung ist natürlich sexuell, mit allem was dazugehört. So vieles von dem, was wir tun, ist letztendlich ein Teil davon, wie unser Sexualleben ist und wie unser Sexualleben letztendlich ein Teil von allem anderen ist. Meist hat es nicht viel damit zu tun, wie oft wir genitalen Verkehr haben.«

Mollys Geschichte von der absoluten Massage bestätigt erneut meine Überzeugung, daß sexuelle Fürsorge mehr ist, als die körperlichen Bedürfnisse des anderen zu erfüllen oder sich gegenseitig zu helfen, zum Orgasmus zu kommen, obwohl beide Handlungen ein Teil davon sein können, wie bei Molly und Kate. Ausgewogene sexuelle Fürsorge hat ein sehr kompliziertes Muster. Im Laufe meiner Jahre als Therapeutin und Workshop-Leiterin konnte ich einen ganzen Kreislauf identifizieren, der das Kontinuum von Lust, Orgasmus und Ekstase umfaßt, und der die Seele, den Verstand und die Emotionen berührt wie auch den Körper.[2]

Der Zyklus sexueller Fürsorge

Frauen erzählen mir, dieser Zyklus hätte seinen Ursprung im Herzen, dem Kern des Wesens. Dieser Kern strahlt Energie aus, so stark und greifbar wie die von Kates Kanonenofen. Er ist voller Bedürfnisse, Wünsche, Träume, Sehnsüchte, Begierden und voller Liebe. Und wie Kates Ofen muß er immer wieder geschürt werden.

»Sonst verdorrt das Herz oder verwandelt sich in eines, das zu sehr liebt!« wirft Molly ein.

Ich beginne den Zyklus sexueller Fürsorge zu beschreiben: Die Energie der Herzens strahlt auf eine Reihe von Prozessen aus. Einer davon ist der des über sich selbst Hinausgreifens, um Kontakt mit einem Partner zu bekommen, sowohl um zu geben als auch zu empfangen. Mollys Geschichte veranschaulicht diesen Teil des Zyklus, als Kate und sie mit Händen, Verstand und Gefühlen nacheinander greifen – Molly, um ihr Bedürfnis nach Berührung zu stillen, Kate, die ein zärtliches, liebevolles, fürsorgliches Erlebnis schenken will, und beide, um in der Wildheit ihrer ersten gemeinsamen Nacht aus sich herauszugehen. Es ist schwer zu sagen, wer in der Hütte am winterlichen See den ersten Schritt machte.

»Als Kate mir diese Massage machte, hab' ich sehr viel von ihr empfangen.« Molly begreift, daß ein wichtiger Teil des Tanzes der Fürsorge in jener Nacht ihre Bereitschaft war, sich den Wonnen und Freuden zu öffnen, die ihr Kate mit den warmen, starken Händen schenkte, und ihre innere

Leere mit der Wärme des knisternden Holzfeuers, den heilenden Gerüchen der Kindheit zu füllen.

Dieses Geben und Nehmen ist nicht unbedingt auf Frauen, die mit anderen Frauen schlafen, begrenzt, obwohl einige lesbische Paare das behaupten. »Es ist die Vertrautheit«, sagen sie. »Es ist, als ob man sich selbst liebt. Man weiß einfach, was die Geliebte will. Man weiß einfach, was dem anderen wohltut.« Aber hören Sie, was Miriam zu sagen hat, eine heterosexuelle Frau aus den ersten Interviews. Sie spricht über die Möglichkeit sexueller Fürsorge zwischen Frauen und Männern: »Er ist ein zärtlicher, aufmerksamer Liebhaber und sehr verspielt und voller Kraft«, berichtet sie über ihren zweiten Ehemann. »Auf eines konnte ich mich bei ihm immer schon verlassen, auf seine Absichten. Ich weiß, daß jeder das Beste für den anderen will. Unsere Körper mögen vielleicht andere Dinge, aber unsere Herzen schlagen im gleichen Takt. Wir sind ein Geist.«

»Was kommt denn nach dem Geben und Empfangen?« fragt Molly.

Der nächste Schritt im Zyklus sexueller Fürsorge ist die Bindung. Sobald sich Mollys Spannung gelöst hat, und sie wieder atmen kann, fühlt sie sich auf neue, auf körperliche Art zu Kate hingezogen und sie darf dem nachgeben. Sie sieht Kate in die Augen und fühlt sich so spontan und unmittelbar mit ihr verbunden, wie damals mit ihren Kindern. Zuneigung und Bindung muß nicht mit Verliebtheit zusammenhängen, wie hier bei Molly und Kate, aber sie bringen immer eine tiefe Einheit von Körper und Geist. Zu sexueller Fürsorge gehört immer mehr als körperliche Befriedigung, sie schließt den ganzen Menschen und die ganze Beziehung ein. Und, wie Miriam schon sagte, diese Art der Verbundenheit ist nicht nur Frauen vorbehalten, sie kann auch zwischen Männern und Frauen existieren.

Jetzt folgt im Zyklus ein Gefühl der Vollständigkeit und Befriedigung. Molly tönt eingedenk ihrer vollkommenen Lust am sterbenden Feuer: »Also das war wesentlich mehr als so ein bißchen Befriedigung. Das war Ekstase.« Und sie hat recht, unter den richtigen Umständen kann der Zyklus sexueller Fürsorge die volle Kraft einer ekstatischen Erfahrung enthalten, die Maya und ihre Nichten ergründeten. Nachdem die Ekstase die Schutzmauern niederreißt, die Frauen von sich und den anderen trennen, hat sie die Möglichkeit, die Wahrnehmung zu erweitern, das Leben der Frauen zu verwandeln und zu ändern. Dieser Part im Fürsorgezyklus hat Molly und Kate schließlich dazu bewegt, eine tiefgreifende Beziehung einzugehen, die keine von ihnen hätte erahnen können.

Der nächste Schritt im Zyklus ist ein Gefühl der Erneuerung, des Wachstums, der Kreativität, was auch zu der ekstatischen Erfahrung gehört. Als Molly nach dem Schlaf die Augen öffnet und sich wie neu geboren fühlt, wird sie von einem neuen Bewußtsein erfüllt und einer neuen Verbundenheit zu ihren alten Gefühlen. Sie hat nicht nur das erste Mal mit einer Frau geschlafen, sie trifft plötzlich auf ein neues Gefühl, Vertrauen. Plötzlich stellt sie fest, daß sie an diese Frau gebunden ist, die neben ihr im Bett vor dem schwindenden Feuer liegt. Und, was noch wichtiger ist, mit einem Mal hat sie auch eine bewußtere und fürsorglichere Beziehung zu sich selbst. Genau wie Lorie, Mayas Nichte, die ein solches Gefühl des Vertrauens als Grundstein für ihre bevorstehende Ehe erkannte, wird Molly angespornt, in die nächsten Stadien einer fruchtbaren – und offenen – Partnerschaft mit einer Frau einzutreten.

Der Zyklus sexueller Fürsorge schließt sich in der Großzügigkeit, dem Geist des Altruismus. Molly strahlt Altruismus aus, als sie den Ofen schürt, Kate zärtlich mit dem Quilt ihrer Großmutter zudeckt und schwört, sie vor Leid zu bewahren.

»Das Angebot Kates, mich zu massieren – das war schon Altruismus«, meint Molly.

Und wenn wir Kate befragen würden, würden wir wahrscheinlich hören, daß sie das Gefühl hatte, genausoviel zu empfangen wie zu geben, und daß auch sie diese Verbundenheit empfand.

Der Tanz sexueller Fürsorge kann also an jedem Punkt des Zyklus einsetzen und er kann sich in beliebiger Folge immer wieder wiederholen. Wie bei Mayas Tanz der Lust, der Ekstase und des Orgasmus können die Ereignisse fluktuieren und fließen und einander in Zeit und Raum überlappen. In den Händen von Künstlerinnen wie Molly und Kate wird der Tanz ein Tanz des Wohlbefindens.

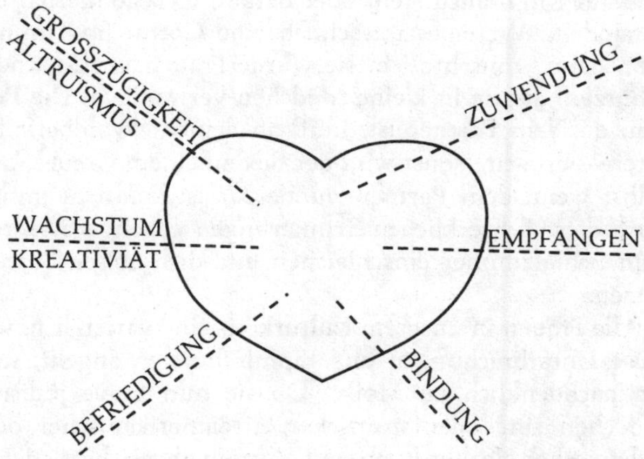

AUSGEWOGENER ZYKLUS SEXUELLER FÜRSORGE

Während ich meine Vorstellungen von einem ausgewogenen Zyklus sexueller Fürsorge umreiße, kritzele ich auf einen Block. Ich zeige Molly das Ergebnis: ein Herz, von dem all diese Elemente ausstrahlen. Ich bitte sie, sich die Elemente als fließende, pulsierende Energien in Bewegung vorzustellen, die sich ständig in Größe, Form und Wichtigkeit verändern.

»Dieses Diagramm veranschaulicht das, was Sie gesagt haben, ganz gut«, sagt Molly, als sie das Bild sieht. »Aber es sieht mir etwas zu simpel aus, zu klar. Es erinnert mich an die Rätselbildchen in der Sonntagszeitung, als ich noch ein Kind war: Was ist an diesem Bild falsch?«

Ich stimme ihr zu, daß der sexuelle Fürsorgezyklus nicht immer genau so verläuft, wie ich das hier darstelle. Sein Gleichgewicht ist sehr labil und kann leicht gestört werden. Es kann da ziemliche Ausrutscher geben.

»Ganz sicher«, sagt Molly. »Dazu braucht man nur einen ungeschickten Partner. Oder einen, der dich schikaniert und auf Mißbrauch steht oder darauf, dich gönnerhaft zu behandeln. Wenn es tatsächlich eine Göttin im Himmel gibt, dann wünschte ich, sie würde Frauen vor Männern schützen, die sie in kleine Mädchen verwandeln. Die Person, die dein Partner ist, muß an deinem Wohlbefinden interessiert sein, sonst wird der Sex zu einem Greuel. Und selbst wenn dein Partner wunderbar ist, kann es immer noch diese schrecklichen Erinnerungen geben, die sich in dein Schlafzimmer einschleichen und dich außer Gefecht setzen.«

Alle Frauen in unserem Kulturkreis sind verletzlich, was diese Unterbrechungen und Einmischungen angeht, sage ich nachdenklich zu Molly. Ob sie nun brave jüdische Mädchen sind oder spanischer, afroamerikanischer oder indianischer Herkunft, ob sie finanziell abgesichert oder in den Tag leben, alle Frauen werden zu einem gewissen Grad mißbraucht und belästigt, herablassend behandelt und infantilisiert von dem System, wenn nicht gar von dem jeweiligen Partner. Die Probleme werden noch größer, wenn Rassismus und Armut eine Rolle spielen, wie Molly durch die Frauen, die sie im Frauenzentrum sieht, sehr wohl weiß.

Ich frage Molly, wo ihrer Meinung nach die Schwierigkeiten in ihrem eigenen Beziehungsleben liegen.

»Die Hand auszustrecken und zu bitten ist für mich das schwerste. Als ich mit dem Vater meiner Kinder verheiratet war, war er die meiste Zeit high und glaubte, die Welt würde sich nur um ihn drehen. Ich hatte also nie das Gefühl, ich könnte ihn um etwas bitten, schon gar nicht, was Sex betraf. Und wenn ich es tat, wand ich mich wie ein Aal, rang die Hände und bekam es dann sowieso nicht, weil er gar nicht auf mich achtete. Mensch! Das war ein völlig anderes Leben. Natürlich dachte ich, alles wäre meine Schuld. Einmal kaufte ich ihm einen Button, weil ich dachte, er würde die Situation ziemlich gut zusammenfassen. Aber ich hatte nie den Mumm, ihn ihm zu geben. Er war leuchtend pink und hatte die Aufschrift: SCHULD OHNE SEX.

Selbst nach all den Jahren, die ich jetzt mit Kate zusammen bin, scheue ich mich manchmal noch immer, um etwas, das ich will, zu bitten. Etwas zu empfangen fällt mir auch noch schwer, aber ich lerne es langsam. Ich denke, es braucht wohl seine Zeit, um dieses Maß an Vertrauen zu entwickeln.«

Mollys Schwierigkeiten mit dem Bitten und Empfangen im Bett spiegelt die kulturelle Konditionierung vieler Frauen, die Sex lieben – egal, ob es sich dabei um männliche oder weibliche Partner handelt. In unserer Kultur hat Geben mehr Segen als Nehmen, außerdem ist es vertrauter, weil die Frauen dazu erzogen werden, die Fürsorgende zu sein.[3]

»Und auf jeden Fall ist es sicherer«, bemerkt Molly, »zumindest bis zu einem gewissen Punkt. Wenn man nie um etwas bittet, riskiert man nie, daß jemand nein sagt. Und man braucht nicht zu hoffen. Das war für mich die größte Qual in diesen trostlosen Jahren. Die Hoffnung, daß eines Tages irgendwie meine armseligen kleinen Wünsche nach Zärtlichkeit und Berührung erhört würden.«

»Es gibt etwas, das Frauen noch mehr angst macht als das Risiko, nicht zu kriegen, was man sich wünscht.«

»Und das wäre?« fragt Molly.

Ich erkläre Molly, wie riskant es ist, das auch zu kriegen, was man sich wünscht, die Angst, die viele Frauen davor haben, sich gut zu fühlen. Wenn Frauen um nichts bitten, dann reduzieren sie ihre Ablehnungsängste und ebenso ihre Lustängste.

»Also erspart man sich all den Kummer, indem man zum ständigen Fürsorger wird«, sagt Molly mit ihrem breiten Grinsen.

»*Diesen* Kummer ja, aber daraus ergeben sich ziemlich üble Probleme für einen selbst«, erwidere ich. Zum Beispiel bedeutet es Alarmstufe rot für lesbische Beziehungen, wenn jemand seine eigenen sexuellen Wünsche völlig verdrängt, um die des Partners zu befriedigen. Da beide Partner als Frauen erzogen wurden, können sie sich gegenseitig buchstäblich aus dem Bett stoßen, während jede eigentlich versucht, die Fürsorgende zu sein, die zuerst das meiste bringt. In heterosexuellen Verhältnissen, in denen eine Frau keine Möglichkeit hat, um das zu bitten, was sie will, stellt sich meist eine andere Dynamik ein – ein unausgesprochenes Ausspielen der liebsten Stellung des Patriarchats: Mann liegt oben.

Wenn Frauen unfähig sind, für sich selbst die Hand auszustrecken – aus Bedürfnis oder Lust oder aus Liebe oder einfach aus Interesse –, sind sie reif für Einsamkeit und Isolation. Wenn die Verzweiflung groß genug ist, begeben sie sich vielleicht in Gefahr – emotional und auch körperlich, egal ob die Bedrohung Mißbrauch, Verlassenwerden oder Krankheit ist. Der ausgewogene Tanz des Gebens und Nehmens wird zu einem Stolpern und die Frauen müssen feststellen, daß sie zermürbt von dem Bedürfnis nach Sex nur noch herumschlurfen.

»Das ist ja so wahr«, sagt Molly. »Ich sehe Frauen bei mir im Zentrum, die ihre ganze Willenskraft aufgegeben haben, nur um mit einem Typen zusammenzusein. Und dieser Typ ist meist gefährlich für sie – ein Alkoholiker, ein Schläger, oder ein HIV-Infizierter, der kein Kondom benützen will.«

Molly spricht da ein Selbstwertproblem an, das viele Frauen mit sexuellen Bedürfnissen betrifft. Oft verlieren sie jegliches Gefühl für schützende Grenzen, fallen auf unmögliche Versprechungen herein und haschen nach jedem bißchen Wärme und Aufmerksamkeit. Sie können zu Bettlern und Opfern werden. Oder sie ziehen los und nehmen die Spur frischer Beute auf, wo immer es warme Körper gibt – in Bars oder Bibliotheken, bei politischen Versammlungen, auf Baustellen. Das sind Frauen, die zu Sex- oder Beziehungsjunkies werden. Und sie werden mit Namen versehen, die wie ein Schlag ins Gesicht sind: Schlampe, Rumtreiberin. Selbst Therapeuten geben ihnen einen negativen Namen: *Sexsüchtige*.[4]

»Dieses Wort Sucht«, sagt Molly. »Manchmal glaube ich, das ist einfach eine andere Möglichkeit für Spießer und Moralisten, selbstbewußten Frauen etwas unterzuschieben. Klar haben sie Probleme, aber die Probleme verschwinden nicht, wenn man sie kastriert, indem man ihnen den Sex wegnimmt.«

Um das Risiko zu reduzieren, das die Verzweiflung mit sich bringt, machen viele Frauen die Schotten dicht. Sie ziehen ihre Fühler ein und verzichten fortan auf die eigene Sexualität. Die emotionale Rüstung, in der sie sich vor Verwirrung und Schmerz schützen, hindert sie aber auch daran, Lust zu empfinden. Sie zwingen ihre Partner, ihre Gedanken zu lesen, oder gehen der Geschichte einfach aus dem Weg, indem sie gar keine Partner haben.

»Was mich betrifft«, bemerkt Molly und fährt sich mit der Hand durch ihr flammendrotes Haar, »verwandelte sich meine Rüstung in einen Keuschheitsgürtel. Er beschützte mich all die Jahre davor, meinen Mann um Sex zu bitten. Aber er hinderte mich auch daran, tief Luft zu holen, bis Kate kam und sich meines Körpers annahm.«

Molly spricht einen Überlebensmechanismus an, der möglicherweise noch schwerer zu behandeln ist als der, sich zu panzern. Wenn Frauen sich vor dem Gefühl, sexuell benachteiligt oder verletzt zu sein, schützen wollen oder gegen die Erinnerungen an Benachteiligung und Verletzung, dann kann ihnen das gelingen, indem sie sich zum Verschwinden bringen. Sie radieren sich aus, manchmal schon sehr früh in ihrem Leben, sobald sie sprechen und laufen können.

»Wenn es einen gar nicht gibt, kann man auch keinen Schmerz spüren«, sagt Molly. »Aber man spürt, wie Sie sagten, vielleicht auch keine Freude mehr. Ein Engel mag dein Schlafzimmer besuchen, aber du merkst nicht, daß er genau da oben am Bettpfosten sitzt und seine Schwingen über dich breitet.«

Molly beschreibt das Los der Frauen, die nicht mehr fähig sind, Sex zu lieben. Frauen, die fürsorgeresistent sind, eine sehr verhärtete Spezies, Hybriden. Einige Frauen haben tatsächlich gelernt, sexuelle Benachteiligung und Mißbrauch zu schätzen.

»Ich war schon fast an diesem Punkt«, bemerkt Molly. »Mein Mann war echt das Letzte, nur – ich war an ihn gewöhnt. Er machte mich schon seit langer Zeit nicht mehr an. Aber ich hing an ihm wie an meinen alten Turnschuhen, weil er einfach da war, irgendwie zumindest. Nicht zu vergessen, daß die Beziehung keine Anstrengung bedeutete. Ich für meinen Teil brauchte gar nichts zu tun, um sie aufrechtzuerhalten. Mit Wade all die Jahre verheiratet zu sein, war so, als würde man eine wirklich lange Fernsehsendung anschauen und wäre einfach zu fertig, den Sender zu wechseln.«

»Was also die Zuneigung und Verbundenheit angeht«, bemerke ich und führe das Gespräch zu einem weiteren Teil des sexuellen Fürsorgezyklus, wo es zu Ausrutschern kommen kann, »war da nicht viel drin für Sie, so wie sich das anhört.«

»Nicht mit dem guten alten Wade, o nein. Er war viel zu egoistisch und viel zu oft dicht. Wir waren kaum ein Jahr zusammen, als er in die Flasche sprang und den Korken einstöpselte.«

Wenn der Verbundenheitsmechanismus aus dem Gleichgewicht ist, dann gerät auch die sexuelle Bindung aus der Balance. Frauen haben das Gefühl, im Abseits gelandet zu sein, wie Molly, oder sie finden sich plötzlich in einer Beziehung wieder, in der sie sich wie Gefangene fühlen – eingezäunt und gefesselt von der Aussicht auf Intimität. Ihre Lustreaktionen bleiben möglicherweise schon aus, bevor ihnen bewußt wird, daß ihr Intimleben unausgewogen ist. Vor kurzem beschwerte sich eine Patientin: »Es ist einfach nicht fair. Ich hatte nie zuvor sexuelle Probleme. Und jetzt ist es soweit, ich verliebe mich das erste Mal überhaupt und schaffe es nicht, einen Orgasmus zu kriegen. Es liegt nicht daran, daß er kein guter Liebhaber ist. Er kann seine Erektion stundenlang halten. Aber ich habe solche Angst, daß er meiner überdrüssig wird, weil nichts passiert. Es ist so frustrierend, ich hab' das Gefühl, meine sämtlichen Systeme sind plötzlich durcheinandergeraten. Mittlerweile kann ich verstehen, warum Frauen den Orgasmus vortäuschen.«

»Manche Arten von Nähe können einen umbringen«, erwidert Molly voller Mitleid. »Aber Frauen sind darauf trainiert, eine enge Beziehung zu führen und das gut zu finden. Das ist schließlich unsere Aufgabe. Gleichgültig, wie mies wir uns dabei fühlen. Man erwartet von uns, daß wir uns unvermögend und unvollkommen fühlen, wenn wir nicht Teil eines Paares sind. Eines engen Paares. Ein Paar, das alles zusammen macht. Wo jeder die Sätze des anderen beendet. Sie wissen schon, an den Lippen zusammengewachsen.«

Frauen sind tatsächlich darauf trainiert, ihre Gefühle zu zügeln, der Beziehungsdompteur zu sein. Doch wenn sich eine Beziehung aus sozialer Konditionierung entwickelt und nicht aus dem Herzen, dann geht es im Bett wahrscheinlich auch nur mit Kontrolle, und man engt sich ein, anstatt alle Energie dafür einzusetzen, an der Fülle der Lust teilzuhaben. Nähe kann wie ein Gefängnis empfunden werden, dem man um jeden Preis entrinnen will.

Wie erwächst aus Verbundenheit und Zuneigung Kraft

statt Beherrschung? Frauen, die Sex lieben, sagen, Bedingung wäre ein gesundes Selbstwertgefühl. Molly stimmt dem zu. Sie beugt sich vor, stützt die Ellbogen auf die Knie und betrachtet mich mit diesem Blick, der bis ins Herz sieht. Sie spricht leise, unterstreicht aber jedes Wort: »Du mußt dir selbst zugeneigt sein, bevor du einem anderen Zuneigung schenken kannst.«

Sie fügt hinzu, daß ein gesundes Selbstwertgefühl auch ein Bewußtsein der eigenen Geschichte braucht, daß es in uns auch noch das Kind gibt, um das wir uns kümmern müssen: »Ich war so sehr damit beschäftigt, vor mir selbst wegzulaufen, daß ich vergaß, daß da ein kleines hungriges, ungeliebtes Mädchen in mir war.«

Molly berichtet, wie ungeheuer schwierig es für sie war, diese kindliche Seite an sich wieder zu entdecken: »Ich ahnte nicht, wieviel Arbeit es ist, spielen zu lernen.« Sie lacht. »Bevor ich Kate kennenlernte, habe ich mich immer sehr ernst genommen. Ich mußte es. Wegen der Frauen im Zentrum, die auf mich zählten, wegen der Kinder und meines Mannes, für den ich mich so verantwortlich fühlte. Wenn ich auch nur eine Minute nachließ, was würde dann aus ihnen werden?«

Molly übernahm eigentlich schon als Kind die Verantwortung für jeden und alles auf der Welt. Ihre Eltern waren zu oft betrunken, um beständig für sie da zu sein. Schon früh wurde sie allein mit vielem fertig, aber auf die Dauer fühlte sie sich überfordert – sie sollte sich um ihre jüngeren Geschwister kümmern, um Wade und schließlich noch um die zahllosen Frauen, die ihren Rat suchten. Als sie Kate kennenlernte, hatte sie die Fähigkeit zu spielen und locker zu sein verloren, sie konnte nicht einmal mehr richtig durchatmen, wie sich bei Beginn der Massage zeigte.

»In diesem ersten Sommer meines neuen Lebens zog ich los zum Campen. Nur ich. Vier Tage lang ganz allein in einem Zelt oben am See. Das waren sehr lange Tage. Erst einmal mußte ich mit meinem schlechten Gewissen fertig werden, weil ich Kate meine Kinder aufgehalst hatte. Dann mußte ich mich der Angst vor der Einsamkeit stellen, und die ganze Zeit stürmte und windete es.«

»Ich lernte da oben am Seeufer das kleine Mädchen in mir kennen, die Fünfjährige, die so bedürftig und ausgehungert war. Sie wollte nur einen Erwachsenen, der mit ihr spielte und ihr Dinge beibrachte und ihr sagte, sie wäre wunderbar.«

Molly rutscht auf ihrem Stuhl herum und streicht sich mit beiden Händen durchs Haar. Dann lächelt sie, daß die Sonne aufzugehen scheint. »Na ja, ich hab' gelernt, wer dieser Erwachsene war. Ich war das. Und ich entdeckte, daß diese Fünfjährige auch ich war – und daß sie ein phantastisches Kind ist, wenn du dir die Mühe machst, ihr zuzuhören. Also brachte ich mir bei, das kleine Mädchen Molly an der Hand zu nehmen und im See mit ihr zu baden und ihr beim Zähneputzen am Felsen zu helfen und ihr Lieder am Lagerfeuer vorzusingen und sie zu umarmen, wenn ihr nach Weinen zumute war. Und ich lernte, nackt mit ihr ins Wasser zu rennen, gerade wenn die Sonne unterging. Und ich lernte, wie man ein Ein-Frau-Anfeuerungsteam wird – mit den Pompoms wedeln und *Yay! Yay!* zu brüllen, weil ihr Körper so stark und so voller Sommersprossen war. Zum ersten Mal in meinem Leben lernte ich, mir selbst Gutes zu tun.«

Der steinige Weg zu Befriedigung und Wachstum

Während Molly erzählt, sehe ich, wie die Jahre von ihrem Gesicht abfallen und es vor kindlicher Unschuld zu strahlen beginnt. »Was ist mit der Befriedigung?« frage ich und gehe weiter zur nächsten Phase des sexuellen Fürsorgezyklus. »Sie scheinen jetzt so ruhig und zufrieden mit Ihrem Leben. Wie waren Sie denn, als Sie mit Wade zusammenwaren?«

»O Mann!« ruft sie grinsend. »Ich war ein solches Miststück. Und ich glaube ehrlich, daß das an sexueller Frustration lag. Ich weiß, das klingt wie ein blöder Witz, aber während meiner Ehe war ich ständig so enttäuscht von dem Mangel an Sex, daß mir nichts Freude machen konnte, auch außerhalb des Bettes nicht. Wenn die Kinder ihre niedlichen kleinen Basteleien aus der Schule heimbrachten, fiel mir nichts ein außer rumzunörgeln! Ich war wie ein lecker Eimer – nichts konnte mich füllen. Ich hatte das Gefühl zu verhungern.«

Ich frage Molly, was sie getan hatte, um auch wieder auf seiten der Befriedigung ins Gleichgewicht zu kommen.

»Ich mußte mich für Veränderungen öffnen, Risiken eingehen. Ich denke, ich wollte wohl schon immer eine sexuelle Beziehung mit einer Frau, aber allein der Gedanke daran machte mir angst. Sobald ich mir erlaubte, mir das vorzustellen, nahm die Sache ihren Lauf. Den Rest übernahm Kate in dieser Nacht, und ich mußte nichts tun, nur atmen und einfach genießen.«

Eingedenk dessen, wie leicht sie in der Hütte in die verschiedenen Stadien der Seligkeit glitt, plagt mich die Neugier, ob es für sie auch weiterhin so leicht war, Lust, Ekstase und Orgasmus zuzulassen.

»Anfangs war der Sex einfach himmlisch. Und das ist er immer noch, obwohl ich weiß, daß bei Lesben angeblich nach zwei Jahren im Bett nichts mehr läuft.« Molly bezieht sich da auf die vielsagende Wendung der Humoristin Kate Clinton: lesbischer Bettod, eine Krankheit langjähriger Partner, die sich mental so gut verstehen, daß der sexuelle Teil der Beziehung in den Hintergrund tritt.

»Na ja, manchmal machen wir ein Kreuzworträtsel im Bett«, gibt Molly zu. »Aber trotzdem, wir begehren uns immer noch, wenn Sie das fragen. Und ein hartes Stück Arbeit war es schon, den Rest meines Lebens auch so optimistisch zu sehen.« Ich dränge sie dazu, das detaillierter zu schildern, und es stellt sich, wie ich vermutete, heraus, daß jahrelange Therapie und geistige Arbeit erforderlich waren, um aus der ewigen Fürsorgerin und Unzufriedenen eine ausgeglichene und liebevolle Person zu machen, wie sie sie jetzt zu sein scheint. Die Schlüsselbereiche waren Kommunikation und ihre unbeirrbare Bereitschaft, ihr beherrschendes Verhalten aufzugeben. »Kate und ich kennen uns inzwischen fast auswendig, so daß wir wie gute alte Kumpel miteinander auskommen. Wir wissen, daß wir da etwas ganz Besonderes am Laufen haben und wir uns immer darauf verlassen können, daß alles, was gut ist, noch besser werden wird. Irgendwie ist das, als gäbe es da ein Drittes mit dem Namen Wir, und wenn wir beide dieses Dritte respektieren, leben wir in Harmonie.«

Mollys Aussagen erinnern mich an die einer anderen Frau aus dem ursprünglichen Interviewkanon. Maddy ist Professorin an einem College und in zweiter Ehe mit einem Mann verheiratet, der ihr ganz und gar ebenbürtig ist. Als ich sie fragte, was das denn sei, was den Sex für sie so befriedigend macht, erzählte sie von einem Erlebnis: »Es war an einem Samstag nachmittag, und die Kinder waren Eislaufen gegangen. Es war nichts besonderes, was wir da zusammen auf dem Sofa vor dem Kamin machten – und genau das ist es. Die Gewöhnlichkeit unserer Liebe zueinander ist das Ungewöhnliche daran.«

Molly führt das Gespräch ganz selbstverständlich zur nächsten Phase des Zyklus: Wachstum und Kreativität. »Ich muß immer wieder an meinen Ringkampf mit dem Engel der Güte denken. Vielleicht begann der Fürsorgezyklus genau da, mit der Bereitschaft einen Schritt zu tun.«

Sie streckt ihre roten Turnschuhe hoch. »Natürlich muß jeder Schritt im Zyklus eine Art Wachstum sein. Aber ich glaube, das Entscheidende war, endlich zuzugeben, daß dieser Engel der Güte in Wirklichkeit ich selbst war. Sobald ich aufgehört hatte, mit mir selbst zu ringen, begriff ich, daß ich auch Bedürfnisse hatte. Ich hörte auf, mich um alle anderen zu kümmern, als wär's eine Art Pawlowscher Reflex. Ich habe gelernt, alles etwas lockerer zu sehen und mein weiteres Leben inklusive Sex zu genießen. Ich fing damit an, von Herzen zu geben.«

Reichtum seiner selbst, Altruismus und soziale Veränderung

Von Herzen zu geben vollendet den Zyklus mit jener Art Großzügigkeit, die sowohl Geber als auch Empfänger nährt. Molly weist uns natürlich sofort darauf hin, daß dieser Altruismus etwas völlig anderes sei als die Wirtschafterei beim Sex, die sie in ihrer Ehe betrieb. Damit wurde ein bereits schwankendes Gleichgewicht nur noch weiter ins Wackeln gebracht, und das ist vielleicht das traurigste daran, ihre Fürsorge kam bei dem anderen gar nicht an. Das Wörterbuch definiert Altruismus als Selbstlosigkeit, aber meine eigene Erfahrung und die Mollys und der anderen Frauen weisen geradewegs auf das Gegenteil: Altruismus entspringt einer *Fülle* des Selbst, einer Ausdehnung, einem Gefühl von Verbundenheit, nicht nur mit dem anderen, sondern auch mit dem Ich. Altruismus ist Reichtum seiner selbst, lebendig, produktiv, großzügig und unerläßlich, denkt man an Mollys Vorstellung, in seiner eigenen Haut zu bleiben, während man in die eines anderen schlüpft.

Aber das heißt nicht, daß er selbstbezogen oder narzißtisch ist. Dieser Reichtum, aus dem der Altruismus entspringt, bewegt Frauen dazu, über ihr eigenes Leben hinauszugreifen und das anderer zu berühren – nicht um ihr eigenes Spiegelbild zu kriegen, sondern um Wohlbefinden zu teilen und vielleicht die gesellschaftlichen Strukturen zu ändern, durch die Menschen in Situationen festsitzen, die an ihnen zehren.

Molly weist darauf hin, daß sie das Gefühl, in ihrer Beziehung mit Kate erfüllt zu sein, veranlaßt hat, sich um ihren jetzigen Job als Leiterin des Frauenzentrums zu bewerben. »Schließlich und endlich konnte ich nicht für alle Zeiten eine Rekonvaleszente bleiben. Ich begann mich zu langweilen. Ich hörte ewig dieselben Botschaften in meiner Gruppe und dachte mir, he, es ist Zeit, es mal mit dem Leben als Ersatz für Therapie zu versuchen.« Es war die Liebe zu Kate, sagt sie, die ihr zu begreifen half, daß sie ihre überschüssigen Energien und Emotionen in Empathie für andere Frauen verwandeln konnte: »Es war, als würde ich meine ursprüngliche Bedürftigkeit in Gefühle der Großzügigkeit umfunktionieren.«

Mollys Geschichte bringt ein zentrales Paradox des Altruismus zum Vorschein: Frauen werden traditionell in die Rolle der Wirtschafterin gepfercht, die Erdmütter der Welt, und doch werden sie von derselben Welt ständig infantilisiert, unterbezahlt, unterbewertet und ziemlich hart angefaßt – von der Wiege bis ins hohe Alter.

Dieser Widerspruch stiftet große Verwirrung im Tanz des Gebens und Nehmens. Zum Beispiel wird Selbstlosigkeit in Partnerschaften traditionell idealisiert und als Fürsorge, als Geben mißverstanden. Es ist die Rolle der Frau zu erfreuen, zu trösten, zu füttern, zu heilen, zu pflegen, die Scherben aufzusammeln. »Ja«, sagt Molly, »im Bewußtsein der meisten Männer figurieren wir doch als Schwester Rita oder eine Art Florence Nightingale, die mit der Lampe herumwandert. Oder als Woody-Allen-Phantasie: mit Helium aufgeblasene Brüste, die über eine Wiese hopsen. Aber dann fangen sie an, uns zu hassen, weil wir unsere Sache zu gut machen und ihnen ihre kostbare Unabhängigkeit wegnehmen. Was erwarten die eigentlich von uns? Wann werden wir denn endlich etwas dafür kriegen?« Die Geschichte weiß auf solche Fragen keine vernünftige Antwort, so wenig wie die einschlägige Literatur.

»Eine der Frauen aus dem Zentrum hat mir etwas entsetzlich Trauriges erzählt«, sagt Molly. »Sie sagte, sie hätte das Gefühl, die Frauen in ihrer Familie wären genetisch reduziert worden. Sie erzählte mir: Sie haben ihr Bestes getan. Meine Großmutter bekam nie genug von dem, was sie brauchte, um meiner Mutter genug zu geben, und meine Mutter konnte mir nicht genug geben, und ich bin nicht vollkommen genug, um meiner Tochter etwas zu geben.«

Wenn die Fürsorge zusammenbricht, bricht auch der Zyklus der sexuellen Fürsorge zusammen. Dann können Frauen in eine schmerzliche Beziehungsfalle tappen, die für noch mehr Verwirrung und Elend im Schlafzimmer sorgt. Das Gebaren einer Wirtschafterin kann Fürsorgeverhalten imitieren, aber es ist weit entfernt vom gegenseitigen Tanz des Gebens und Nehmens, der Mollys und Kates Beziehung erfüllt. Das ist mehr ein Solo-Shuffle des Gebens und Gebens oder des Gebens und Aufgebens, es ist eine Art verinnerlichte Unterdrückung. Ich habe dieses Muster bei so vielen Frauen gesehen, die zur Therapie in meine Praxis kamen, daß ich ihm einen Namen gegeben habe: sexuelle Kodependenz.[5]

Bei sexueller Kodependenz werden sexuelle Einstellung und Verhaltensformen der Frau gewohnheitsmäßig nicht durch sie selbst bestimmt, sondern durch jemand anderen, meist durch den Partner, der eine alte, fordernde Stimme aus der Vergangenheit verstärkt. Frauen konzentrieren sich so vollkommen auf die Bedürfnisse ihrer Partner oder auf die Gebote ›du solltest‹, ›du müßtest‹, daß ihre sexuelle Identität aufhört zu existieren. Wenn sie in den Spiegel ihrer Empfindungen sehen, blickt sie das Bild einer anderen an, nicht ihr eigenes. Man sagt, wenn ein Vertreter der Sekundärlust stirbt, zieht an ihm das Leben eines anderen vorbei.

Molly wirft den Kopf zurück und lacht. »Also, wenn das sexuelle Kodependenz ist, dann hab' ich das jahrelang gemacht. Wißt ihr, was für ein Gefühl das ist? So als ob man zuläßt, daß der Ober das bestellte Essen selbst ißt. Das Wasser läuft einem im Munde zusammen bei dem Gedanken an die große Mahlzeit. Dann stürzt sich die Person, die sie liefern soll, darauf und hat ihre Freude daran, und dich nennt man ein blödes Weib, weil du dich beklagst.«

Alle diese Brüche im sexuellen Fürsorgezyklus haben ihre Auswirkung auf die geistigen, emotionalen und beziehungsbedingten Aspekte der Sexualität für Frauen und auch auf die körperlichen. Wenn es einige solcher Brüche gibt, wird es unmöglich, die Hand auszustrecken oder zu empfangen, Zuneigung oder Befriedigung zu empfinden, ja sogar durch die Erfahrung (oder Nichterfahrung) von Sex zu wachsen. Ein Bruch im Zyklus des Gebens und Nehmens kann zu fortschreitender Unterernährung und schließlich zum Tod der Lust durch Verhungern führen.

»Wie diese achtzig Prozent der Frauen der Generation unserer Mütter und Großmütter, die nie einen Orgasmus hatten, die Armen. Die nicht einmal gewußt hätten, was das ist, wenn er sie in die Nase gebissen hätte.« Molly schüttelt den Kopf.

Aber verlieren Sie nicht den Mut. Es hängt immer davon ab, wie tief diese Brüche gehen. Wahrscheinlich haben die meisten Frauen einen oder mehrere davon irgendwann erlebt. Aber nicht alle Frauen erleben sie alle auf einmal oder ständig. Vergessen Sie nicht: Der Zyklus des Gebens und Nehmens ist unendlich biegsam. Und es besteht die Möglichkeit, ihn zu reparieren. Mollys Geschichte ist Zeugnis dafür, daß die Reparaturen jederzeit und an jeder Stelle des Zyklus beginnen können.

Wieder einmal, Aphrodite, bin ich flatternd zu dir gelaufen, wie ein kleines Mädchen zu seiner Mutter. Die Dichterin der Antike faßt die uralte Verzweiflung der Frauen, die Sex lieben, in Worte: Wie können wir lernen, fürsorglich zu sein, ohne im Bett und in unserem Leben hilflos zu werden?

Als Molly sich erhebt, um zu gehen, fährt sie energisch mit den Fingern durch ihre Locken: »Wir müssen erwachsen werden und unser Leben verändern. Vergessen, was uns in Sachen Sex antrainiert wurde, und was angeblich akzeptabel ist und was nicht. Wir müssen es wagen, unser Leben zu verändern, um die Welt zu ändern – für uns selbst und andere Frauen.«

Molly meint damit, daß wir uns gehenlassen sollen, im Sinne von unseren eigenen positiven Gefühlen nachgeben, gleichgültig ob das, was wir fühlen, der Welt der Erwachsenen zugehört oder eine Rückkehr zu kindlichen Sehnsüchten ist. Ohne dem kann es keinen vollkommenen Zyklus sexueller Fürsorge geben. Und mit diesem Sichgehenlassen kommt die Möglichkeit sexuellen Friedens. Ein Friede, der über das bloße Verständnis hinausgeht. Ein Friede, der den Orgasmus in seiner bisherigen engen Definition weit hinter sich läßt. Ein Friede, der das Erlebnis des Orgasmus zu einer ekstatischen Erfahrung macht, zum großen B und dem Erkennen seiner selbst und des Partners. Ein Friede, mit den Worten von May Sarton, der es uns gestatten wird, den Orgasmus »nicht als kleine nette Spielerei, sondern als Woge der Vereinigung mit dem ganzen Universum« zu erleben.[6]

Der Tanz des Gebens und Nehmens. Das ist ein wesentlicher Teil der Lust von Frauen, die Sex lieben. An ihm wird der Unterschied zu dem Ex-und-hopp-Sex deutlich, der doch nur Bauchgrimmen und Schlimmeres zur Folge hat. Er ist ein Fest. Er schafft Vertrauen und wärmt Körper, Geist, Herz und Seele.

Der Zyklus sexueller Fürsorge. Geben aus der Fülle des Selbst, mit frohem Herzen empfangen, zur Ruhe kommen, sich gegenseitig genießen. Zweifellos ist das keine Wissenschaft in irgendeinem quantitativen Sinn des Wortes. Und obwohl damit Veränderungen in der Gesellschaft bewirkt werden, geht das ohne politische Machenschaften. In den Händen von Molly, Kate und anderen Frauen, die Sex lieben, ist sexuelle Fürsorge eine Kunst. Die Kunst, sich wohl zu fühlen.

7
Rosa

Wege und Umwege zur Intimität

Berühren, Haut auf Haut, da begegnen sich die Seelen.
Michael Dorris

Einige Frauen empfangen die Intimität mit offenen Armen, andere stolpern ihr entgegen. Wieder andere schleppen sich widerwillig auf sie zu, so wie die »grobe Bestie« aus Yeats' Gedicht über Revolution und Chaos auf Bethlehem zuschlurft. Gleichgültig wie chaotisch die Wege zu sexueller Intimität auch sein mögen, die meisten Frauen gehen sie doch irgendwann in ihrem Leben, denn sie sehnen sich nach Verständnis, Nähe und gegenseitiger Verpflichtung. Sie sehnen sich nach Zärtlichkeit und Sinnhaftigkeit, einem Gefühl tiefgreifender ständiger geistiger Verbundenheit. Viele Frauen sagen, dies seien Bedingungen der Leidenschaft, die ein so unerläßlicher Teil ekstatischer Lust ist.

Was ihren eigenen Weg zur Intimität betrifft, gibt Rosa zu: »Ich mußte mich schreiend und um mich schlagend an den Haaren dorthin zerren.« Es ist das erste Mal, daß ich Gelegenheit habe, mit Rosa alleine zu sprechen, dabei habe ich jetzt schon das Gefühl, sie zu kennen, auch wenn ich noch nicht mit den Einzelheiten ihrer Geschichte vertraut bin. Freunde erzählten mir von ihrem über Jahre dauernden Kampf als Frau und als Künstlerin und sie berichteten auch, wie sehr ihre Verwandlung sie beflügelte. Mir war es vergönnt, ihren Geist durch ihre Bilder kennenzulernen – üppige, schimmernde Gemälde von Tieren, die einen Garten Eden aus riesigen Blättern bevölkern. Im Restaurant, in dem wir verabredet sind, steht Rosa in der Tür, eine Aureole umgibt sie, ätherisch, sie streckt die Hand aus und will etwas sagen.

Sie war nicht immer die strahlende Seele, die sie jetzt scheinbar ist. »Ich habe die Hälfte meines Lebens mit Liebhabern im Bett verbracht und die andere Hälfte habe ich mich mit der Frage herumgequält, was zum Teufel ich da mache«, vertraut sie mir bei einer Tasse Tee an. »Es ging mir wohl um Aufmerksamkeit und natürlich auch ums Bett, aber wenn ich dann am nächsten Morgen aufstand, war das alles schon verflogen, einfach verpufft. Ich fühlte mich meist leer wie eine Teetasse.« Sie leert ihren Becher und stellt ihn auf den Kopf, um das zu veranschaulichen. Trotz dieser Worte scheint die Frau, die mir jetzt gegenübersitzt, in klarem Bewußtsein aller Facetten ihres Ichs. Ich vermute, daß dieser Weg zu einem solchen Maß an Frieden nicht einfach war und ihre Erfahrungen sich erheblich von denen Alice', Mollys und den anderen unterscheiden werden. Eine Geschichte der Suche nach dem sexuellen Ich, aber in anderen Farben gezeichnet, und die den Frauen, die Sex lieben, viel sagen kann.

»Damals wollte ich begehrt werden«, fährt sie fort und schmiert Butter auf einen Vollkornkeks, legt ihn aber dann beiseite. »Und ich fühlte mich immer toll – solange ich jemanden dazu bringen konnte, mich in seine Arme zu nehmen. Aber in der Sekunde, in der sie losließen, fühlte ich mich wieder allein und verlassen, und dann kam die Angst wieder. Ich wurde zum armen, verlorenen Kind, das keine Möglichkeit hatte zu sagen: Halt mich fest, oder ich werde mich in meine Bestandteile auflösen. – Mit jemandem ins Bett zu steigen, schien immer eine Sache von Leben und Tod: ›Ich werde sterben, wenn du nicht bei mir bleibst. Wenn ich dir nur ein paar Stunden nahe sein kann, wird alles wieder gut.‹«

»Aber das hat nicht funktioniert«, bestätige ich, angesichts einer grauen Wolke, die über ihre Augen zieht.

»In den ersten Jahren funktionierte das scheinbar sehr gut, so bis Ende Zwanzig. Ich beherrschte das Chaos. Ich fuhr Motorrad, ich machte es mit jedem. Schließlich landete ich in der Notaufnahme, weil einer der Typen, den ich abschleppte, versuchte, mich mit dem Rasiermesser, mit dem er sein Koks hackte, aufzuschlitzen. Während der ganzen Zeit trank ich täglich eine Flasche Schnaps und hatte zahllose Jobs, um meinen Malzwang zu finanzieren. Was war das alles neu und aufregend!« Rosa lächelt mich an – wie ein Kobold, nicht wie ein Engel.

»Aber dann merkte ich allmählich, daß ich ständig hungrig war. Und zwar hier hungrig«, sie legt die Hand aufs Herz. »Ich tigerte rum wie eine Katze und umschmeichelte jeden, von dem ich dachte, er könnte abends mit mir ins Bett steigen. Es war der Barkeeper, ein Automechaniker, der Typ in der Robe, der sonntags die Predigt hielt, das spielte keine Rolle. Irgendwann setzte ich mich hin und versuchte, eine Liste zu machen, aber ich konnte mich nicht an ihre Gesichter erinnern, ganz zu schweigen von ihren Namen.«

Ich überlege, wie unberechenbar doch das Leben sein kann. Rosa schaffte es, sich auszutoben, bevor die Bedrohung des HIV-Virus über uns hereinbrach. Nur ein paar Jahre später und die namenlosen, von Drogen und Alkohol vernebelten sexuellen Begegnungen, die sie schildert, hätten leicht eine Sache von Leben und Tod für sie sein können und nicht eine Ära, auf die sie zurückblicken konnte und als Erfahrung abhaken.

»Irgendwann bin ich dann durchgedreht«, fährt sie fort. »Ich dachte, der Schnaps würde meine Hemmungen lösen, aber als ich aufhörte zu trinken, merkte ich, daß mich in Wirklichkeit der anonyme Sex enthemmte. Mein Körper reagierte automatisch, während mein Bewußtsein irgendwo durch den Weltraum schwirrte und etwas anderes suchte, etwas, das den nächsten Orgasmus überdauern würde. Mit einem Mal begriff ich, daß ich nur eins wollte: mich selbst mögen. Und neben jemandem aufwachen, den ich kannte. Ich wollte noch am nächsten Morgen etwas für diese Person empfinden, und er sollte etwas für mich empfinden. Zumindest wollte ich seinen Namen wissen.« Mit der Hand, die sie aufs Herz gedrückt hatte, greift Rosa nach dem Keks, verteilt die Butter und beißt ein großes Stück ab.

Die Sehnsucht nach etwas anderem im Bett ist ein Gefühl, das die meisten Frauen, die Sex lieben, kennen, zumindest gab es irgendwann in ihrem Leben diesen Punkt. Und viele kennen auch die verfahrene Situation, in der sich Rosa befand. Inmitten der Suche nach körperlicher Losgelöstheit und Wohlgefühl stellen sie fest, daß ihnen etwas fehlt, weil sie nämlich einen wesentlichen Bestandteil für Befriedigung links liegenlassen: Intimität.

Ich muß an Libby denken, eine meiner gegenwärtigen Patientinnen, die sich selbst als lesbisch bezeichnet, aber bis jetzt noch keine sexuelle Beziehung zu einer Frau hatte. Libby ist Sozialarbeiterin, die Pflegestellen für HIV-infizierte Babys vermittelt. Sie hat einen großen Teil ihres Lebens als Pflegerin anderer Menschen zugebracht, zuletzt bei ihrer Mutter, die an Brustkrebs leidet. Sie sehnt sich nach etwas, was es ihr leichter macht, die Verantwortung zu tragen, nach Vergnügen. Und sie sehnt sich nach Sex. »Vielleicht sollte ich Nutte werden«, sagt sie allen Ernstes zu mir. »Da krieg' ich soviel Sex wie ich will und werde noch dafür bezahlt. Und es wären Männer, also brauche ich keine Angst zu haben, daß ich mich zu sehr engagiere – oder überhaupt engagiere.« Libby ist in meinen Augen keine potentielle Nutte. Sie besitzt nicht dieses hohe Maß an Energie und Widerstandskraft, die der häufige anonyme Sex fordert. Sie scheint mir eher eine Frau, die nach Zärtlichkeit und Anerkennung hungert, eine Frau, die Sex nur zu gerne lieben würde, aber deren Leben ein zu großes Durcheinander ist, um sich ihrer eigenen Gefühle voll bewußt sein zu können. Aber es ist nicht meine Aufgabe, sie davon abzuhalten, in das älteste Gewerbe der Welt einzusteigen. Meine Aufgabe ist es, ihre Wünsche zu lokalisieren, damit sie sich in die entsprechenden Richtungen bewegen kann. Vielleicht gibt es in Rosas Geschichte Hinweise auf dieses schwer identifizierbare Etwas, das man sexuelle Nähe nennt.

Das Wort *Intimität* leitet sich von dem lateinischen *intima* ab, und bedeutet dort soviel wie die innerste Schicht eines Organs, die Wand eines Blutgefäßes, dem Kern am nächsten. Viele Frauen, die Sex lieben, behaupten, sexuelle Intimität *sei* der Kern. Wenn ich darüber nachdenke, was diesen Frauen auf lange Sicht sexuelle Befriedigung geschenkt hat, dann fiel am häufigsten der Begriff der *Intimität,* als wäre das die Summe all dessen, was man begehrt. Wie andere Bereiche positiver Sexualität ist sexuelle Intimität etwas, was den ganzen Menschen fordert, kraftvoll und spontan. Sie ist mehr als eine Pilgerfahrt zum großen O, sie ist das emotional verbindende Gewebe, das Körper, Geist, Herz und Seele zusammenbringt.

»*Reibung, Haut an Haut, da begegnen sich die Geister* – Michael Dorris sagte das«, bemerkt Rosa. »Das ist mit die beste Definition sexueller Intimität, die mir bis jetzt untergekommen ist.«

Sicher gehört zu sexueller Intimität berühren und berührt werden, aber nicht nur die Berührung Haut auf Haut, sondern auch die geistige und emotionale.

»Wie man sich berührt, ist ungeheuer wichtig«, sagt sie. »Intimität hat etwas mit Erkennen zu tun. Haben Sie in letzter Zeit eine Orange geschält? Ich meine so, daß Sie die Orange voll und ganz erkannt haben – ihr Gewicht, die Beschaffenheit der Haut und der Membranen, die Glitschigkeit der Kerne. Das Wesen der Organe erfährt man im Berühren, Kosten, Riechen, Fühlen. Das gilt auch für Menschen.« Das erinnert mich an Mayas Beschreibung sexueller Ekstase, sie benutzte auch den Ausdruck des Erkennens, den Rosa verwendet, um Intimität zu beschreiben.

Wir unterhalten uns darüber, wie schwierig es ist, die Komplexität sexueller Intimität zu erfassen.

»Manchmal ist es schwer, sich ihrer überhaupt bewußt zu werden, ganz zu schweigen davon, sie zu verstehen«, bemerkt Rosa. »Sie ist wie ein Chamäleon, das seine Farbe wechselt, damit man nicht sieht, wie sie in den Ästen lauert, bereit, sich auf dich zu stürzen, wenn du glaubst, du hättest nur ein kleines Abenteuer ohne jede Verpflichtung.«

Intimität ist nicht abhängig von einem bestimmten Kontext, sie kann jederzeit und völlig überraschend entstehen. Intimität kann sowohl Liebe als auch Romantik bedeuten und Fürsorge, wie für Molly und Kate während der Massage, diesem ersten monumentalen Erlebnis von Lust, bei dem jegliche vorhandene Zurückhaltung und Schüchternheit wegschmolz und sich eine tiefe Bindung zwischen den beiden herstellte. Intimität kann Verpflichtung heißen, wie für Alice, als sie und Frank mit den Diskrepanzen ihrer sexuellen Vorlieben kämpften und lernten, emotional etwas mit dem anderen zu riskieren, nach Jahren einer Ehe, die geprägt waren von Blindheit und Schweigen.

Rosa sagt: »Sind Sie nicht auch der Meinung, daß viele Leute das Wort Intimität benutzen, wenn sie in Wirklichkeit Sex meinen, und das gefürchtete Wort nicht aussprechen wollen, weil es ihnen zu nahegeht?«

»Wie zum Beispiel: ›Gestern war ich mit ihm intim‹?« erwidere ich. »Wo jeder weiß, daß damit nicht gemeint ist, daß der Cousin nur zu einem gemütlichen Abendessen vorbeikam.«

Die Semantik hilft dabei, mit kräftigen Strichen das zu verdecken, was für Frauen sexuelle Intimität bedeutet. Um die Sache noch zu erschweren, neigen Frauen dazu, nur wenige positive und mächtige Modelle für Intimität zu haben, besonders für sexuelle Intimität. Ich frage Rosa, wann sie begonnen hatte, ihre eigenen Muster zu entwickeln.

»Das begann damit, glaube ich, daß ich meine Mutter und meine Tanten imitierte«, erwidert Rosa. »Ich lernte, wie man mit jemandem flirtet, ihn erfreut und sich um ihn kümmert, noch bevor ich in die Junior High School kam. Abgesehen davon, na ja, ich habe Illustrierte und Liebesromane gelesen wie jede andere Heranwachsende.«

»Was für Tips haben Sie denn da aufgeschnappt?«

»Ich habe gelernt, daß Romantik eine Falle ist und daß

Ehe eigentlich nur ausgedehnte häusliche Gewalt oder gähnende Langeweile ist.«

»Nicht gerade ein Vorbild für gleichberechtigte, ehrliche und offene Beziehungen«, bemerke ich.

»Und was ist mit unserem Verständnis von Intimität?« fragt mich Rosa.

Intimität beinhaltet wesentlich mehr als die Fähigkeit, sich an den Namen des Liebhabers zu erinnern. Sie befähigt uns, an denselben Momenten der Lust teilzuhaben oder zumindest auf die des anderen richtig zu reagieren.

»Ich meine, wenn wir gar keine Vorstellung von Lust haben, woher wissen wir dann, wie Intimität aussieht?« Sie stimmt zu, zeichnet Weinblätter mit dem Stiel ihres Löffels auf eine Serviette. »Ich glaube, wir brauchen einen Medienblitzkrieg zum Thema Langzeitkuscheln. Die Regierung soll das mit ein paar Milliarden unterstützen, die sie sonst für Atomsprengköpfe ausgibt.«

So wesentlich Intimität auch sein mag, sie ist nicht immer leicht herzustellen, selbst nicht für Frauen, die Sex lieben. »Ich fand mich nicht plötzlich in so etwas wieder, als ich genau das machte, was mir in den Sinn kam«, meint Rosa. »Ich hatte nur eins im Sinn: flirten, den anderen erfreuen und sich um ihn kümmern und um den Rest von mir eine Mauer ziehen – meine Emotionen hüten wie die Juwelen der Königin. Mein Körper war vielleicht da draußen und lächelte, aber das war nicht ich, nicht mein wahres Ich.«

Warum kommen Frauen nicht einfach auf ganz natürliche Weise zu Intimität? Warum stecken unsere Gefühle in einem Panzer, selbst in unseren sexuellen Beziehungen, wo wir am nacktesten, verletzlichsten sind, dem Kern am nächsten, wie man meinen möchte?

»Zu meinem Kern wollte bestimmt niemand vordringen«, sagt Rosa. »Selbst ich wollte ihm nicht nahekommen. Er bestand nur aus Schmerz und Angst und Abwehr. Die Angst, gesehen zu werden und nicht gesehen zu werden. Die Angst, die Orientierung zu verlieren. Und all die Jahre der Wut, die dazugehören.«

Während Rosa spricht, fallen mir plötzlich eine ganze Menge meiner Patientinnen ein, die in meine Praxis kamen, dick gepanzert und bereit, ihre Wut und ihren Schmerz bedrohlich genau gegen die Partner zu richten, die ihnen die Nähe, nach der sie sich sehnten, hätten bieten können. Mona war eine dieser Frauen. Sie war nie fähig gewesen, direkt über das Gefühl, durch die Affäre ihres Mannes verraten worden zu sein, zu reden, dagegen bombardierte sie ihn ständig mit Sarkasmus. Karima war eine weitere Frau, die sich vor Wut über ihren fremdgehenden Partner verzehrte. Sie hatte sich dem Alkohol zugewandt, um den Schmerz zu dämpfen, und als sie dann bei mir in der Therapie war, hatte sie ihre Wut so lange geschluckt, daß sie kaum noch reden konnte. Und wenn sie es doch tat, sprach sie mit einer unterdrückten Wut, die mich an einen Stich der Jahrhundertwende erinnerte, auf dem man eine Frau mit Jongliermessern über ein Hochseil balancieren sieht. Karima war keine Frau, der man zu nahe kommen wollte.

Rosa fährt mit ihrer Geschichte fort: »Ich stamme von einer langen Reihe von Abenteurern ab – zumindest was die Männer betrifft. Die Frauen trugen alle Schwarz und wurden depressiv oder begingen Selbstmord. Meine Großeltern waren aus Costa Rica, aber irgendwie landeten sie dann hier, keiner spricht darüber. Solange ich mich erinnern kann, sogar schon mit sechs oder acht Jahren, hatte ich das Gefühl, eine Nebenrolle in einem Melodram zu spielen. Ich wußte, daß ich auf mein Stichwort hereinkommen und meinen Knicks machen sollte, aber ich habe einfach nie den Text gelernt.«

Ich bitte sie, ihr Gefühl, fehl am Platz zu sein, zu erklären. »Na ja, ich paßte nicht in die Familie, weil ich mich weigerte, auch in ein schwarzes Kleid hineinzuwachsen und die Männer zu bedienen. Ich paßte auch nicht zu den netten weißen Kindern in der Schule. Ihre Geburtstagspartys waren anders als meine. Also ließen wir uns schließlich gegenseitig in Ruhe, und ich verbrachte die Wochenenden in meinem Zimmer und zeichnete Drachen und fliegende

Pferde. Es gab sonst niemanden, der wie ich war. Es war, als hätte man mich vertrieben.«

»Sie müssen eine furchtbar einsame Kindheit gehabt haben.«

»Und auch eine seltsam befreiende. Ich wußte von Anfang an, daß ich mich selbst erfinden mußte. Und ich sehnte mich immer nach etwas anderem – nach Aufregung, Leidenschaft. Ich bastelte mir in der Phantasie einen Typen zurecht, der mich mit seiner Harley-Davidson entführen würde. Und ich bekam nie eine Anregung, mir doch etwas anderes auszudenken. In meiner Familie gab es keinen einzigen Hinweis darauf, was dazu gehört, eine enge Beziehung zu schaffen, ganz zu schweigen von einer engen sexuellen Beziehung. Ich wuchs mit vollkommen unrealistischen Vorstellungen auf.«

»Aber es muß doch irgendwelche äußeren Einflüsse gegeben haben«, sage ich.

»Na ja, da war die Kirche. Aber Sie müssen meine Familie verstehen. Sie isolierte ihre Frauen. Abgesehen von der Sonntagsmesse wurden sie zu Hause festgehalten bis sie verschimmelten oder verrückt wurden oder sich umbrachten.«

»Was war mit Fernsehen?«

»Erste Regel in der Familie war, den Großvater zu ehren. Und Großvater Popo erlaubte nicht, daß wir einen Fernseher hatten, wofür ich wohl dankbar sein sollte, weil ich sonst wahrscheinlich nie gelernt hätte, mir mit Zeichnen die Zeit zu vertreiben. Andererseits hätte ein Fernseher jemandem, der so von der Außenwelt abgeschnitten war wie ich, vielleicht ein bißchen mehr über die Welt beigebracht.«

Rosas Schilderung ihrer Kindheit unterstreicht, wie schwierig es für einige Frauen ist zu erkennen, was zur Schaffung von Intimität notwendig ist, besonders mit Männern, deren Erfahrung ihnen sagt, daß ihnen das nur wenig bringt. Das heißt ganz einfach, die meisten Frauen müssen sich wie Rosa außerhalb ihrer Familie ein Vorbild suchen, außerhalb ihrer selbst.

Das Problem dabei ist, daß die Schlüssel zu sexueller Intimität nicht außerhalb unseres Ichs liegen. Sie sind im Inneren, auch wenn manchmal nicht genug Licht vorhanden ist, um sie dort zu finden. Genau wie andere Aspekte positiver Sexualität ist Intimität durch Empathie charakterisiert – der Fähigkeit, einem Partner entkrampft, voller Toleranz und Großzügigkeit und auch voller Leidenschaft entgegenzukommen. Aber das hat seine Wurzeln in der vollständigen Anerkennung des eigenen Ichs, dessen, wie man fühlt, denkt, sich erinnert, wie man ist. Einem in sexueller Intimität entgegenkommen ist also mitnichten ein selbstloser Akt. Dazu gehört die Art Selbstfülle, die Molly so beredt schilderte.

Sexuelle Intimität ist etwas, das man Stück für Stück erlernt, durch Risiko und Erfahrung und manchmal trotz Risiko und Erfahrung. Bei Therapiesitzungen ist es mir oft vergönnt, Zeuge zu werden, wie Paare sich bemühen, das Gleichgewicht der Kräfte zu finden und Situationen zu schaffen, in denen beide gewinnen können. Meine Patienten Sharon und Ted sind ein Beispiel dafür. Es war klar, daß sie in ihren Alkoholikerfamilien nicht gelernt hatten, Intimität herzustellen. Für sie bedeutet Intimität die herzerwärmende Nähe, die sie in der Zweisamkeit empfanden, als sie der Sinnlosigkeit und Brutalität ihres jeweiligen Zuhauses entflohen waren. Sie hatten sich als Teenager Hals über Kopf ineinander verliebt. »Es war so einfach. Wir fühlten uns beide das erste Mal aufgehoben. Wir heirateten, sobald wir konnten.« Dann waren sie aber beide bei der Bemühung, diese Gefühle ad infinitum zu wiederholen, in außereheliche Eskapaden abgerutscht. Jetzt flohen sie voreinander, weil sie dachten, nur so würden sie sie wieder finden können. Als sie zu mir kamen, war ihre Ehe völlig aus den Fugen geraten. Und sie hatten immer noch keine Ahnung, wie sie einander ihre Verletztheit, ihre Wut und Liebe zeigen konnten.

Den Prozeß, den beide durchmachen mußten, und bei dem es darum ging, Kommunikation zu erlernen, schien mir wie ein Pokerspiel. Ich ermutigte die beiden, nicht aus dem Spiel auszusteigen, den Grad der Verpflichtung zu erhöhen, bis alle Karten auf dem Tisch lagen. Aber so willig Ted und Sharon auch waren, den Einsatz zu erhöhen war für beide nicht leicht. Sie mußten lernen, daß langfristig sexuelle Intimität wie eine ausgedehnte Reise ist und nicht eine Sache kurzer Ausflüge, wo man seine Hormone ausschüttet. Außerdem mußten sie lernen, daß es keine Formel für Erfolg gibt. Es ist unmöglich, Intimität nach objektiven Maßstäben zu quantifizieren oder zu messen. Wie bei so vielem, aus dem sich die Erfahrung tiefer Lust zusammensetzt, hängt ihre Definition vom Ansteigen und Abebben der Energie ab, und bis jetzt widersetzt sich das immer noch jeder statistischen Analyse.

Vom Chaos zur Verbundenheit

»Kommen Sie mit zu mir«, lädt mich Rosa ein. »Ich muß Ihnen etwas zeigen.« Wir trinken unseren Tee aus und einigen uns darauf, unser Gespräch bei ihr zu Hause fortzusetzen.

Der Eingangsbereich ihres Ateliers ist vollgehängt mit gerahmten Fotografien, die um sechs ihrer sinnlichen Dschungelgemälde arrangiert sind. Die Wände atmen und pulsieren regelrecht vom Schleichen der Panther und dem Schlängeln der Kobras. Wir scheinen seltsam zivilisiert in unseren Kleidern. »Das bin ich mit acht«, sagt sie und zeigt auf den Schnappschuß eines mageren, lächelnden Mädchens, das die Arme um einen schwarzen Labrador-Welpen geschlungen hat. Die Augen des Mädchens und des Hundes starren mich eindringlich an.

»Eigentlich ist es ein Bild von mir und dem einzigen Wesen, das ich, so lange ich denken kann, ohne Angst liebte.« Rosa holt das Bild von der Wand und reicht es mir. »Sein Name ist Bolivar. Als Bolivar noch ganz jung war, hab' ich ihn oft mit ins Bett genommen, einfach um einen warmen Körper in meiner Nähe zu haben. Meine Mutter hat sich immer furchtbar aufgeregt, wenn sie mich dabei erwischte, als würde da irgendein Urtrieb ausgelebt, der außerhalb ihrer Kontrolle lag. Aber ich konnte mich auf Bolivar verlassen, er schlich sich immer wieder mit wedelndem Schwanz die Treppe hoch!«

Rosa wendet sich mir zu und fragt plötzlich: »Glauben Sie, daß ich zu Bolivar eine intime Beziehung hatte? Ich meine damit nicht Sodomie oder so was, aber wenn Bolivar nicht gewesen wäre, glaube ich nicht, daß ich in meinem Leben überhaupt zu Nähe fähig gewesen wäre.«

Bevor ich antworten kann, zeigt Rosa auf eine andere Fotografie. »Das ist das einzige Foto, das ich von meiner gesamten Familie habe.« Das Foto ist die Vergrößerung eines Schnappschusses, der irgendwann in den Fünfzigern gemacht wurde, vor einem schindelgedeckten Haus mit einer Säulenveranda. Keiner berührt den anderen. Keiner lächelt. Die Männer haben Schnurrbärte und tragen Hüte. Rosas Mutter schaut hinunter auf ihre Hände, die vor dem schwarzen Kleid verschränkt sind. Rosa ist das einzige Kind. Sie kauert mit kurzen Hosen im Gras und hält sich an Bolivar fest.

»Ich fing schon sehr jung mit dem Sex an – da war ich in der neunten Klasse. Damals nannte man das ›lose‹. Es war mir egal, wie sie mich bezeichneten. Ich war so ausgehungert nach Zuneigung oder Aufmerksamkeit oder irgend etwas. Um das zu kriegen, hätte ich alles getan, was man von mir verlangte. Sie kennen die Geschichte – ich habe das richtig perfektioniert. Und es machte Spaß, war aufregend, jahrelang. Dann bekam ich mit einem Mal all diese Gefühle, von denen ich Ihnen im Restaurant erzählt habe – die Sehnsucht nach etwas mehr.«

Rosa beschreibt diesen Abschnitt ihres Lebens wieder als eine schlimme Zeit für ihren Körper und ihre Seele. »Ich wurde tatsächlich ziemlich krank«, fährt sie fort. »Fieber und Grippesymptome, die einfach nicht weggingen. Ironischerweise konnte ich buchstäblich nicht aufstehen. Ich war zu schwach zum Arbeiten, konnte nicht malen. Ich lag einfach da und brütete über mein ausgeklinktes Immunsystem. Eines Tages kam mir dann der Gedanke, daß meine

Krankheit in Wirklichkeit die Nachwehen der Jahre voller kranken Sexes waren. Ich machte eine Liste von den verschiedenen Arten der Beziehungen, die ich eingegangen war, um diesen Sex zu kriegen. Und die Beziehungen, die ich verpaßte, auf die ich verzichten mußte. Zum Beispiel weibliche Freunde, die mir wirklich nahestanden, diese liebevolle Unterstützung, die einem hilft, das Gleichgewicht zu halten. Und ich wollte wieder einen Hund, aber ich konnte mich nicht darauf verlassen, daß ich oft genug zu Hause wäre, um ihn richtig zu versorgen.«

»Wie begann dann Ihre Heilung?«

»Ich veränderte einige Dinge in meinem Leben. Verzichtete auf den Alkohol, auf den anonymen Sex, aß keinen Zucker mehr, trank keinen Kaffee. Als dann jemand meinte, ich solle auch kein weißes Mehl mehr essen, beschloß ich: Jetzt reicht's!«

Ich kann mich sehr gut in Rosa hineindenken. »Man kann nur bis zu einem gewissen Grad Dinge aufgeben, sonst hat man das Gefühl, man gibt sich selbst auf.«

»Schließlich fragte ich mich: Was kann ich beim Sex noch lernen? Meiner Meinung nach wußte ich bereits alles darüber, außer was es mit der Intimität auf sich hatte. Aber sobald ich versuchte, mich auf eine intime Situation einzulassen, fing ich an zu spinnen oder schlief ein. Kein schlechter Abwehrmechanismus, oder?«

»Und was passierte dann?« frage ich. Ich kann mir beim besten Willen keine Abwehrstellung bei dieser strahlenden und selbstsicheren Frau vorstellen, die mir da Fotos von ihrer Familie zeigt.

»Ich zwang mich, mir die Menschen in meiner Umgebung genauer anzusehen, die langjährige Beziehungen hatten. Ich fand, die meisten sahen, na ja, ziemlich traurig aus der Wäsche. Ich begriff allmählich, was Intimität nicht ist. Sie ist kein Rollenspiel. Dazu gehört auch nicht, daß man die Person ist, die der Partner gerne haben möchte, weil man nicht weiß, wie man jemand anders sein kann. Intimität heißt nicht einen auf Mama machen und den Partner kontrollieren, damit der nicht in Schwierigkeiten kommt.

Und Intimität ist auch nicht, sich gegenseitig bei lebendigem Leib aufzufressen, damit man nicht an Einsamkeit stirbt. Und«, sagt sie mit Nachdruck, »Intimität heißt ganz bestimmt nicht, niemals zu sagen, es tut mir leid.«

Rosa spricht von einigen der Dynamiken, die die Intimität abwürgen, besonders wenn sie sich im Schlafzimmer abspielen: Gewalt und Isolation, gegenseitige Abhängigkeit und totale Verschmelzung. Sie alle können aus Traumata und verzerrten psychosexuellen Botschaften entstehen, mit denen Frauen üblicherweise aufwachsen. Sie können auch aus dem Mythos entstehen, der besagt, Sex wäre ein Machtspiel, kein ausgewogener Beziehungstanz.

»Aber sicher waren doch nicht alle Paare, die Sie sich angeschaut haben, Sparringpartner oder Gefangene ihrer Beziehung«, frage ich sie herausfordernd.

»Ganz und gar nicht. Ich habe Leute gekannt, die seit siebenunddreißig Jahren mit demselben Mann, derselben Frau oder demselben Geliebten zusammen waren«, erwidert Rosa. »Meine alte Mallehrerin – sie hält immer noch Händchen mit ihrem Mann und fängt an zu strahlen, wenn er ins Zimmer kommt. Wenn sie nicht zusammen sind, erzählt einer vom anderen nette Geschichten. Und ich beneide und bewundere sie. Aber als ich dieses Stück Selbstanalyse betrieb, dachte ich, nee, das ist nicht mein Ding.

Ich wurde tatsächlich richtig politisch, was dieses Thema anging. Na ja, Politik machten wir damals schließlich alle.«

Ich versichere Rosa, daß ich mich daran auch erinnere. Mitte der Siebziger kam ich schließlich auch zum Feminismus, dazu, eine Frau in der männlich dominierten Welt der menschlichen Sexualität zu sein.

»Ich startete einen regelrechten Feldzug, um Veränderungen zu erreichen. Sie wissen schon, die überlegene Stellung der Frau innerhalb und außerhalb des Bettes und so weiter. Ich glaube, es hatte nicht sonderlich viel Wirkung auf die Männer. Sie absorbierten das und zogen dann ihr Ding weiter durch.«

»Nämlich sich einfach umzudrehen und einzuschlafen, zumindest was uns betraf, stimmt's?« werfe ich ein.

»Richtig. Und ich hatte die Nase voll davon, immer nur wütend zu sein. Also lernte ich, wie das mit dem Sex mit mir selbst ist.«

»Sex for one«, bemerke ich, eingedenk Betty Dodsons befreiendem Buch mit diesem Titel.[1] »Sie fingen an zu masturbieren?«

»Ja.« Rosa lacht, zeigt mir ihre Handflächen. »Von wegen Tabus brechen. Ich meine, diese Hände durften nie unter die Decke, solange ich Kind war. Niemals. Nicht einmal im tiefsten Winter.«

»Und was ist passiert?«

»Ich lernte, daß ich mich ganz gut selbst versorgen konnte, danke. Diese Hände können mehr, als nur Bilder malen. Na ja, ich entdeckte, daß ich eine Klitoris habe.«

Ein Schweigen steigt sanft zwischen uns auf, wie Nebel auf einer offenen Wiese – ein Zeichen, daß sich die Temperatur abrupt verändert hat. Ich breche das Schweigen nicht. Rosa räuspert sich und fährt fort. »Ich entdeckte Teile an mir, die nie ein Mann berührt hatte. Es war mehr als nur meine Vulva, obwohl das schon ziemlich toll war. Es war die Konzentration auf mich selbst, das sich Zeit nehmen, Trost spenden.«

»Lernen, sich selbst zu lieben?« schlage ich vor.

»Lernen, mich selbst zu respektieren und unmittelbar auf meine Lust zu reagieren, anstatt in eine Bar zu gehen und mich an der Lederjacke irgendeines Typen zu reiben. Ich nahm einen Spiegel und schaute mich selber genau an, sah tief in meine Vagina, als ich meine Tage hatte. Wissen Sie, wie viele verschiedene Farben eine Vagina haben kann?« Ihr Malerauge ruht jetzt auf den üppigen Blüten, die sich wie ein Wasserfall hinter den Schultern des Panthers über die Leinwand ergießen.

»Als ich mit meinen Genitalien fertig war, dachte ich, es würde mir gefallen, etwas mehr über den Rest von mir zu erfahren. Also begab ich mich in ein Klausurzentrum. Sie warben damit, daß man in nur einer Woche lernen könne, schöner und produktiver zu leben. Na ja, wie das mit der Anmut ist, weiß ich nicht, aber ich habe tatsächlich etwas gefunden, das für mich inzwischen von großem Wert ist. Eigentlich waren es zwei Dinge.

Das erste war die beruhigende Wirkung von Klang. Besonders die Geräusche einer Klangschale, die sie bei Meditationen benutzen, so ein tibetanisches Ding, das unglaublich in Vibration gerät, wenn man die Kante mit einem Holzklöppel reibt. Ich hatte noch nie so etwas gehört. Ich hatte das Gefühl, der Klang würde in mir bleiben und all meine Zellen neu arrangieren, als ob ich eine innerliche Massage bekäme.

Dann war da so ein Poster an der Küchenwand, das mich immer anstarrte, wenn ich reinging, um Tee zu holen, so als hätte es Augen, die mir folgten. Es war einer dieser Sinnsprüche über das Leben. Mir hat es gefallen, weil es voller Fliegendreck war. Genau wie mein Leben.« Sie lacht. »Ich habe den Spruch aufgeschrieben und den Zettel in meine Brieftasche gesteckt. Später ließ ich ihn in Plastik einschweißen, er ist immer noch da, neben meinem Führerschein. Der Spruch lautet:

Sei da
Hör zu
Sag die Wahrheit
Sei offen für das Resultat

Diese Worte vibrierten für mich wie die Klangschale. Sie wurden damals tatsächlich zu einem Lichtstrahl für mich. Vielleicht auch ein Schlaglicht, das mir half, mein Chaos zu durchleuchten. Mir wurde nämlich gerade klar, daß es bei Intimität nicht ums Festhalten geht, darum, jemandem zu gehören oder ihn zu besitzen. Und versuchen, den anderen zu ändern, hat auch nichts damit zu tun. Intimität heißt Loslassen. Die Erwartungen loslassen. Die Umklammerung lassen, damit man jemanden umarmen kann.

Und stellen Sie sich vor, da ist etwas sehr Interessantes passiert. Gerade als ich dachte, ich wäre das ganze Intimitätsfieber für immer los, traf ich Roberto.« Rosa zeigt auf die Mitte der Wand voller Bilder und gerahmter Fotografien ihres Lebens. Ein schlanker Mann mit einer stattlichen Mähne steht gebeugt über einem Zeichenbrett, grinst in die Kamera, grinst Rosa an.

»Er war aus Guatemala, gar nicht so weit von Costa Rica, wissen Sie, wo meine Familie über so viele Generationen lebte. Er war fünf Jahre jünger als ich. Wir verstanden uns sofort, es war geradezu ein angeborenes Verständnis. Er begriff unmittelbar, was mit mir los war. Ich mußte ihm nie mein Leben erklären. Zum ersten Mal hatte ich das Gefühl, mit jemandem zusammenzusein, zu dem ich gehörte.«

»Auf jeden Fall klingt das, als hätte er die Verbindung zu Ihren kulturellen Wurzeln wieder hergestellt«, bestätige ich.

»Und das ohne der entsprechende Macho zu sein.« Rosa lacht.

Wieder bemerke ich Rosas Ausstrahlung und überlege, wie drastisch sich ihr Lebensgefühl verändert haben muß, seit den Tagen, in denen sie von einem Bett ins nächste tigerte. Sie scheint der lebende Beweis dafür, daß persönliches Wachstum nicht nur von einem selbst, sondern von der Beziehung abhängt. Wie Molly und Alice hat Rosa ihre Lektionen über Leben und Sexualität letztendlich gelernt, indem sie sie mit ihrem Partner durcharbeitete.

Rosa zeigt mir ein weiteres Bild von Roberto. Er sieht wunderbar aus in seinem weißen Leinenanzug, die Augen sind dunkel und klar – ich widerstehe der Versuchung, sie mit denen Bolivars zu vergleichen, der nur ein Stück weiter unten an der Wand hängt.

Rosa legt ihre Hand aufs Herz. »Er war so romantisch. Mein Latin Lover. Zuerst war ich skeptisch – der konnte doch gar nicht echt sein. Ich hielt Romantik immer für eine Verschwörung des Patriarchats, um Frauen hinter dicken Mauern einzusperren und sie dazu zu bringen, Söhne zu gebären. Aber Roberto – er war wirklich romantisch, es war ein Teil seines Wesens. Und genau das hat mich überzeugt.

Noch dazu hielt das mein Interesse aufrecht, als die Geschichte später ins Wanken geriet.

Für ihn war Romantik wesentlich mehr, als einen Strauß Blumen zum Valentinstag zu schenken. Er hatte einen echten Sinn für Zeremonien. Als wir uns kennenlernten, hatte ich ihm die sehnsüchtigen Töne dieser Klangschale beschrieben. Und am Morgen unseres Hochzeitstages brachte er mir eine solche Klangschale – er hatte gesucht, bis er die richtige gefunden hatte. Ganz schlicht, ohne jede Verzierung, mit einem Ton, der das Herz aufgehen ließ. Wann immer wir etwas zu feiern hatten, griffen wir nach dieser Schale. Sie verbreite die Leidenschaft, sagte Roberto, schicke sie zurück ins Universum. Es war eine unserer Methoden, unser Gleichgewicht mit dem Planeten zu halten. Wir waren dann ganz still und lauschten, bis der Ton unser Innerstes erfaßt hatte. Roberto nannte es das Zelebrieren seiner femininen Seite. Und er blieb weiterhin ein Romantiker. Auch als wir verheiratet waren. Wenn er sich zum Beispiel eine Zeit in Guatemala aufhalten mußte, flog er oft übers Wochenende nach Hause, nur damit wir zusammensein konnten.«

»Roberto tauchte also in Ihrem Leben auf, und Sie hatten sofort eine feste Bindung«, bemerke ich. »Aber ich habe den Eindruck, daß weit mehr hinter dieser Geschichte steckt.«

»Ich hatte mich schon öfter verliebt – um ehrlich zu sein, einmal monatlich und das über Jahre. Aber das hier war anders. Wir bedeuteten einander wirklich etwas und das auf Dauer. Er liebte mich, liebte meine Kunst, besonders die Dschungelbilder.« Sie deutet auf die Wand voller leuchtender Tiere. »Plötzlich war ich mit diesem Mann zusammen und schaute nicht mehr ständig an seinem linken Ohr vorbei und fragte mich, wie die Begegnung mit dem nächsten ausfallen würde. Dann ist etwas wirklich Unheimliches passiert. Je mehr ich mich auf Roberto konzentrierte und je tiefer unsere Beziehung wurde, desto weniger war ich bei der Sache und desto mehr Angst bekam ich, wenn wir miteinander schliefen. Es war, als hätte ich alles, was ich wollte, und als wäre es doch nicht genug. Ich rastete aus, wenn wir uns nicht ein- oder zweimal am Tag liebten, und ich meine lieben, mit allem was dazu gehört, nicht nur ein bißchen Schmusen. Ein bis zwei Stunden Sex, gekrönt von Verkehr.«

»Wie rasteten Sie aus?« frage ich.

»Ich brauchte ihn ständig um mich, er sollte ständig mit mir im Bett sein. Ich brauchte diesen intensiven körperlichen Kontakt, sonst stand ich richtig neben mir. Ich konnte meine Gefühle nicht ertragen und begann, mich zurück in die Vergangenheit zu projizieren, in meine Kindheit. Es war, als wäre das nicht ich mit diesem Mann, den ich liebte, mit Roberto. Ich flehte ihn an, mit mir zusammenzusein, und dann brach ich einen Streit vom Zaun und drohte, ihn zu verlassen. Ich gab ihm die Schuld für die Ängste, die ich empfand.«

»Wofür gaben Sie ihm denn Schuld«, frage ich. »Ich dachte, er wäre der Erzengel von südlich der Grenze, der in Ihr Leben gerauscht war und ihm einen Sinn gab.«

»Das ist ja gerade der springende Punkt«, sagt Rosa. »Das waren Reaktionen auf all die Leute, von denen ich das Gefühl hatte, sie hätten mich früher ausgenutzt, nicht auf Roberto. Um in der Gegenwart mit Roberto zu sein, mußte ich mich von jenem Teil meines Lebens lösen, in dem ich wild herumgeschlafen hatte und keine Beziehung eingegangen war. Ich mußte noch weiter zurückgehen, mir meine Vergangenheit vergegenwärtigen. Und schließlich wurde mir klar, daß ich mich endlich mit meiner Familie abfinden mußte.«

Rosa führt mich zurück zu dem Foto ihrer Familie, die vor dem Haus posiert. »Er hatte sich zu Tode getrunken, als ich zwölf wurde.« Sie zeigt auf ihren Vater, das Gesicht im Schatten seines breitkrempigen Panamahutes. »Sie nahm eine Überdosis Tabletten, während ich noch auf dem College war.« Sie zeigt auf ihre Mutter, die bis in alle Ewigkeit beobachtete, wie ihr Leben durch ihre verschränkten Hände sickerte. »Wie sollte ich irgend jemandem nahekommen? Sie sehen doch, was Liebe einem Menschen antut.«

»Wie sah denn in Ihrer Phantasie das Zerstörerische an Ihrer Liebe aus?«

»Wenn ich jemanden liebte, der diese Liebe erwiderte, brachte er sich um. Das wollte ich Roberto nicht antun.«

Ich wollte Rosa fragen: Woher wußten Sie, daß Ihre Liebe so ungeheuer mächtig war? Bei einer Familie wie der Ihren, woher wußten Sie überhaupt etwas über Liebe? Dann fiel mir ein, daß es in der Natur der Kinder liegt zu lieben und sie häufig ihre Liebe ausdrücken, indem sie die Schuld für die Trostlosigkeit in der Familie auf sich nehmen – als würde ihnen das Aufsaugen der Negativität anderer ein Maß an Macht und Herrschaft über ihr junges Leben in einer ansonsten unmöglichen Situation geben. Viele dieser Kinder wachsen zu gefügigen, sich selbst negierenden Frauen heran, die ›zu sehr lieben‹. Bei anderen wiederum bewirkt diese außergewöhnliche Fähigkeit, aus Mißbrauch und Irrsinn derjenigen, die sich eigentlich um sie kümmern sollen, letztlich eine gründliche Heilung des Geistes und ungeheuere Stärke zu gewinnen. Ich vermute, daß Rosa eine von ihnen ist.

»Natürlich«, Rosa unterbricht meine Gedanken, »war mir das nicht bewußt, als es passierte. Aber im nachhinein weiß ich, daß die Angst, Roberto zu verlieren, hinter meinem Verhalten im Bett steckte.«

Rosa fährt in ihrer Geschichte fort: »Ich mußte viele der alten Lektionen wieder verlernen. Ich mußte die Worte hören, die ich in meinem Geldbeutel aufbewahrte: *Hör zu, hör zu.* Hör auf dein Ich, auf die Rollen, die Roberto und ich spielten, wenn wir dachten, wir machten Liebe. Ich glaube, ich habe eine Prinzessin gespielt – so bedürftig und egoistisch und hungrig. Ich wollte ihn ständig in mir haben. Sie wissen schon, ein Tag ohne gleichzeitigen Orgasmus war ein Tag, der es nicht wert war, ihn zu leben. Ich gab keine Ruhe. Mensch, ich glaube, das macht mich zu einer Frau, die zu oft kommt.« Rosa lächelt wieder übers ganze Gesicht.

Ich erwidere das Lächeln: »Wie reagierte denn Roberto auf all das?«

»Er zog sich natürlich immer mehr zurück. Er wich vor meiner Gier zurück und zog sich regelrecht ein. Nach ein paar Monaten mit mir bekam mein feuriger spanischer Liebhaber Migräne, wenn ich ihn anmachte und bekam Schwierigkeiten, einen hochzukriegen.«

»Das muß ja das Leben sehr interessant für Sie gemacht haben«, sage ich vorsichtig und frage mich, wie Rosa und der wunderbare Roberto dieses Dilemma in ihrem Schlafzimmer lösten.

»Interessant und ungeheuer schmerzlich. Wir mußten lernen, unsere Gefühle mitzuteilen, anstatt im Bett nur zu grunzen und zu deuten. Wir mußten über das, was wir wollten oder nicht wollten, reden. Wir mußten weitergehen, den nächsten Schritt meines Zen-Sprichwortes machen und anfangen, die Wahrheit zu sagen.«

»Was war denn die Wahrheit für Sie beide?«

»Die Wahrheit war, daß wir uns gegenseitig durch einige recht starre Definitionen das Leben schwermachten. Ich dachte, die Liebe, die ich wollte, wäre etwas, das ich nur im Bett kriegen könnte. Und natürlich dachte Roberto, die einzige Möglichkeit, die er hatte, für mich ein Mann zu sein, wäre ständig geil zu sein und eine Dauererektion zu haben. Natürlich war eigentlich ich es, die diese Botschaft sendete, aber das war auch seine Konditionierung. Wie er glaubte, sein zu müssen. Ich war unwahrscheinlich deprimiert. Ich erinnere mich, wie ich mich einmal umdrehte und ihm sagte, ich könnte mich genausogut in eine brave Latina-Mutter verwandeln, mir ein schwarzes Kleid anziehen und mich der Täfelung anverwandeln.«

»Glauben Sie, daß es das war, was mit den Frauen Ihrer Familie passiert ist?«

»Ich habe mir das tatsächlich überlegt. Hinter all diesem stolzierenden Machismo steckte vielleicht, daß Popo und mein Papa und all die Onkel auch bei ihren Frauen im Bett keinen mehr hochkriegten.«

»Vielleicht verhielten sie sich deshalb so beherrschend, und deshalb waren auch die Frauen so deprimiert und am

Rande des Selbstmords«, erwidere ich. »Sie haben die alte patriarchalische Gleichung in der Lust durchgespielt.«

»Und die wäre?« fragt Rosa.

»Liebe ist gleich Verkehr. Macht ist gleich Verkehr. Wie es halt seit Jahrhunderten geht: Der Mann ist oben. Es ist die Politik der Macht, die im Schlafzimmer durchgespielt wird. Dadurch sitzen alle im und außerhalb des Bettes in der Missionarsstellung fest.«

Nach meiner Erfahrung als Therapeutin entstehen daraus massive Probleme beim Sex, von der Art, die als Störungen bezeichnet werden – sowohl bei Frauen als auch bei Männern. Nachdem man über diese Störungen nur sehr schwer unverkrampft sprechen kann, fressen sie sich ins Innere ein und die Leute kriegen das Gefühl zu spinnen. Sonya ist eine aus einer langen Reihe von Patientinnen, deren Fähigkeit, Sex zu lieben, unter dieser patriarchalischen Gleichung gelitten hatte. Trotz der ganzen Energie einer Fünfundfünfzigjährigen war sie schon in tiefer Trauer über den Verlust ihres Sexuallebens, weil die Erektionen ihres Mannes immer weniger zuverlässig wurden. Sie begleitete ihn mit der Wut einer abgewiesenen Frau in die Therapie. Genau wie Rosa und Roberto mußten die beiden lernen, sich über ihre Sehnsüchte und ihre Minderwertigkeitsgefühle zu unterhalten, und sie mußten das Risiko eingehen, über ihre sexuelle Konditionierung hinauszugehen. Sie mußten lernen, wie man Liebe, Nähe und erotische Energie auf andere Weise ausdrücken kann, und entdecken, daß einige der Methoden des Sex ohne Penetration, die Iris und Konsorten schilderten, das sexuelle Universum sowohl für Männer als auch für Frauen erweitern können.

Rosa fährt fort. »Während ich mich so verrückt verhielt, war Roberto damit beschäftigt, sein eigenes Szenario durchzuziehen. Er fing an, sich selbst zu bezichtigen und wurde weinerlich. Er sagte, er wollte doch nur eins: mich glücklich machen, mir alles geben, was ich mir je im Bett gewünscht hatte.«

»Aber er hatte das Gefühl, Ihnen das nicht geben zu können, weil er seine Erektionen nicht kontrollieren konnte?« vermute ich.

Rosa nickt und lacht leise, als würde sie sich jetzt mit Roberto unterhalten: »Armer Kerl. Er fühlte sich als totaler Versager. In Wirklichkeit hatte das, was ich wollte, gar nicht soviel mit seinem Penis zu tun. Ich wollte eigentlich nur eins: daß Roberto aufhörte, sich selbst Vorwürfe zu machen und wieder der zärtliche, sensible Mann wurde, der er war. Ich wollte, daß er mich anschaute und mich in den Arm nahm, nicht um jeden Preis sein Ding in mich steckte. Und als wir all unsere Masken ablegten, stellte sich heraus, daß es Roberto egal war, ob ich von morgens bis abends seinen Körper beanspruchte. Er wollte nur gesehen, gehört und anerkannt werden. Nicht angebetet. Einfach ehrlich von mir gesehen werden, als der, der er war.«

»Sie mußten herausfinden, was Sie wollten. Damit Sie es sehen, zeigen, schmecken konnten.«

»Und paradoxerweise mußte ich gleichzeitig auf ganz bestimmte Vorhaben verzichten, zum Beispiel ›wir werden heute nacht drei Stunden Sex machen‹. Ich mußte meinem Zen-Sprichwort gehorchen. Ich mußte offen sein, offen für das, was da kommt.«

»Das ist sehr schwer«, sage ich, »besonders wenn man in einer Familie wie der Ihren aufgewachsen ist, wo es nur Beherrschung und Unterwerfung gab und keine Intimität. Offen für den Ausgang zu sein bedeutet, Vertrauen in das Wohlwollen des Schicksals zu haben. Schließlich und endlich, was war denn der Ausgang Ihrer sogenannten intimen Beziehungen in der Vergangenheit gewesen – seien es nun die mit Ihren Eltern oder die mit Ihren anonymen Liebhabern?«

»Genau«, erwidert Rosa. »Ich hatte nur eine Angst: enttäuscht zu werden.«

»Und die Bindungslosigkeit?«

»Auch das«, stimmt sie zu. »Ich war in Panik. Es gab Monate, in denen ich glaubte, ich würde alles für immer verlieren. Gerade war mein Leben noch befestigt wie eine

Burg gewesen, und jetzt waren die Mauern weggebrochen. Ich hatte das Gefühl, in viele Teile zerlegt und in alle Winde verstreut worden zu sein. Ich war unbeschreiblich verletzlich.«

»Die alten Muster funktionierten nicht mehr. Sie mußten sich ändern.«

»O Gott, Intimität herzustellen war wirklich ein hartes Stück Arbeit«, Rosa seufzt wieder, als würde Roberto neben uns stehen.

»Sicher«, erwidere ich. »Aber Sie haben mir doch erzählt, daß sich die Beziehung änderte, sobald Sie Arbeit investierten.«

»Es war unheimlich«, sagt sie, »reine Hexerei. Wie ein Wunder.«

»Das *ist* das Wunder sexueller Beziehungen«, stimme ich ihr zu. »Erinnern Sie sich an Ihr Sprichwort, wenn man zuhört und ehrlich ist, dann wird sich etwas ändern, so wie es offensichtlich bei Roberto und Ihnen der Fall war.«

»Und ich machte eine erstaunliche Entdeckung, als ich all das ausarbeitete«, sagt Rosa.

»Und die wäre?«

»Ich entdeckte, daß sexuelles Elend selbstgewählt ist.«

Der Austausch von Verletzlichkeit und: Wie lerne ich lieben?

Als ich Rosa frage, was Roberto und sie anstellten, um dieses Patt in ihrem Intimleben zu überwinden, sagt sie schlicht: »Wir fingen an, einander zuzuhören.«

»Sobald man weiß, daß man ehrlich zueinander ist, wird das Zuhören auch viel einfacher«, bemerke ich.

»Weil man nämlich«, sagt Rosa, »nicht mehr all die Energie darauf verschwendet, sich zu verteidigen und Schuld zuzuweisen. Man kann sie einsetzen, um zu sehen, wie sich das Leben auf der anderen Seite des Lakens anfühlt.«

Als Rosa das sagt, fällt mir plötzlich dieser wunderbare

Satz von Fritz Perl ein: »Nähe ist die Anerkennung von Unterschieden.« Indem sie miteinander sprachen – mit Leib und Verstand, mit Herz und Seele –, gelang es Rosa und Roberto, die gegenseitigen sexuellen Unterschiede anzuerkennen. Und sie konnten für sich lernen, wofür einige andere Paare Monate intensiver Therapie brauchen – wenn überhaupt etwas hilft. Ich denke dabei an Frank und Alice, die es so schwer damit hatten, dem anderen zuzuhören, ganz abgesehen davon, ob sie ihrer beider tiefste Sehnsüchte verstanden.

»Eines der Dinge, die ich nicht begriffen hatte«, fährt Rosa fort, »ist die Tatsache, daß sexuelle Intimität beginnt, lange bevor man ins Bett geht.«

»Sie wollen damit sagen, sie gehört zum Alltag der Beziehung?«

»Ich will damit sagen, sie beginnt genau hier.« Sie tippt mit dem Finger auf das Herz. »Ich lernte, daß all das Chaos in meinem Leben – die Herumschlaferei vor und die sexuellen Kämpfe mit Roberto –, daß das wesentlich schlimmer wurde, wenn ich es zu vermeiden versuchte, wenn ich versuchte, es zu beherrschen. Ich glaubte, ich könnte diese Verhaltensweisen ignorieren, sie von meinem Leben trennen. Ich versuchte, darum herumzusteuern.«

»Und nie die eigene Wut erleben müssen, die immer unterschwellig gärte und das Chaos munter am Leben erhielt.«

»Und nie meine eigene Wut erleben müssen«, stimmt Rosa zu und wirft einen Blick auf den Panther, der über ihr auf einem Ast lauert, der von grünen Ranken umschlungen ist.

»Offen für das Resultat sein heißt also, bereit sein, mit dem Eiertanz um die eigenen Gefühle aufzuhören ...«

»An dem Wochenende, als endlich meine Wut durchbrach, und ich die Kissen durch das ganze Haus warf, liebten wir uns, als könnten wir nie mehr aufhören. Da war soviel Zärtlichkeit zwischen uns, all das Flüstern und die Berührungen. Ich erinnere mich, wie wir am nächsten Morgen Arm in Arm aufwachten und uns einfach nur in die Augen sahen. Wir sagten nichts, beobachteten und akzeptierten nur. Einfach da sein. Das war das reine, offene Vertrauen.«

»Vorbehaltlos«, schlage ich vor.

»Und ich lernte, daß es gewisse Bedingungen gibt, unter denen man den Sex zum Klingen bringen kann«, sagt sie. Ich frage mich für einen Augenblick, ob das ähnlich sein wird wie die Liste von Geboten und Verboten, die Alice für Frank aufstellte. Doch als Rosa beginnt, ihre Bedingungen für sexuelle Intimität genauer zu schildern, ermahne ich mich, daß sie zwar beide Frauen sind, die Sex lieben, aber trotzdem sehr verschiedene Wesen an sehr verschiedenen Punkten ihres Lebens.

»Die Chemie zwischen uns muß stimmen«, beginnt Rosa ihre Liste. »Aber damit hatten Roberto und ich noch nie Probleme. Und die Zuneigung – auch kein Problem. Wir waren sofort die besten Freunde und auch ein Liebespaar.«

»Sprechen Sie denn von Liebe?« frage ich.

»Aber sicher«, sagt Rosa. »Aber ich meine Liebe jenseits meiner Zucht zum braven Mädchen, das heranwachsen sollte, um schwarze Kleider zu tragen und Männer zu bedienen.«

»Hatten Sie nicht bisher auch schon alles dazu getan, ein böses Mädchen mit einer schwarzen Motorradjacke zu sein?« hake ich ein.

»Ja«, erwidert Rosa. »Aber ich hatte immer ein schlechtes Gewissen, weil ich die Regeln gebrochen hatte. Und als ich dann Roberto kennenlernte, war ich tief in meinem Innersten immer noch das brave katholische Mädchen, verstehen Sie? Nur war ich gefangen im Körper des bösen Mädchens. Sechs Jahre relativer Abstinenz hatten die Schuldgefühle nicht ausgelöscht, nur nicht mehr anwachsen lassen. In Sachen Liebe mußte ich also erst einmal lernen, mich selbst zu lieben. Erstens mußte ich mir verzeihen, daß ich mich mit so vielen Typen rumgetrieben hatte. Dann mußte ich lernen, Roberto zu lieben. Aber nicht auf diese kriecherische, anbetende Weise, wie man das in Romanen liest und auch nicht über Entzug, wie es in meiner Familie geschah.«

Wenn Rosa erzählt, Liebe wäre unerläßlich für ihre Befriedigung im Bett, dann ist das wie ein Echo der Geschichten vieler anderer Frauen. Und genauso spricht auch sie davon, die Liebe von den sozialen und familiären Grenzen zu befreien. Es ginge darum, ihr mehr Stärke zu geben.

»Und mehr Zärtlichkeit«, fügt Rosa hinzu und lächelt wieder dem scheinbar präsenten Roberto zu, »einfach, indem man Schranken fallenläßt.«

Masters und Johnson haben den wunderbaren Ausdruck ›Austausch von Verletzlichkeiten‹ geprägt, um diesen Vorgang zu beschreiben, durch den Paare sich näherkommen und sich sexuell mehr schätzen lernen können.[2] Was zwischen Rosa und Roberto passierte, veranschaulicht diesen Ausdruck genau. Liebe, die Intimität fördert, ist kein Prozeß der Verschmelzung, sondern des Loslassens. »Man geht auch ein Risiko ein«, sagt Rosa. »Diese Liebe ist jenseits der Romantik. Man setzt da was aufs Spiel. Manchmal geht es darum, dem Partner zu sagen, daß das, was er tut, einem nicht paßt, und manchmal muß man auch das Risiko eingehen, die Atmosphäre zu vergiften.«

»Als Paartherapeutin«, schlage ich vor, »nenne ich das den Müll abladen.«

»Wissen Sie, viele Leute machen sich darüber lustig, daß Frauen Liebe brauchen, bevor sie Sex machen können. Ich bin mir nicht einmal sicher, daß ich genau weiß, was das bedeutet, aber es ist eine dieser aalglatten Phrasen, die Frauen niedermacht und die Wut zwischen Männern und Frauen schürt. Es sagt mir, daß Frauen nur eins im Sinn haben, Männer zu angeln, damit sie sie heiraten, und daß Männer wesentlich selbstverständlicher mit all dem umgehen, was mit ihrem Körper zu tun hat. Aber Roberto war nicht so. Seitdem glaube ich nicht mehr an diese einfachen Unterscheidungen zwischen den Geschlechtern. Er brauchte Liebe so sehr wie ich und er war bereit, aus sich herauszugehen, um dazu beizutragen, daß es zwischen uns klappte.«

»Und wie steht's mit der Verliebtheit?« frage ich.

»Ist das denn nicht hauptsächlich ein Produkt von überaktiven Adrenalindrüsen?« Rosa lacht.

»Mehr als das«, erwidere ich. »Es liegt auch an der gesellschaftlichen Konditionierung. Schauen Sie sich doch die Merkmale der Verliebtheit an. Besessen von dem Liebhaber sein, nach seinen Launen tanzen, wie gelähmt sein, wenn man nicht zusammen ist – klingt wie ein Lehrbuch für Sucht und gegenseitige Abhängigkeit.«

»He, Moment mal!« Rosa lacht. »Sie beschreiben das erste Jahr meines Lebens mit Roberto. Diese Begegnungen und diese Abschiede. So süßer, süßer Kummer!«

»Aber das können doch auch Symptome sein, Symptome einer Liebeskrankheit«, widerspreche ich. Ich denke dabei insbesondere an den Begriff der romantischen Liebe, diese turbulente, überschwengliche, schmerzliche Leidenschaft der neuen Liebe, die die meisten Frauen so gut kennen und die die Psychologin Dorothy Tennov so einleuchtend erklärte.[3]

»Oh, die Liebe ist etwas Wunderbares!«, sagt Rosa spöttisch. »Sie ist aber auch multidimensional und manchmal auch multischwierig. Roberto und ich lernten es auf dem steinigen Weg, daß sich zu verlieben nicht dasselbe ist, wie die Fähigkeit auf lange Zeit zu lieben. Bevor wir uns darauf einließen, dachten wir, es wäre einfach. Aber wir entdeckten, daß Liebe und Ehe sich nicht so leicht aneinander gewöhnen wie Pferd und Reiter. Um ehrlich zu sein, Ehe kann das Pferd töten. Uns hat sie fast umgebracht.«

Endlich den Geist berühren

Trotz all dieser Probleme bietet das Leben Frauen, die Sex lieben, viele Gelegenheiten, Intimität und Liebe in allen möglichen Varianten zu erleben. Dazu gehören alle möglichen Arten von Bindungen, in der Ehe und außerhalb von ihr. Wenn man sich diesen Herausforderungen stellen will, müssen beide Partner offen, vertrauensvoll und vertrauenswürdig sein. Sheila, eine der Frauen aus den ersten Interviews, erzählte mir, daß sie plötzlich, in einem sehr zärtlichen Augenblick, wußte, daß sie und ihr Partner einen bestimmten Punkt gegenseitigen Vertrauens erreicht hatten. »Wir hatten uns gerade geliebt und lagen zusammen in der Umarmung. Wir hatten keine Bedürfnisse, keine Pläne. Nichts trennte uns mehr.« Karla erzählte von einem ganz anderen Vertrauenstest: »Wir sind beide ziemlich auf Konfrontation aus und unsere sexuellen Aufwärmübungen beginnen oft mit einer Art Ringkampf – er ist größer und stärker, aber ich gewinne die verbalen Schlachten. Und es macht Spaß und ist ein ungeheuer nahes und erregendes Gefühl, weil es nie ein wirklicher Kampf ist, sondern eher ein Spiel. Wir wissen, daß wir nicht versuchen, dem anderen weh zu tun. So spielen wir.«

»Partner müssen auch gleichberechtigt sein.« Rosa lächelt und erinnert mich daran, daß Sex nicht nur eine Sache des Feierns und Spiels ist, sondern auch des Gleichgewichts. Das führt zu dem, was ein Sexualforscher ›Peer Bonding‹ im Bett nennt – die intime Verbindung zweier erwachsener Individuen, die fähig sind, ihre eigenen Bedürfnisse und die des anderen zu respektieren.[4]

»Roberto und ich hatten einen erstaunlichen Sinn für Kooperation«, wirft Rosa ein. »Sobald wir unsere rosa Periode überwunden hatten, schien jeder von uns auch das spontane Gespür dafür zu haben, wo der andere gerade stand, besonders wenn wir uns liebten. Wir bedeuteten einander so viel, daß wir oft das Gefühl hatten, eine Art kosmischen Tanz zu vollführen, bei dem jeder den nächsten Schritt des anderen erahnte, den nächsten Wunsch.«

»Selbst wenn wir ganz banale Sachen machten«, fährt Rosa fort. »Wir arbeiteten gemeinsam an Kinderbüchern – er schrieb und ich illustrierte. Also verbrachten wir viel Zeit miteinander, in der wir uns auf Details konzentrieren mußten. Er konnte oft ausdrücken, was ich mir vorstellte, ehe ich es selbst sah, und umgekehrt funktionierte das auch.«

»Sie haben zusammen Kinderbücher gemacht, aber hatten Sie je Probleme damit, daß Sie selbst keine Kinder hatten?« frage ich vorsichtig, ich wollte keinen wunden Punkt treffen. Rosa antwortet in aller Offenheit.

»Ich habe es nie gewagt, Kinder zu kriegen. Ich selbst hatte so wenig von meinen Eltern bekommen. Wir entschlossen uns, uns Hunde anzuschaffen. Cato, der alte schwarze Labrador, der Sie an der Tür begrüßt hat, war unser absoluter Liebling.«

Rosa zeigt auf die Wand, als würde sie sich an etwas längst Vergangenes erinnern. »Das ist das letzte Foto, das ich von Roberto gemacht habe.« Er lächelt und hat den Arm um den Hund geschlungen, Mann und Hund sind aufmerksam, beide in der Blüte ihrer Jahre. »Noch einen Monat mehr, dann hätten wir unseren neunten Jahrestag gefeiert.«

»Was ist passiert?« Ich wußte, daß Roberto ganz plötzlich gestorben war, aber die ganze Geschichte hatte ich nie gehört.

»Er war in Guatemala, um seine Schwestern zu besuchen, und da gab es einen tropischen Sturm – eine dieser Springfluten, die ganze Dörfer auslöscht. Er half, Kinder aus dem Keller einer Kirche zu ziehen und ein Felsblock zerquetschte seinen Kopf und die Schultern. Er war praktisch sofort tot …«

Rosa schaut hinunter auf ihre Hände. Für einen Augenblick wird sie zu der verzweifelten Mutter auf dem Schnappschuß. Dann hebt sie den Kopf und sieht mich an. Ihr Gesicht ist nicht verstockt wie das ihrer Mutter. Es ist offen und großzügig und strahlt vor innerem Licht. »Durch seine Hilfe wurden neunundfünfzig Kinder gerettet. Leute, die damals dabei waren, haben mir geschrieben. Das war vor fast fünf Jahren. Aber ich fühle immer noch seinen Geist neben mir.«

»Wie sind Sie mit dieser Nachricht fertiggeworden?«

»Zuerst dachte ich, ich müßte auch sterben. Wie konnte ich weiterleben, nachdem diese unaussprechliche Sache passiert war? Ich hatte ihn geliebt, und er war gestorben. Das war die zentrale Tatsache meines Lebens. Der alte Fluch verfolgte mich immer noch, man hatte mich bestohlen. Mir war danach zumute, mich zu geißeln. Mich an einen Felsen zu fesseln und mich Stück für Stück von den Vögeln zerreißen zu lassen.

Dann wurde mir eines klar: Wie konnte ich mein Leben aufgeben, bei all dem, wofür ich zu leben hatte? Doch nach ein paar Monaten schlich sich eine neue Art von Verzweiflung ein. Es kam die Zeit, wo ich dachte, ich würde daran sterben, daß Roberto nicht mehr neben mir im Bett lag. Daran, daß es in meinem Leben keinen Sex mehr gab – seinen Sex. Ich konnte mir nicht vorstellen, wieder so wie früher anzufangen, und konnte mir nicht vorstellen, daß ich je jemanden finden würde, der Roberto ebenbürtig war. Natürlich wußte ich, wie ich mich selbst zum Orgasmus bringen konnte, aber das war es nicht, was mir fehlte. Schließlich stellte ich mir wieder die Frage: ›Gibt es da noch etwas, was der Sex mir beibringen könnte?‹«

»Haben Sie eine Antwort bekommen?«

»Ja, eine sehr deutliche. Inmitten meiner Verzweiflung griff ich wieder nach der Klangschale. Die, die wir so oft gemeinsam erklingen ließen.«

»Und sie hat zu Ihnen gesprochen?«

»Das hat sie, obwohl ich sagen muß, daß mich das überrascht hat.«

»Was hat sie gesagt?«

»Sie sagte: ›Ergib dich.‹«

»Ergeben? Sie meinen aufgeben? Sex aufgeben? Die Hoffnung aufgeben?«

»Nein, nicht diese Art von Ergeben. Die Art von Ergeben, die Entspannung bedeutet. Sie sagte: ›Atme, rieche, fühle, laß zu, was da ist, laß die Beherrschung sein.‹ Wie in meinem Zen-Sprichwort: Nachdem man alles nur Erdenkliche getan hat, ist es Zeit abzubremsen und zuzulassen, daß man für das Resultat offen ist.«

»Mit dem Ergeben meinen Sie also nicht das alte Schreckgespenst der Frauen? Sie meinen nicht Unterwerfung?«

Rosa sieht wieder ihre Hände an – breit und stark, fähig, große Lasten zu bewegen. »Ich erinnere mich daran, daß ich, als ich Roberto begegnete, entschlossen war, mein Leben unter Kontrolle zu bringen. Ich würde nicht wieder in einer dieser miesen kleinen Romanzen landen, wo ich erst weich werde und dann verlassen. Nicht mit mir. Sogar bei unserem ersten Kuß ließ ich nicht zu, daß ich etwas fühlte – so hielt ich meine Lippen.« Rosa kneift die Lippen zusammen, als wolle sie den Primaten auf dem Gemälde über ihrer Schulter karikieren.

»Aber wie sollte das mein Leben besser machen? Das einzige, was ich unter Kontrolle hatte, waren meine Gefühle, als würde ich alle Rollen meiner Familie spielen, die der kleinen Rosa keinen Spaß gestatteten.« Ich werfe einen Blick auf das Foto ihres Vaters, beschattet von seinem Panamahut, ihrer Mutter, die die Hände faltet.

»Da ahnte ich zum ersten Mal, daß Ergeben eine Möglichkeit für mich war – eine positive Möglichkeit. Dazu gehörte, meinen eigenen Wert zu erkennen, eigentlich mich zu würdigen. Es bedeutete, meinen Begierden nachzugeben, auf meine innere Stimme zu hören. Ich begann damit, mich an all die Stellen meines Körpers zu erinnern, an denen ich immer berührt werden wollte. Ich begann damals, mich auf Roberto zu stürzen und ihn mit meinem Körper zu verwöhnen. Ich begann, Spaß zu haben. Vielleicht war ich eine Zeitlang besessen davon. Und wir beide hatten daran zu arbeiten, aber der Spaß gab uns den Anstoß.«

Rosa spricht von solchen Erfahrungen, die mit Entzücken beginnen und zu Weisheit weit über das Entzücken hinaus führen können, von sexuellen Begegnungen, die einen das Leben an sich spüren lassen. Sie beschreibt eine Empfindsamkeit von innen heraus, eine persönliche Bereitschaft sich zu öffnen und sich der Sinnlichkeit der Erfahrung hinzugeben. Wenn Rosa davon spricht, die Kontrolle abzugeben, meint sie nicht, daß sie aufgab und sich dem Willen des anderen unterwarf. Wie Alice meint sie damit, daß sie die Schranken fallenlassen kann, die sie von ihr selbst trennten und daher von der umfassendsten der Lusterfahrungen. Sie meint, sie stellte sich dem Chaos, unter dem sie ihr Leben begraben hatte. Sie meint, daß sie nun endlich auf dem Weg zur Intimität ist.

Ohne sich zu ergeben, sagt mir Rosa, könne sie sich nicht vorstellen, sexuelle Verbundenheit, sexuelle Ekstase voll und ganz zu begreifen. Vielleicht gibt es ohne dieses Ergeben keine Frauen, die nach ihrer eigenen Definition Sex lieben. Keine heilige Theresia, die vom flammenden Pfeil Gottes heimgesucht wird, keine Alice, die sich mutig dem erlittenen Mißbrauch stellt, keine Iris, die Freuden jenseits der Jadepforte enthüllt, keine Suzanne, mit der glühenden Phantasie, Orgasmen in jedem Chakra zu inszenieren.

»Aber half dieses Ergeben auch gegen die Verzweiflung?« frage ich.

»Ich begann, wieder zu fühlen. Zu fühlen, wie es war, am Leben und voller Lust zu sein.«

»Sie meinen, Sie begannen damit, da zu sein und zuzuhören.«

»Ich meine, ich fühlte die Wut und die Trauer über den Verlust von Robertos Körper. Und ich fühlte auch den Drang, wieder zu malen. Mich mit den Händen in die Farbe zu graben und Leinwände mit all dem zu füllen, was atmet und sich bewegt und frißt und brünstig ist.«

In solcher Hingabe an das Leben liegt Macht. Nicht Macht im Sinne von Herrschaft, sondern im Sinne von eingestandener Lust und Zugehörigkeit, eins mit dem Universum zu sein. »Es ist die Art Macht, die nicht dem Ego entspringt«, sagt Rosa, »sondern eine, die teilen will.«

»Und es ist die Macht, die in unserer Natur liegt«, fügt sie nachdenklich hinzu, »wenn man uns nicht irgendwo unterwegs fertigmacht.« Rosa sieht mir direkt in die Augen. »Sex ist genausowenig in Schubladen gesperrt wie der Rest unseres Lebens. Es ist nicht nur der Körper. Sex ist nicht tot, nur weil Robertos Körper nicht mehr da ist. Die Energie ist immer noch da, der Geist, den wir geschaffen haben, lebt noch. Ich lernte, daß sexuelle Intimität nicht bedeutet, daß man einen Partner im Haus haben muß«

Rosa spürt meine Skepsis und fährt fort: »Es ist nicht so schwer zu begreifen. Kommen Sie nach unten.« Sie winkt. »Ich muß Ihnen noch etwas zeigen.«

Rosa nimmt vom Kaminsims die tibetanische Klangschale, die Roberto ihr an ihrem Hochzeitstag geschenkt hat. Sie schimmert weich und sanft. »Diese Schale wurde aus sieben heiligen Metallen geschlagen. Man sagt, sie nimmt die Stimmen der Gebete an, die skandiert werden, wenn die Metalle noch in geschmolzenem Zustand sind.

Für mich ist die Schale ein Symbol des Weiblichen«, fährt sie fort. »Die Mönche haben sie mit Musik erfüllt, aber die Form haben sie sich von uns geborgt. Frauen sind stark wie Schalen. Wir sind rund. Schauen Sie sich doch nur unsere Hintern, unsere Busen und Bäuche an. Unsere Arme, wenn wir ein Kind stillen. Die Schale ist so beschaffen, daß sie keine Ecken und Kanten hat. Sie ist mächtig wie eine offene Hand, nicht wie die geschlossene Faust.

Lauschen Sie dem Klang dieser Schale«, sagt sie. «Sie bleibt ganz sie selbst und ist trotzdem fähig, den anderen zu erreichen. Hören Sie nur.«

Rosa legt die Schale auf ihre Handfläche und beginnt mit einem hölzernen Klöppel, den sie zwischen Zeigefinger und Daumen der anderen Hand hält, den Rand entlangzustreichen. Die spätnachmittägliche Sonne läßt wieder eine Aureole über ihrem Kopf entstehen, sie sieht aus wie ein Engel. Sie atmet tief und erwartungsvoll, mit offenem Mund und gerötetem Hals. Sie ist, wie die Klangschale in ihrer Hand, eine meisterlich gelungene Verschmelzung von Sinnlichem und Übersinnlichem.

Leise beginnen die sieben heiligen Metalle im Puls des Universums zu erklingen. Ein kaum hörbarer Alt und trotzdem so durchdringend, daß es in den Ohren vibriert, Tränen steigen in die Augen, die Farbe scheint von der Täfelung zu fließen. »Hören Sie das?« sagt sie. »Das ist die Stimme einer Frau. Eine Stimme des Lebens, der Zugehörigkeit, nicht der Aggression. Ihr Gesang ist keine Fanfare und kein Trommelwirbel, es ist ein Summen, wie es die Erde singt.«

Während Rosa der Schale ihr Lied entlockt, scheinen jeder meiner Knochen und all meine Muskeln weich zu werden und sich zu dehnen. Es ist, als könnte ich die

Vibrationen sehen, nicht nur hören und fühlen. Sie haben erstaunliche Farben, wie das goldene Licht des Himmels. Unsere Blicke begegnen sich, wir sind ganz eins. Wir gestatten der Energie, durch unser Bewußtsein und darüber hinaus zu fließen.

8
Gedanken zum Ich, dem Geist und der Veränderung der Gesellschaft

> Die Erregung einer Frau ist nicht allein ein Stadium körperlicher Lust, sondern der Zustand eines höheren sensorischen Bewußtseins, der zu ihrer Sexualität gehört, aber nicht auf diese begrenzt ist.
>
> *Clarissa Pinkola Estés*

Als ich in den frühen Siebzigern mit den Recherchen zu diesem Buch begann, hatten die Frauenbewegung und die sogenannte sexuelle Revolution ihren Höhepunkt erreicht. *The Female Eunuch, Open Marriage* und *The Joy of Sex* gehörten zur Standardlektüre. Frauen wollten etwas über sich erfahren, sie überschritten Grenzen, gingen auf Swingpartys, hatten Beziehungen zu anderen Frauen und verbrannten in der Öffentlichkeit ihres BHs. Die Scheidungsrate kletterte mit den Säumen der Röcke. Kiffen sollte die Lust steigern. Affären gediehen. Die Pille ging in ihr zweites Jahrzehnt[1], Abtreibung stand kurz davor, legalisiert zu werden[2], Homosexualität stand kurz davor, nicht mehr als Krankheit klassifiziert zu werden[3].

Als frischgebackene Therapeutin hatte ich einen ziemlich guten Einblick in die Auseinandersetzungen um das Problem der persönlichen Entfaltung. Masters und Johnson hatten vor kurzem ihre Theorien über sexuelle Reaktionen und Überforderung[4] veröffentlicht, und der Drang zur sexuellen Verwirklichung tauchte als Problem in Therapiepraxen im ganzen Land auf. Bücher von Betty Dodson und Nancy Friday machten die Runde durch die bewußtseinsfördernden Frauengruppen; Lonnie Barbachs und Shere Hites Bücher sollten bald folgen. Nach ihrer Übersetzung in zahlreiche Sprachen würden sie dazu beitragen, die

Frauen weltweit zu befreien, die Frauen würden wagen, ihre Phantasien und ihre Fähigkeit zur Selbstbefriedigung auszuleben – und ihre Partner scharf zu machen, ohne sich dabei auf Drogen verlassen zu müssen.[5]

Es war ein Zeitalter der sexuellen Möglichkeiten, mit genug Orgasmen für jedermann (dachten wir); die sexuelle Revolution war von den Männern noch nicht uminterpretiert worden, um mehr Frauen in die Kiste zu kriegen. Die repressiven Fünfziger waren ein für allemal vorbei (dachten wir), die neue, konservative Moral der Reagan-Bush-Ära hatte noch nicht eingeschlagen. Familienwerte waren etwas, worüber man bei Tisch diskutierte und nicht auf politischen Versammlungen oder zur besten Sendezeit im Fernsehen. AIDS, Drogenmißbrauch, Inzest und sexuelle Belästigung durch Ärzte, Therapeuten, Anwälte und Pfarrer waren noch kein Thema in der Öffentlichkeit.

Inzwischen sind die Frauen sichtbarer und hörbarer geworden, zumindest im öffentlichen Leben. Sie sind eine wesentlich stärkere politische Macht, als sie es noch vor zwanzig Jahren waren. Angefangen bei Hillary Clinton bis hin zu den Organisationen der Landbevölkerung haben Frauen endlich etwas bei der Gestaltung der Politik mitzureden. Frauen verdienen sogar im Verhältnis zu früher mehr, auch wenn sie vielleicht härter dafür arbeiten müssen.

Aber hat sich das Blatt für die Frauen wirklich gewendet? Das Leben einiger Frauen ist leichter geworden, soviel ist sicher, und gewisse Vorstellungen und Konventionen der Gesellschaft haben sich geändert. Aber die grundlegende soziale Struktur ist immer noch dieselbe.

Während einige von uns Geld machen und Krach schlagen, sind viele mehr arbeitslos, mißbraucht, obdachlos oder sie werden auf subtilere Weise ihrer Macht beraubt. Sie dürfen auch nicht vergessen, daß dies das Zeitalter des Backlash ist, wo die Frauen wieder in die alten Positionen gedrängt werden sollen. Es ist die deutliche Absicht des andauernden, unerklärten Krieges gegen Frauen, was Susan Faludi so ausdrückt, »die Frauen wieder in ihre ›akzeptablen

Rollen‹ zurückzudrängen – ob nun als Papas kleines Mädchen oder als flatternde, romantische Nestbauerin oder als passives Liebesobjekt«.[6]

Die Medien zeigen immer noch ein Idealbild der Frau. Sie ist schlank, weiß, jung, reich, heterosexuell und attraktiv für Männer. Erregend, aber nicht erregt. Auf jeden Fall verlangt sie nichts für sich selbst, was ihrem Mann nicht gefällt. Die Gerichte ignorieren weiterhin das Bedürfnis der Frauen nach Schutz vor sexuellen Übergriffen (›das hat sie sich selbst zuzuschreiben‹).[7] Das medizinische System und die pharmazeutische Industrie pathologisieren weiterhin unsere reproduktiven Zyklen, kreieren teure Krankheiten aus natürlichen Schwankungen wie PMS oder den Wechseljahren.[8] Und die Lusttöter sind immer unter uns. Rechtsorientierte religiöse Gruppen verdonnern Frauen weiterhin zu Höllenfeuer und Verdammnis, wenn sie versuchen, sexuell die Initiative zu ergreifen. Zusätzlich haben diese Gruppen, seit die Frauen das Recht auf legale Abtreibung erhalten haben, ihre Haßkampagnen gegen die Beendigung unserer ungewollten Schwangerschaften verstärkt. Operation Rescue hat zum Beispiel unter dem Deckmäntelchen des Lebens, der Familienwerte und christlichen Liebe Dutzende von Kliniken bombardiert und Tausende von Frauen angegriffen.[9] Sobald es so aussieht, als könnten die Frauen ein Quentchen verfassungsmäßiger Rechte dazugewinnen, häufen sich wieder die Attacken. Dr. Jean Miller bemerkte bereits 1976: »Man hat fast das Gefühl, daß die Anführer der Reaktion sich die Angst vor Veränderung als Drohung zunutze machen, noch bevor es zu einer größeren Veränderung kommt.«[10]

Diese soziale Struktur durchzieht die Gesellschaft über alle individuellen und Klassengrenzen hinweg. Frauen stehen ständig unter dem Druck, sich den Vorstellungen anderer von dem, was gesund, auch gesund im Bereich der Sexualität, und dem, was schicklich ist, anzupassen. Wenn eine Frau sich offen zu ihrer Liebe für eine andere Frau bekennt, kann sie ihre Kinder verlieren (inklusive Job und Status). Wenn eine Feministin sich öffentlich zur Liebe für ihren Mann bekennt, kann sie wiederum von denen gemaßregelt werden, die sich darauf versteifen, daß alle Männer dem Reich des Bösen angehören – was Susie Bright »retrofeministisches Posieren« nennt.[11]

Wenn eine Frau Heilung von Drogenmißbrauch und Abhängigkeit sucht, die sie als Überlebensmechanismen in einer verwirrenden und feindlichen Welt entwickelt hat, gibt man oft ihr pauschal die Schuld, sie hätte sich diese »Krankheit« selbst zuzuschreiben. Wenn sie zugibt, daß sie sich nach der Wärme und der Aufregung sexueller Beziehungen sehnt, wird man sie wahrscheinlich als Sexjunkie abstempeln.[12] Ich habe sogar eine Patientin, die man des sexuellen Mißbrauchs bezichtigt hat, weil sie ihr Baby stillte.

Die Botschaft des Backlash und der Reaktion lautet: Frauen lieben zu sehr, essen zuviel, wollen zuviel. Die Realität sieht dann so aus: Frauen sind immer noch das zweite Geschlecht. Es ist kein Zufall, daß Frauen, die uns als Idealtypus westlicher Schönheit vorgehalten werden, letztendlich ihrer Macht beraubt wurden (im wahrsten Sinne des Wortes: der Venus von Milo und der Nike von Samothrake fehlen die Arme).[13] Und während unserer gesamten Geschichte haben sterbliche Frauen, auch Sexgöttinnen wie Marilyn Monroe (das erste *Playboy*-Centerfold der Welt[14]), um Feindseligkeit, Verwirrung und Verzweiflung zu überleben, dieses Image ausgespielt und sich schließlich selbst entwaffnet. Viele stellen immer noch ihre Talente unter den Scheffel, machen ihre Erfolge mies, verstecken sich hinter einer langweiligen Fassade, machen so wenig Lärm wie möglich und passen auf, daß die Nachbarn nichts herausfinden.[15] Wenn wir Geschichte machen, wird sie immer noch als Geschichte der Männer eingeordnet: »Die Hälfte von allem, was gelehrt wird, sollte um Frauen gehen«, fordert die feministische Autorin Dale Spender. »Das ist wohl die radikalste Forderung, die man stellen kann.«[16] Kurz vor der Wende zum einundzwanzigsten Jahrhundert leben wir immer noch in einer Welt, in der es als radikal gilt, gleiches Recht für alle zu verlangen, ganz besonders im Bett.

Ich blicke zurück auf die Jahre meiner Recherchen und stelle fest, daß die wichtigsten unterschwelligen Repressionsmechanismen, durch die Frauen von ihrem sexuellen Erleben getrennt werden, auch heute noch am Laufen sind. Trotz der sexuellen Revolution (oder auch unterstützt von ihr) ist Sex und das Denken darüber immer noch männlich bestimmt. Vor langer Zeit, als die Verhältnisse festgeschrieben wurden, haben die Frauen scheinbar den Teil mit den Küchenutensilien gekriegt, während die Männer fröhlich mit der bunten Schachtel, in der sich die sexuelle Lust befindet, davonspazierten. Jahrhunderte werden schon darauf verwandt, diese Schachte intakt zu halten, das ist ein Teil des sozialen Gefüges.[17]

Der Ursprung für die Reaktion von heute ist die uralte Unterdrückung der Frauen. Vom ersten Tag an wußten Männer, die Frauen als Eigentum besaßen, daß das einzige, was sie nicht kontrollieren konnten, die sexuelle Energie ihrer Frauen war – ihre Lust, ihre Orgasmen und ihre Ekstase, die das Leben der Frauen mit Vitalität und Kreativität erfüllten. Die Vormachtstellung gegenüber der Frau erhält man sich nur taktisch. Genau wie die Neonazis jetzt behaupten, der Holocaust hätte nie stattgefunden, oder bei homophoben Befragungen rauskommt, die schwule männliche Bevölkerung betrage lächerliche ein Prozent[18], so haben Männer an der Macht systematisch versucht, die sexuelle Erfahrung der Frau auszuradieren. Das Verfahren war gewaltsam und heimtückisch: diese Männer schufen ein Modell der Sexualität, worin das, was Frauen am Sex lieben, als abnorm abgestempelt wurde. Und auch hier haben die Frauen kapituliert. Nachdem sie männlichen Schutz vor männlicher Gewalt brauchen, haben sie ihr sexuelles Kapital in ihre Männer und ihre Liebhaber investiert. Oder sie haben auf der Suche nach Autonomie ihre Weiblichkeit und ihre erotische Energie negiert. Wie immer man es wendet, durch den Verlust der Kontrolle über ihre Sexualität haben diese Frauen einen Urquell ihrer Kraft verloren.

Es ist praktisch unmöglich, über ekstatische Vereinigung und emotionale Bindung zu reden – diese Elemente der Lust, die Frauen oft am befriedigendsten finden –, ohne eine defensive Reaktion zu kriegen. Solche Reaktionen kommen meist von Männern, aber manchmal auch von Frauen, die sich in das System eingekauft haben. Ungläubigkeit, Herabsetzung, Abweisung, Witzchen, Themenwechsel – egal was, die Konversation wird sich im Kreis drehen. Das Maß an Rechtfertigung und Abwehr spiegelt das der Bedrohung wider. »Frauen erleben nicht *mehr*«, verkündete ein männlicher Kollege, als ich auf einige der Nachteile hinwies, von denen mir Frauen in puncto zielorientierten sexuellen Verkehrs berichteten, »sie erleben nur etwas *anderes*.«

Frauen, die Sex lieben, sind in dreifacher Hinsicht gebunden. Wenn wir schweigen, bewegen wir uns nicht von der Stelle. Wenn wir uns zu Wort melden und uns zeigen, riskieren wir Angriff. Und wenn wir im Zusammenhang mit sozialer Machtlosigkeit von persönlicher Macht sprechen, ganz zu schweigen von sexueller Macht, geben wir uns den Anschein, schlicht und einfach Verdränger zu sein. Die Botschaften sind tief eingegraben: Es ist genehm, sexy zu sein, aber erheben Sie bloß keine Besitzansprüche auf Ihre sexuelle Energie. Energiegeladene Frauen können den Status quo aus dem Gleichgewicht bringen. Erregte Frauen sind gefährlich. – Die Struktur unserer Gesellschaft ist abhängig von diesem Status quo, und seit Jahrhunderten ist dieser Status quo abhängig vom Herunterspielen der Energie der Frauen. Jede Schwankung im Gleichgewicht der Lust könnte einen sozialen Erdrutsch auslösen.

Die Veränderung der Gesellschaft

Henka nennen es die Japaner. Auf hebräisch heißt es *Shinui,* auf spanisch *transformación.* Amerikaner nennen es *change,* Veränderung. Jede Kultur hat ein Wort dafür – und wir fürchten uns entsetzlich davor.

Die Auffassung, daß Frauen, die Sex lieben, einen ernsthaften Einfluß haben können, ist neu, weil wir gelernt haben, solche Frauen nicht mit geistigem Wachstum und gesellschaftlichen Veränderungen in Verbindung zu bringen, sondern mit denselben alten Stereotypen – böse Mädchen, Hexen, Nymphomaninnen, Junkies, geile Luder, kurz: Frauen, die Sex *zu sehr* lieben. Allein schon die Bezeichnungen sind Beleidigungen all dessen, was gut und heilig ist.

Aber Frauen, die Sex lieben, sind weder böse Mädchen noch armlose Statuen. Maya, Rosa, Dr. Suzanne und die Frauen, deren Geschichten in diesem Buch stehen, und auch die vielen anderen, deren Geschichten bis jetzt noch nicht erzählt wurden, sind Frauen mit Haltung, Frauen, die etwas wagen – aktiv und offen. Sie sind herzlich und ganz sie selbst, und selbst wenn nicht jede Begegnung im Schlafzimmer perfekt läuft, können sie doch das volle Spektrum an Erfahrungen genießen. Einige dieser Frauen stehen mit beiden Beinen auf dem Boden. Andere, wie Molly, deren enthüllender Traum ihr erlaubte, das Visier hochzuklappen und Vertrauen zuzulassen sind von der Kraft der Engel berührt – nicht unbedingt der der keimfreien Engel der institutionalisierten Religion, sondern eher von der Kraft der Gottheiten der Erde, vielleicht von dem, was die Jungsche Analytikerin Clarissa Pinkola Estés »schmutzige Göttinnen« nennt, Göttinnen, die aus dem Bauch heraus laut lachen und Wärme und Wohlbefinden schaffen.[19] Ein solches Lachen kann ganz verschiedene Bedeutungen haben – aus ihrem sensorischen Bewußtsein heraus »handelt eine Frau, wie sie es für angemessen hält«.

Frauen, die Sex lieben, lachen also und unternehmen etwas, um sich selbst neu zu definieren. Ihr Gelächter und ihr Entzücken definieren auch die Lust neu, erweitern sie, um sie in das eigene, vielschichtige Leben einzupassen. Der sexuelle Reaktionszyklus, der sich aus ihren Geschichten ergibt, könnte nie in die Schachtel gestopft werden, die die Männer besitzen. Er hat eine andere Form – rund und kugelförmig und nicht dreieckig und hierarchisch. Er ist mobil und erneuert sich selbst, ist nicht statisch und zielorientiert. Er schwächt die Frauen nicht, sondern verleiht dem Leben der Frauen in jedem Bereich mehr Energie.

Letztendlich profitieren davon natürlich auch die Männer: Wenn sich das Leben der Frauen ändert, ändert sich jedermanns Leben.

Ist es wahr, daß Frauen ihre Fülle und ihr freigesetztes Lustpotential dazu benutzen können, die Reaktion zu unterlaufen? Ja, aber das genügt nicht. Soziale Veränderungen werden nicht durch die Bemühungen einzelner, die in Isolation handeln, vollzogen. Die Welt bleibt unsicher, auch wenn wir es vermeiden, nachts allein auf die Straße zu gehen, oder wir unsere Türschlösser und Telefonnummern ändern. Es steht hier auch unser Leben auf dem Spiel, nicht nur unsere Egos. Unsere Aufgabe ist es, kollektiv zu handeln, es zu wagen, Entwicklungen anzustoßen.

Wir können unsere Geschichten erzählen. Wir können die Energie anerkennen, die wir aus der Lust gewinnen. Wir können uns gegenseitig ermuntern, wir können Grenzen verschieben, lernen zu vertrauen, in Liebe die Arme auszustrecken. Wir können die Regel dessen ändern, der die Regeln macht.

Wir können die Nachricht verbreiten, daß Scham das Problem eines anderen ist. Wir können unsere Partner in dem Bewußtsein unserer Stärke auswählen und darauf eine Beziehung mit ihnen begründen. Wir können lernen, unsere Angst in Wut zu verwandeln, und aus dieser Wut dann die Kraft beziehen, die uns weiterbringt. Wir sollten zu unserem anstößigen Tun stehen und begreifen, daß ›anstößig‹ oft ein anderes Wort für mutig und befreiend ist, und nur für die Machthaber einen Verstoß bedeutet. Und wir können weiterhin unsere Geschichten erzählen.

Was war Ihr anstößigstes Erlebnis beim Sex? Diese Frage stellte ich vielen Frauen, die sich mit mir unterhielten. Als Alice ihre Hemmungen (und ihren Rock) fallen läßt und es mit Frank in einem Leihwagen macht, durchbricht sie den Mythos, daß eine treue Ehefrau und Mutter keine Lust empfinden kann. Wenn Iris die Urgelüste ihrer animalischen Natur auslebt, bewegt sie sich weit über die Zwänge der akzeptierten Weiblichkeit hinaus. Als Mollys und Kates Schüchternheit wegschmilzt und sie die enge Bindung eines

Liebespaars eingehen, bestätigen sie sich selbst und ihr Recht auf Beziehung und sexuelle Ekstase. Daß diese Frauen ihre Geschichte erzählen können, kann anderen helfen, die ihre zu verwirklichen.

Wenn ich mir diese Geschichten betrachte, wird mir klar, daß sie anstößig sind. Ein Anstoß, mutig zu sein, zu feiern, anstößig darin, seinen Verstand und seine Seele einzusetzen. Und weil Alice, Iris und Molly sich nicht von ihrer Energie lossagen, die durch ihre Sexualität von ihren anderen Energien geformt wird, sind es auch Akte von *Henka*, von sozialer Veränderung.

Ich kann Sex nicht mehr so betrachten, wie mir das durch meine anständige Bostoner Erziehung eingebleut wurde – so, wie er in dieser zu kleinen Schachtel der Männer eingesperrt ist. Aus den Mythen und Zwängen, den moralischen Vorschriften, aus der Hysterie der Medien erwachsen immer neue Muster. Ich sehe jetzt mehr. Es ist, als würde man in ein Kaleidoskop blicken. Bei jeder Drehung arrangieren sich die einzelnen Fragmente neu, so daß sie jedesmal eine andere Geschichte erzählen.

Das Substrat der Geschichten von Frauen, die Sex lieben, ist: Wenn wir unser Verständnis der Sexualität erweitern, haben wir damit ein Modell für soziale Veränderungen. Die Spiritualität der Lust anzuerkennen, zeigt uns neue Rituale, die unser Leben bereichern werden. Diese Frauen ernst zu nehmen, wird die Kluft zwischen den Geschlechtern schmälern – wir können es uns nicht leisten, uns mit der Hälfte der Ressourcen zu begnügen. Wir Frauen müssen uns selbst erst einmal ernst nehmen, wenn die anderen uns ernst nehmen sollen. Es geht um unser Leben.

All das ist keine Frage des Glaubens oder sogar der Logik, es geht vielmehr darum, endlich das Muster zu erkennen, wenn es auftaucht. Solange das Muster sich verändert, sehe ich uns in Sicherheit. In Sicherheit, um uns in einer Kultur wohl zu fühlen, die Frauen respektiert und unterstützt.

Was für eine soziale Bedeutung haben Frauen, die Sex lieben? Ich stelle diese Frage einer Kollegin, die eine landesweit erscheinende Zeitschrift über Sexualität herausgibt.

»Wir sind das fehlende Glied zwischen Lust und Macht«, sagt sie.

»Wie soll ich das verstehen?«

»Sobald wir damit angefangen haben, Lust für uns zu definieren, können wir nicht mehr wie bisher beherrscht werden. Selbst die Sprache wird sich ändern. Aber die Kultur ist nicht darauf vorbereitet, mit uns fertigzuwerden.«

»Und wir können nicht warten, bis die Kultur uns eingeholt hat«, erwidere ich.

Wir sollten anfangen, an uns zu glauben und einander zuhören. Wir können die entscheidende Mehrheit bilden.

Die wahre sexuelle Revolution muß bei uns beginnen.

Nachwort und Danksagung

Dieses Projekt hat nunmehr ein Drittel meines Erwachsenendaseins in Anspruch genommen. So gesehen ist es wie meine erwachsenen Kinder – es hat seine eigene Persönlichkeit, ist mehrmals umgezogen und hat im Lauf der Jahre Freunde gewonnen. Auch wenn ich für sein Entstehen notwendig war, stecken mehr Leute hinter dem Konzept dieses Buches, als nur ich. Selbst wenn mir danach wäre, ich könnte keine alleinigen Besitzansprüche geltend machen.

Wenn überhaupt jemand einen Anspruch darauf hat, dann die Frauen, die ich interviewte, die Frauen, die Sex lieben. Aber wir leben in dieser Art Kulturkreis, in der sie anonym bleiben müssen, damit sie vor den Moralisten geschützt sind, die ihren Ruf schädigen, und vor anderen, die sie selbst angreifen würden. All denjenigen, die beim Lesen des Titels dieses Buches gleich fragen: »Klasse! Kannst du mir deren Telefonnummern besorgen?« möchte ich bei dieser Gelegenheit sagen: Genau das meinen wir, wenn wir sagen: ›Ihr habt es immer noch nicht kapiert.‹ Diese Frauen müssen also anonym bleiben – die fünfzig Frauen der ursprünglichen Interviews und die vielen Hundert aus anderen Kontexten. Historisch betrachtet sind sie in bester Gesellschaft – »Anonym war eine Frau«, wie Virginia Woolf in *Ein Zimmer für sich allein* bemerkte. Aber solange wir weiter miteinander reden, wird sich irgendwann ein Gleichgewicht einstellen. Die Unnennbaren, Frauen, die Sex lieben, werden ohne Gefahr benannt werden können, laut und deutlich.

Das Institute for Advanced Study of Human Sexuality gab mir Carte blanche, als ich mit meiner Arbeit begann. Wardell Pomeroy, Margot Rila, Phyllis Lyon, Ray Stubbs und Charles Maser haben alle viel zu meinem Lernprozeß beigetragen.

Ed Brecher erwähnte auf seine sanfte Art am Anfang der Interviewreihe: »Fragen Sie sie nicht, wie oft sie es getan haben, fragen Sie, was sie getan haben.« Ed war ein Mann, der Frauen liebte, die Sex lieben, und uns, die wiederum ihn sehr liebten, fehlt er sehr. Jim Ramey und Betty Ramey ermutigten mich nicht nur all die Jahre weiterzuschreiben, eine Zeitlang war ich praktisch als Familienmitglied adoptiert. Mit Ann Morgan-Stebbins, eine Ost-West-Soul-Schwester, reiste ich, gemeinsam lasen wir und amüsierten uns, sie regte mich an und schließlich brachte sie mir sogar das Forellenfischen bei. Beverly Whipple öffnete mir nicht nur die Tür zu ihrem Labor, sondern auch zu ihrem Heim. Meine Schwester, Elaine Lavalle Freeman, hat sich durch ihr nie nachlassendes Interesse bewährt. Für Inspiration und provozierende Gedanken möchte ich mich – in ungeordneter Reihenfolge – bedanken bei Eleanor Hamilton, Tee Corinne, Pepita Seth, Sonia Johnson, Anne Zevin, Jean Swan, Fritjof Capra, Hazel Henderson, Jane Claypool, Honor Moore, Mimi Katzenbach, Dell Williams, Beau-Janette Feldman, Philip Feldman, Sidney Abbott, Ellen Cole, Leonore Tiefer, Karen Hicks, Annie Sprinkle, Judy Tobin, Betty Dodson, Rae Larson, Peggy Clark, Melanie Brown, Mary Ann Williams, Wendy Kaminer, Galen Brandt, Barbara Lambert und Deborah Tolman. Heide Lange, meine unendlich geduldige Agentin, begleitete mich bei vielen Versionen dieses Buches. Sally Peters, meine erste Lektorin, stellte die richtigen Fragen, die das Buch auf den Punkt brachten. Denise Silvestro, die ihre Erbschaft im Verlag antrat, führte mich mit ungeheurem Enthusiasmus und viel Humor durch die beängstigende Phase vor dem Erscheinen.

Kaye Andres hat sich einen Absatz für sich allein verdient. Seit Beginn dieses Projekts ermutigte sie mich, Grenzen zu übertreten, sie neu zu definieren, zu überdenken und alternative Konzepte zu entwickeln. Selbst heute noch hilft sie mir dabei, über meinen Horizont hinauszuschauen, und sie lacht nie über meine Vorstellungen.

Viele Ideen für dieses Buch wurden angeregt durch die Arbeit mit Leuten, die meine Vorträge oder/und Workshops besuchten. Ein Danke der U. S. Journal and Interface Foundation und den regionalen und landesweiten Konferenzen der Society for the Scientific Study of Sex, der American Association of Sex Educators, Counselors and Therapists und der American Association for Marriage and Family Therapy, die mir Foren in den gesamten Vereinigten Staaten und Kanada boten. Die Frauen des ursprünglichen Forschungsprojekts waren bei den Focus on Women Conference in Pittsfield versammelt. Focus hat sich aufgelöst, aber die National Organization for Women hat mich gebeten, sobald das Buch veröffentlicht ist, in genau demselben Auditorium im Berkshire Community College zu sprechen, wo alles angefangen hat. Auch wenn die Dinge sich verändern, bleiben sie doch gleich. Ein Dank gilt auch dem *Berkshire Women's News* für ein Forum, das von 1982 bis 1987 erschien.

Jo Chaffee, meine Partnerin seit zwölf Jahren, hat mir geholfen, das Manuskript zu schreiben – eine Reise mit Bleistift und Notizpapier und schließlich auf dem Laptop. Daß unsere Beziehung all das überlebt hat und weiter gedeiht und das Manuskript beendet und veröffentlicht ist, betrachte ich als zwei der großen Welträtsel, wenn nicht sogar Weltwunder.

Der Feinschliff des Materials während der letzten drei Jahre wäre nie so glatt über die Bühne gegangen ohne die weit über Freundschaft hinausgehende Solidarität meiner Autorengruppe: Bernardine Hayes, Jane Redmont, Elena Stone, Debra Cash und Ellen Hansen. Dichter, Gelehrte und ausgemacht weiblich, sie waren alle immer wieder bereit, sich einen weiteren Entwurf vorzunehmen.

ANHANG

Anmerkungen

1

1. Eine interessante Variation zum Thema Mißachtung der Frauen in der Forschung liefert uns Carol Tavris in *The Mismeasure of Women* (New York, 1992, S. 99): »... Forscher schließen Frauen häufig von Experimenten aus – bei Versuchen sogar weibliche Ratten, weil es einfacher und billiger ist, männliche Tiere zu verwenden. Der weibliche Fruchtbarkeitszyklus stört die Reaktionen in bestimmten Verhaltens- und biologischen Versuchen und ist häufigen Veränderungen unterworfen.«
2. Betty Dodson: *Die Lust am eigenen Körper* (München, 1989), Shere Hite: *Hite-Report* (München, 1976), Lonnie Barbach: *For Yourself* (New York, 1975), Sheila Kitzinger: *Woman's Experience of Sex* (New York, 1983), und JoAnn Loulan: *Lesben, Liebe, Leidenschaft* (Berlin, 1992).
3. Loraine Hutchins in einem ungekürzten Vortrag mit dem Titel »The Expanding Middle Ground – Being Bisexual: Both/And, Not Either/Or« vom 11. Juni 1993, gehalten auf einem regionalen Treffen der Society for the Scientific Study of Sex.
4. »The Sexual Climate: Pleasure, Power and Politics«, gehalten im April 1987 in Philadelphia, bei einem regionalen Treffen der Society for the Scientific Study of Sex, an dem führende Sexualwissenschaftler von der Ostküste teilnahmen.
5. »The Sexual Liberals and the Attack on Feminism«, gehalten am 4. April 1987 in New York auf einer Konferenz, an der führende Feministinnen teilnahmen: Kathleen Barry, Susan Brownmiller, Phyllis Chesler, Andrea Dworkin, Shere Hite, Sheila Jeffries, Robin Morgan, Mary Daly, Sonia Johnson und andere.
6. Daraus resultierte die Dissertation: »Perception of Touch in Easily Orgasmic Women during Peak Sexual Experien-

ces« (Institute for Advanced Study of Human Sexuality, San Francisco, 1981).

7. *Focus on Women*, 10. Juni 1980, Pittsfield.
8. Zweiundfünfzig Frauen erklärten sich während der Konferenz in Pittsfield zu einem Interview bereit. Ich hatte bereits mit fünf Kolleginnen Pilotinterviews abgeschlossen, und nicht alle Frauen in Pittsfield hatten dann Zeit für ein Interview. Aber diese Frauen schickten Freundinnen oder Freundinnen von Freundinnen, und so ergab sich, abgesehen von der Pilotstudie, eine Auswahl der Frauen, die leicht zum Orgasmus kommen, aus der Rede in Pittsfield.
9. Eine Abhandlung darüber, wie Madonna die traditionellen sozialen Rollen und Hierarchien erschüttert hat, finden Sie bei Laurie Ouellette: »Let's Get Serious: The Attack on Madonna Scholarship« in: *On the Issues*, Bd. 26 (Frühling 1993), S. 30–33.
10. Samuel S. Janus und Cynthia L. Janus: *The Janus Report on Sexual Behavior* (New York, 1993).
11. Zwei beredte Appelle, die Sexualität der Frauen neu zu definieren, stammen von Shere Hite in ihrem *Hite-Report* und von Sheila Kitzinger in ihrer Einführung zu *Women's Experience of Sex*. Ein dritter stammt von Leonore Tiefer, wie sie ihn in verschiedenen akademischen Aufsätzen und Artikeln in Journalen formulierte, z. B. in »New Perspectives in Sexology: From Rigor (Mortis) to Richness« in: *The Journal of Sex Research*, Bd. 28, Nr. 4 (November 1991), S. 539–602.
12. Verschiedene Sexualforscher haben Hypothesen über universelle sexuelle Reaktionszyklen aufgestellt: Wilhelm Reich: *Die Funktion des Orgasmus* (Köln, 1987); William Masters und Virginia Johnson: *Die sexuelle Reaktion* (Reinbek bei Hamburg, 1970); Helen Singer Kaplan: *Sexualtherapie. Ein neuer Weg für die Praxis* (Stuttgart, 1983) und *Hemmungen der Lust* (Stuttgart, 1981).
13. Auskunft zu Veranstaltungen u. ä. erhalten Sie bei den AIDS-Beratungsstellen.
14. Alfred Kinsey u. a.: *Das sexuelle Verhalten der Frau*, S. 401 ff.
15. Hite: *Hite-Report*, S. 561.

16. Beverly Whipple, Gina Ogden und Barry Komisaruk: »Physiological Correlates of Imagery-Induced Orgasm in Woman« in: *Archives of Sexual Behavior*, Bd. 21 (1992), S. 121–133.
17. Ein Schwung Selbsthilfebücher, angeführt von Robin Norwoods *Wenn Frauen zu sehr lieben* (Reinbek bei Hamburg, 1987), untersuchen die Beziehungsfallen, in denen sich Frauen verfangen können, indem sie sich auf ihren Partner konzentrieren, statt auf ihre eigenen Bedürfnisse und Wünsche einzugehen.
18. Wendy Kaminer *Ich bin k. o., du bist k. o. Das Geschäft mit der Selbstverwirklichung* (München, 1993) zeigt auf, daß die übervereinfachten Rezepte in der Selbsthilfeliteratur nicht nur die Intelligenz der Leser beleidigen, von denen die meisten Frauen sind, sondern auch ein Opfermodell kreieren, das Beziehungen zerstören kann. Katie Roiphe geht noch einen Schritt weiter in »Date Rape's Other Victim« (*New York Times Magazine*, 13. Juni 1993, S. 26 ff.). Sie seziert das Opfermodell und meint, daß die sexuelle Passivität der Frauen uns in die asexuellen fünfziger Jahre zurückwirft.
19. *The Janus Report on Sexual Behavior* von Samuel S. Janus und Cynthia L. Janus, der Sex als physisch und Intimität als emotional definiert, berichtet, daß der größte Teil von Männern und Frauen, die sie per Fragebogen befragten, Sex und Intimität als voneinander getrennt einstuften.
20. Alfred Kinsey ergeht sich in seinem Buch *Das sexuelle Verhalten des Mannes* (Frankfurt/Main, 1970) des langen und breiten über die Gültigkeit der Interviews unter vier Augen in der Sexualforschung. Fast ein halbes Jahrhundert später stimmen Phyllis Mansfield, Ann Voda und Patricia Koch mit ihm überein. In ihrer Studie »Midlife Sexual Response Changes: Effects of Menopausal Transition and Context« von 1992 (erscheint 1994 in: *Health Values*), erklärten sie, daß persönliche Interviews ihnen die sonst nicht gegebene Gelegenheit boten, *Frauen* zuzuhören.

2

1. Sharon Olds, »Greed and Aggression«, in: *The Gold Cell* (New York, 1987), S. 56.
2. 1981 wurde The Stone Center for Developmental Services and Studies im Wellesley College zur Erforschung der psychischen Entwicklung und der Verhütung psychischer Probleme bei Frauen gegründet. Dessen Theorien über Beziehungen sind auf andauernden Gruppenprozessen unter den Teilnehmern begründet und werden als fortlaufende Studie in einem jährlichen Kolloquium zugänglich gemacht.
3. Judith V. Jordan, »Clarity in Connection: Empathic Knowing, Desire and Sexuality« in: *Work in Progress* Nr. 29 (Wellesley: Stone Center for Developmental Services and Studies, 1987).
4. *Disorders of Sexual Desires* von Helen Singer Kaplan ist nur ein einziger Titel in einer langen Reihe, die Sexualität pathologisieren, auf gleicher Stufe mit Vorläufern wie *Psychopathia sexualis* von Richard von Krafft-Ebing (München, 1984) und *Impotenz und Anorgasmie* von William Masters und Virginia Johnson (Frankfurt/Main, 1973).
5. Zusätzliches Material zu Diskrepanzen in der Lust finden Sie bei Bernie Zilbergeld und Carol Rinklieb Ellison: »Desire Discrepancies and Arousal Problems in Sex Therapy« in: Sandra R. Lieblum und Lawrence A. Pervin, Hg. *Principles and Practice of Sex Therapy* (New York, 1980).
6. Elise Boulding: *The Underside of History* (Boulder, Colorado, 1976), S. 3.
7. *Der Krieg gegen die Frauen* (München, 1993) von Marilyn French ist ein gänsehauterzeugender Abriß von Verbrechen, die laufend an Frauen begangen werden.
8. Eine tiefgreifende Diskussion der sexuellen Rollen der Frauen im Lauf der Geschichte finden Sie bei Vernon Bullough und Bonnie Bullough in *Sin, Sickness and Sanity* (New York, 1977).
9. Die Gedächtnisforscherinnen Elizabeth Loftus und Katherine Ketcham haben in ihrem Buch *Witness for the Defense: The Accused, the Eye Witness and the Expert Who*

Puts Memory on Trial (New York, 1991) das Phänomen der falschen Erinnerung erforscht, indem sie bei Testpersonen falsche Erinnerungen hervorriefen, um die Hypothese zu prüfen, daß man seine Erinnerungen an vergangene Geschehnisse wichtiger und »wirklicher« sieht als das tatsächliche Geschehen.

10. Wilhelm Reich: *Ausgewählte Schriften. Eine Einführung in die Orgonomie.* (Köln, 1976), S. 196 ff.
11. Eine Anmerkung zu den Unterschieden von Lust, Lubrikation und Orgasmus: Nach Helen Singer Kaplan *(Hemmungen der Lust)* durchlaufen sexuelle Reaktionen drei miteinander verbundene Phasen, jede mit ihrem eigenen neurologischen Steckkontakt. Die Lustphase wird durch das limbische System kontrolliert. Die Erregungsphase, welche die Lubrikation auslöst, wird von dem parasympathischen Nervensystem kontrolliert. Die Orgasmusphase wird durch das sympathische Nervensystem kontrolliert. Die emotionale Unvereinbarkeit von Funktion und Fehlfunktion ist in der Literatur nicht festgehalten, aber es erscheint logisch, daß eine Frau, wenn sie zornig ist, die Impulse ihres limbischen Systems stoppt – d. h., sie hemmt die Möglichkeit der sexuellen Lust, die dann ihre parasympathische Reaktion auf sexuelle Erregung verhindert und die Lubrikation während des Verkehrs hemmt.
12. Eine ausführliche Diskussion über die Wirksamkeit von Rollentauschspielen zur Lösung verhärteter Gefühle kann man bei Jonathan Fox (Hg.): *Psychodrama und Soziometrie* (Köln, 1989) nachlesen. Psychodramatische Techniken, die in der Sexualtherapie angewendet werden, finden Sie bei Gina Ogden in *Sexual Recovery* (Deerfield Beach, 1990).
13. Über die sexuell zerstörerischen Folgen von Inzest, sexuellem Mißbrauch und anderen traumatischen Erfahrungen in der Kindheit siehe auch Charlotte Kasl: *Women, Sex and Addiction* (New York, 1989) und Judith Herman: *Die Narben der Gewalt. Traumatische Erfahrungen verstehen und überwinden* (München, 1994).
14. In »A Feminist Critique of the Sexual Dysfunction Nomenclature« in: *Women and Therapy*, Bd. 7, Nr. 2/3 (1988), S. 5–21, nimmt sich Leonore Tiefer die Nosologie

des sexuellen Fehlverhaltens vor und stellt fest, daß sie ihr Hauptmerkmal auf Körperteile und Leistung richtet, statt auf die holistischen und verwandten Themen, die für Frauen wichtig sind, einzugehen.

15. *Human Sexual Inadequacy* von Masters und Johnson und *Sexualtherapie* von Helen Singer Kaplan erklären sexuelles Fehlverhalten durch die Unfähigkeit, während des Verkehrs den Orgasmus zu erreichen. Dies sind die Standardtexte, auf denen die modernen richtungweisenden Haupttheorien der Sexualtherapie aufgebaut sind.
16. Jean Baker Miller: *Toward a New Psychology of Women* (Boston, 1976).
17. Carol Tavris (»Beware the Incest-Survivor Machine« in *The New York Times Book Review,* Januar 1993, S. 1 rät Inzest-»Überlebenden« (und andren), sich vom Standpunkt des Opfers zu entfernen, der in der Literatur überwiegt, und das Hauptaugenmerk auf gesellschaftliche Veränderung zu richten.

3

1. Alfred Kinsey u. a.: *Das sexuelle Verhalten des Mannes,* S. 597, *Das sexuelle Verhalten der Frau,* S. 374, beschreiben eine Sieben-Punkte-Skala von Heterosexualität bis zur Homosexualität. Der Sinn war (radikal für diese Zeit), aufzuzeigen, daß die meisten Menschen weder völlig heterosexuell in Phantasie und Verhalten noch völlig homosexuell sind, sondern irgendwo dazwischen. Wenn man sich selbst eine 3 auf der Kinsey-Skala zuweist, heißt das, daß man in beide Richtungen ausschlagen kann.
2. Mary Daly prägte den Ausdruck *re-membering* (von member – Glied, Teil), um den Fortschritt auszudrücken, den Frauen machen, die alle Fragmente ihrer Erfahrungen einschließlich der Vergangenheit zusammenfügen. (Siehe hierzu: Mary Daly: *Gyn/Ökologie. Eine Metaethik des radikalen Feminismus.* München, 1991.)
3. William Masters und Virginia Johnson (*Die sexuelle Reaktion)* schlagen einen vierfachen Zyklus von sexueller Reaktion vor, der auf Laborversuchen (auch unter Ver-

wendung vaginaler Monitore) über die Psychologie der Erregung von Männern und Frauen basiert. Diese vier Stufen sind Erregung, Plateau, Orgasmus und Auflösung. Helen Singer Kaplan in *Disorders of Sexual Desire* schlägt ein Drei-Phasen-Modell sexueller Reaktion vor, das auf klinischer Beobachtung und physiologischer Forschung beruht. Diese drei Stufen sind Lust, Erregung und Orgasmus. Diese beiden sexuellen Reaktionszyklen orientieren sich daran, ob bestimmte Zeichen und Signale des physischen Orgasmus erreicht werden, und sind weitreichend akzeptiert als ein Maßstab für sexuelle Normalität.

4. Einige einflußreiche Bücher der populären Selbsthilfebewegung sind *Getting Well Again* (New York, 1978) von O. Carl Simonton, Stephanie Matthews-Simonton und J. L. Creighton, *Love, Medicine and Miracles* (New York, 1986) von Bernie Siegel, *Gesundheit ist lernbar. Hilfe zur Selbsthilfe* (München, 1991) von Joan Borysenko, *Heile Dein Leben* (München, 1989) von Louise Hay, *Mut zur Unabhängigkeit. Wege zur Selbstfindung und inneren Heilung* (München, 1994), von Melody Beattie, *Quantum Healing* (New York, 1990) von Deepak Chopra. Zeitschriften wie *Prevention, New Age Journal* und *East West Journal* überschwemmen die Öffentlichkeit ein- bis zweimal im Monat mit den neuesten Informationen zur Heilung von allem möglichen – von Krebs bis zu einer Beziehung.
5. Die »richtige Sache« ist, natürlich, der Geschlechtsverkehr, festgeschrieben in der medizinischen Realität bei den autoritären Sexualforschern wie Freud und in jüngerer Vergangenheit Masters und Johnson und Helen Singer Kaplan.
6. Siehe hierzu: Ashley Montagu: *Körperkontakt. Die Bedeutung der Haut für die Entwicklung des Menschen* (Stuttgart, 1987), S. 142 ff.
7. Niles Newton und Michael Newton: »Psychological Effects of Lactation« in: *New England Journal of Medicine*, Bd. 277 (1967), S. 1179–1188 beschreiben die Rolle von Oxytocin, das Hormon der Hirnanhangdrüse, das den Reflex bei stillenden Müttern hervorruft: Die Muskelfasern der Brust ziehen sich zusammen und treiben die

Milch in die Kanäle, die zu den Brustwarzen führen. Von der Natur ist es so eingerichtet, daß Frauen es als äußerst wohltuend empfinden, insbesonders da die Empfindung von gleichzeitigen Kontraktionen der Muskelfasern in der Gebärmutter begleitet ist. (Frauen haben mir berichtet, daß es nicht nur Lustgefühle hervorruft, sondern daß nach einem Kaiserschnitt der Schmerz des chirurgischen Eingriffs bei diesen Kontraktionen völlig verschwindet.) Die Newtons erwähnen auch eine »Still-Frigidität« bei Frauen, die psychosexuelle Störungen erlitten haben.

8. James Prescott: »Body Pleasure and the Origin of Violence«, in: *The Futurist* (1975), S. 64–74.
9. Montagu: *Körperkontakt*, S. 142 ff.
10. Wilhelm Reich: *Ausgewählte Schriften*, S. 132 ff.
11. Philipp Blumstein und Pepper Schwartz fanden in ihrem *American Couples* (New York, 1983) heraus, daß Sex bei verheirateten Paaren mit der Zeit abnimmt. Unter den Paaren, die zwei Jahre oder weniger verheiratet waren, hatten fünfundvierzig Prozent dreimal oder öfter in einer Woche Sex. Unter denen, die zehn Jahre oder länger verheiratet waren, hatten nur noch achtzehn Prozent so häufig Sex.
12. Gioia Timpanelli in einem persönlichen Gespräch vom 8. Juni 1985.
13. Elizabeth Dodson Gray in einem persönlichen Gespräch vom 8. Juni 1985.
14. Statistiken über Vergewaltigung und Inzest können voneinander abweichen, je nachdem welche Autorität befragt wird. Feministische Akademikerinnen wie Carol Tavris behaupten, die Statistiken, die in der Selbsthilfeliteratur veröffentlicht sind, wären übertrieben und verfälscht. Sue Osthoff, Direktorin des National Clearinghouse for the Defense of Battered Women in Philadelphia, sagt, die Statistiken würden ziemlich verwirren, Übervereinfachung ist meistens die Aufgabe der Medien. Sie stellt fest, daß, was immer die Statistiken aussagen, in der Realität Frauen verletzt werden (persönliche Unterhaltung, 22. Februar 1993). Die Statistik über sexuellen Mißbrauch stammt von Andrea Parrott, mitgeteilt während eines persönlichen Gesprächs bei einem Treffen der

Society for the Scientific Study of Sex in Philadelphia am 12. April 1992.

15. Beverly Whipple in einem persönlichen Gespräch im April 1991.
16. Maya bezieht sich auf die Väter der Sexualwissenschaft um die Jahrhundertwende, wie Iwan Bloch, unerbittlicher Erforscher homosexueller Abnormalitäten und »Umkehrung«; Magnus Hirschfeld, dessen Lieblingskind, das Institut für Sexualwissenschaft in Berlin, vollgestopft war mit den sexuellen Geheimnissen hoher Beamter und anderer, und das sich die Nazis sehr früh schon vornahmen und vernichteten; und Richard von Krafft-Ebing, dessen Bestseller *Psychopathia sexualis* – eine Ausgabe grausamer als die andere – einer ganzen Generation moralistische und misogyne Werte aufzwang.
17. Robin Morgan: *Die Anatomie der Freiheit* (München, 1983), S. 135–189.
18. Daly: *Gyn/Ökologie*, S. 89.
19. Aus der Vita der heiligen Theresia in H. W. Janson: *History of Art*. 2. Ausgabe (New York, 1977), S. 487.
20. Richard Bandler und John Grinder: *The Structure of Magic* (Palo Alto, 1975).
21. Zur Wichtigkeit von Anekdoten in der Wissenschaft gibt uns Gregory Bateson eine erfreuliche Analyse der Rolle, die Scherzen, Gedichten und anderen Arten des Geschichtenerzählens zukommt, in Fritjof Capras *Uncommon Wisdom* (New York, 1988), S. 77–79.
22. Fritjof Capra: *Wendezeit. Bausteine für ein neues Weltbild*. München, 1991.
23. Abraham Maslow: *Psychologie des Seins* (München, 1973), S. 81 ff.
24. Charlene Spretnak: *The Politics of Women's Spirituality* (New York: Anchor/Doubleday, 1982), S. xviii.

25 Audre Lorde: *Uses of the Erotic* (Trumansburg, NY: Out and Out Books/Crossing Press, 1978), S. 3.

4

1. Alice Walker: *Possessing in the Secret of Joy* (New York, 1992).
2. Fürsprecher der Vulva durch die Jahre: Robert Latou Dickinson, ein Gynäkologe der ersten Hälfte dieses Jahrhunderts, schrieb und illustrierte seinen *Atlas of Human Sexual Anatomy* (Melbourne, 1933), ein bewegendes Dokument darüber, wie notwendig für Frauen die Stimulation der Klitoris ist. Andere Forscher, die die Wichtigkeit der klitoralen Stimulation hervorgehoben haben, sind William Masters und Virginia Johnson *(Die sexuelle Reaktion)*, Mary Jane Sherfey, die das ganze klitorale System in ihrem Buch *Nature and Evolution of Female Sexuality* (New York, 1966) dargestellt hat, und Shere Hite, deren *Hite-Report* die Klitoris durch Interviews mit Frauen politisiert hat. Beverly Whipple war die wichtigste Erforscherin des Grafenberg-Punkts bzw. G-Punktes und ist Mitautorin von *Der G-Punkt. Das stärkste erotische Zentrum der Frau* (München, 1987).
3. *Sex for One* ist das neueste Buch von Betty Dodson. Ein erstaunliches Videoband über ihren zweitägigen Bodysex-Workshop trägt den Titel *Selfloving* (New York: Betty Dodson Productions, 1991).
4. Schon immer waren Gruppen der Platz für Frauen, um darüber zu sprechen, was ihnen durch den Kopf ging, während sie die notwendigen Arbeiten machten, wie Mais stampfen oder Quilts nähen. Die Selbsterkennungs- und ähnliche Gruppen in den letzten Jahrzehnten haben einen verstärkenden Effekt solchen Sprechens, auch ohne Hausarbeiten, deutlich gemacht. Im vergangenen Jahrzehnt haben diese Gruppen vielen Frauen geholfen, besonders die sogenannten Wiederfindungsgruppen wie Anonyme Alkoholiker (AA) und deren viele Ableger.
5. Alfred Kinsey erwähnt in *Das sexuelle Verhalten der Frau* (aber *erwähnt* auch nur) den Kontakt mit dem ganzen Körper. Alex Comfort in *The Joy of Sex* (New York, 1974) verweist darauf nicht als eines der wichtigsten Elemente der Sexualität, sondern als einen abartigen Brauch, den er »Goldfisch« nennt und bei dem sich Pärchen ge-

genseitig fesseln und sich, ohne die Hände zu gebrauchen, lieben. Comfort versichert, daß ziemlich viele Frauen dabei ihren Orgasmus haben und zwar »einfach, weil sie sich wehren« (S. 193).

6. Jolan Chang: *Das Tao der Liebe. Unterweisungen in altchinesischer Liebeskunst* (Reinbek bei Hamburg, 1986), S. 58.

5

1. Beverly Whipple ist bekannt für ihre Erforschung des G-Punkts, eine sehr gefühlsintensive Zone, die manche Frauen durch die Vaginamündung erfühlen können.
2. Beverly Whipple und Gina Ogden: *Safe Encounters: How Women Can Say Yes to Pleasure and No to Unsafe Sex* (New York, 1988).
3. Alfred Kinsey et al.: *Das sexuelle Verhalten der Frau.*
4. Shere Hite: *Hite-Report.*
5. William Masters und Virginia Johnson: *Die sexuelle Reaktion.*
6. Einige der Recherchen, die zu einer Studie der physiologischen Nebenerscheinungen von phantasieinduzierten Orgasmen bei Frauen führten, werden von Beverly Whipple und Barry Komisaruk beschrieben in »Elevation of Pain Threshold by Vaginal Stimulation« in: *Pain,* Bd. 21 (1985), S. 357–367, und in »Analgesia Produced in Women by Genital Self-Stimulation« in: *The Journal of Sex Research,* Bd. 24 (1988), S. 130–140.
7. Die Niederschrift dieses Bandes finden Sie im Anhang.
8. Blutdruck wurde in Quecksilber-Millimetern gemessen und mit einem BioLab-System aufgezeichnet. Die Blutdruckmanschette war an der linken Wade der Versuchsperson angebracht und pumpte sich automatisch alle zwei Minuten auf. Herzschlag wurde in Schlägen per Minute gemessen und mit einer Photozelle an der rechten großen Zehe alle zwei Minuten während des ganzen Versuches, und wenn die Versuchsperson anzeigte, daß sie den Orgasmus erreicht hatte, aufgezeichnet.

9. Schmerzgrenzen wurden festgestellt, indem man langsam verstärkten Druck auf jeden Finger einer Hand ausübte. Während jeder Ruhepause und während der Versuchs legte die Versuchsperson ihren Finger auf einen Punkt von einem Millimeter Durchmesser auf den Schmerzmesser, und ein kontrollierter, sich stetig verstärkender Druck von null Gramm bis zum Maximum von einem Kilogramm wurde über einen 26-Sekunden-Zeitraum ausgeübt. Die Längenskala geht von Null bis fünfundzwanzig Einheiten; diese korrespondieren mit einer linearen Steigerung von 0 bis 1000 Gramm.
10. Taktile Schmerzgrenzen wurden erfaßt, indem man ein abgestuftes System von zwanzig einfasrigen Nylonfäden verschiedenen Härtegrads auf den Handrücken der Versuchsperson zwischen dem Daumen und dem Ringfinger anwandte. Diese Fasern werden mit einer Skala gemessen, die die lineare Druckfunktion von 4,5 Milligramm bis 447 Gramm festhält, die notwendig ist, um jede Faser zu biegen. Die Berührungsgrenze wurde bei der geringsten Kraftanwendung festgelegt, bei der die Faser sich bog, wenn die Versuchsperson die Aussage machte, daß sie die Spitze der Faser dreimal in drei Versuchen, mit einer Anstiegs-/Abfall-Methode, gefühlt hatte.
11. Die Vergrößerung des Pupillendurchmessers wurde durch den Gebrauch eines Pupillometers festgestellt, der aus einer infrarotempfindlichen Videokamera und einer variablen Infrarotquelle, die auf das Auge gerichtet ist, bestand. Veränderungen in der Pupillengröße wurden auf einem Analogmeter vorgeführt und über ein BioLab-System kontrolliert.
12. Whipple und Komisaruk: »Elevation of Pain Threshold by Vaginal Stimulation.«
13. Beverly Whipple, Gina Ogden und Barry Komisaruk: »Physiological Correlates of Imagery-Induced Orgasm in Women« in: *Archives of Sexual Behavior*, Bd. 21 (1992), S. 121–133.
14. John Money und Anke Ehrhardt: *Man and Woman, Boy and Girl* (Baltimore, 1972), S. 149 und 253.
15. John Money und Anke Ehrhardt: *Man and Woman*, S. 246 sowie John Money: »Phantom Orgasm in the Dreams

of Paraplegic Men and Women« in: *Archives of General Psychiatry*, Bd. 3 (Oktober 1960), S. 373–382.

16. Judy Grahn: *Another Mother Tongue* (Boston, 1984), S. 252.
17. Siehe hierzu unter anderem *Die sexuellen Phantasien der Frauen* (Bern, München, 1978) von Nancy Friday.
18. Money und Ehrhardt: *Man and Woman*, S. 148 und 187.
19. Zum Beispiel Jane Rule, zu deren Büchern unter anderem *Desert of the Heart* (New York, 1964; für den Film *Desert Hearts* 1985 adaptiert) gehört; die Künstlerin Judy Chicago, deren *Dinner Party* (1982) alltägliche Szenen und Sexbilder miteinander verschmolz; Betty Dodson stellt Frauenkörper dar in: *Liberating Masturbation* (New York, 1974); Tee Corinne, die eine Reihe von Vulven in dem *Cunt Coloring Book* (San Francisco, 1975) zeichnete und die Körpermandalas in *Yantras of Woman Love* (Tallahassee, 1982) fotografierte; Suzie Bright, Autorin und zeitweise Herausgeberin des Sex-Frauenmagazins *On our Backs*; Nancy Friday, Sammlerin sexueller Phantasien.
20. Zum Beispiel Candida Royalle, redegewandte, erfinderische feministische Präsidentin der Femme Productions, New York, und Annie Sprinkle, deren Film *Sluts and Goddesses* ihren selbstverliehenen Titel einer »Post-Porno-Feministin« rechtfertigt.
21. Die Kensington Ladies Erotica Society schrieb *Ladies Home Erotica* (Berkeley, 1984) und *Look Homeward Erotica* (Berkeley, 1986).
22. Dieses Modell der Reaktion von Frauen auf sexuelle Bilder wurde zuerst als ein Aufsatz »Women, Imagination, and Imagery: Implications for Sex Research and Therapy« bei dem Jahrestreffen der Society for the Scientific Study of Sex in Minneapolis am 11. November 1990 vorgestellt.
23. Neuere Studien zeigen, daß, obwohl alle Arten von sexuellem Mißbrauch an Kindern sich für das Selbstbewußtsein und die sexuelle Bereitschaft einer erwachsenen Frau zerstörerisch auswirken, es vielleicht in Wirklichkeit wenig funktionellen Unterschied gibt zwischen Frauen, die als Kinder sexuell mißbraucht wurden, und dem Rest der Bevölkerung. Carol Tavris' *The Mismeasure of Woman* zeigt, daß Symptome, die ein Resultat von sexuellem

Mißbrauch sind, ebenso bei Frauen auftreten können, die nicht mißbraucht wurden. Sie bringt das politische Argument vor, daß sexueller Mißbrauch eine Metapher ist für alles, was im Leben einer Frau schiefläuft.

24. Jean Kilbourne et al.: *Killing Us Softly* (Cambridge, 1979) ist ein Film, der den Angriff der Reklame auf das Selbstbild der Frau darstellt.
25. Candida Royalle: »Eroticism and Sexuality: Views from the Trenches« wurde bei dem Treffen der Society for the Scientific Study of Sex, Eastern Region, am 12. April 1992 in Philadelphia vorgestellt.

6

1. Ntozake Shange: »Sassafrass« in *Cypress & Indigo* (New York, 1982), S. 14–15.
2. Dieses Modell von sexueller Fürsorge wurde zuerst als »Need, Nurturing and Altruism in Lesbian Relationships« der Academic Group in Cambridge am 3. Februar 1991 vorgestellt und entwickelte sich später zu einer Serie von Workshops, die in der Interface Foundation und überall in den Vereinigten Staaten und Kanada im Health Communications/U. S. Journal abgehalten wurden.
3. Judith Jordan, aus einer Rede im Stone Center, Wellesley College, März 1992. Daß Frauen traditionell den größeren Anteil der Arbeit auf der Welt geleistet und dafür am wenigsten mit den Reichtümern der Welt gesegnet wurden, ist eine Beobachtung, die auch Marylin French in *Der Krieg gegen die Frauen* und viele feministische Schriftstellerinnen von Robin Morgan bis Sonya Johnson gemacht haben.
4. Charlotte Kasl: *Women, Sex and Addiction* spricht sehr frei über die Rolle der Kultur bei der sexuellen Unterdrückung von Frauen. Sie sieht den Ausdruck *sexuelle Abhängigkeit* als eine Form von innerer Unterdrückung, die aus den Privilegien weißer Männer hervorgeht und nicht ein Charakterfehler der Frauen ist. Das bedeutet letztendlich natürlich, daß Frauen die Verantwortung übernommen haben, ihre Partner zu befriedigen, ohne

dabei an sich selbst zu denken. Aus »Many Roads, One Journey«, vorgestellt bei der Interface Foundation in Cambridge am 6. November 1992.

5. Diesen Ausdruck habe ich zuerst in einem Vortrag »Codependent Couples: Challenges for Sex Therapy« bei dem Eastern-Region-Treffen der Society for the Scientific Study of Sex am 8. April 1989 verwendet, aus dem später das Buch *Sexual Recovery* (Deerfield Beach, 1990) entstanden ist.
6. Mary Sarton: *Journal of a Solitude* (New York, 1973), S. 113.

7

1. Betty Dodson: *Sex for One*.
2. Virginia Johnson in einem persönlichen Gespräch vom 15. Juni 1986.
3. Eine umfassende Liste der Zeichen und Symbole der Verliebtheit findet man in *Über die romantische Liebe* von Dorothy Tennov (München, 1987).
4. James Ramey: *Intimate Friendships* (Englewood Cliffs, 1976), S. 28.

8

1. 1960 wurden von der Food and Drug Administration orale Verhütungsmittel genehmigt. (Obwohl die Anti-Baby-Pille in Massachusetts entwickelt wurde, war sie bis 1972 dort und in Connecticut gesetzlich verboten.)
2. Am 22. Januar 1973 bekamen amerikanische Frauen das verfassungsmäßige Recht, abzutreiben.
3. 1973 erklärte die American Psychiatric Association, daß Homosexualität nicht länger als Krankheit gilt.
4. William Masters und Virginia Johnson: *Die sexuelle Reaktion* und *Impotenz und Anorgasmie*.
5. Betty Dodson: *Liberating Masturbation*; Nancy Friday: *Die sexuellen Phantasien der Frauen*; Shere Hite: *Hite-Report*.

6. Susan Faludi: *Die Männer schlagen zurück* (Reinbek bei Hamburg), S. xxii. Dieses Buch und *Der Krieg gegen die Frauen* von Marilyn French erläutern die systematische, unerbittliche Unterminierung der Versuche von Frauen, sich politischen, ökonomischen und persönlichen Einfluß zu sichern.
7. Kürzlich ereignete sich ein ernüchternder Vorfall, der Aufschluß gibt über die Unzulänglichkeit des Gerichtssystems; geschildert von Bella English in »Sorting Out the Suffering« im *Boston Globe* vom 12. Juli 1993: Eine Frau ruft die Polizei zu Hilfe, weil ihr Mann sie gewalttätig angreift. Sie wird in Handschellen abgeführt und vor Gericht gestellt, weil sie sich wehrte.
8. Es tobt eine Auseinandersetzung darüber, welche Fortpflanzungszyklen der Frauen natürlich sind und welche medizinische Einmischung erfordern. Eine erschütternde Sammlung von Geschichten über die Mißhandlungen von Frauen durch das medizinische System findet man in Karen Hicks' (Hrg.): *Misdiagnosis: Woman As a Disease* (Allentown, 1994).
9. Der Trend ist in vielen Kulturen ähnlich, aber die Methoden sind verschieden. Vergleichen Sie Operation Rescue's Bombenangriffe im Namen von Leben und Liebe mit Klitorisbeschneidungen, die im Namen von Gesundheit und Religion gemacht wurden.
10. Jean Baker Miller: *Toward a New Psychology of Women,* S. xvxvi.
11. Susie Bright: »She Knows What She Likes« in: *The New York Times Book Review,* 11. Juli 1993, S. 13.
12. Der Trend, sexuelles Verlangen als sexuelle Sucht zu pathologisieren, wurde stark gefördert durch Patrick Carnes in *Out of the Shadows: Understanding Sexual Addiction* (Minneapolis, Minnesota: CompCare, 1983), das die Grundlage zur Behandlung im Golden Valley Health Center in Minneapolis bildete.
13. Die armlose Venus von Milo und die Nike von Samothrake können im Louvre in Paris besichtigt werden, sehr dramatisch und natürlich auf Piedestalen ausgestellt.

14. Marilyn Monroe erschien als das Playmate-Centerfold im *Playboy* vom Dezember 1953. Laut *Playboy* kostet ein Heft dieser Ausgabe jetzt 8000 Dollar.
15. Katie Roiphe in ihrer feministischen Analyse von Vergewaltigungshysterie ruft zum Kampf auf. »Es ist die passive sexuelle Rolle, die uns immer noch bedroht, und es ist das Verleugnen des weiblichen sexuellen Handelns, das droht, uns zurückzuwerfen.« »Date Rape's Other Victim« in *The New York Times Magazine,* 13. Juni 1993, S. 68.
16. Dale Spender: »An Alternative to Madonna«, Ms. (Juli/August 1993), S. 45.
17. John Updike konstruiert ein überzeugendes Argument zur historischen Dauerhaftigkeit sexueller Unterdrückung in seinem Artikel über die Lust mit dem Titel »Sogar die Bibel ist nachgiebig bei Sex« in: *The New York Times Book Review,* 20. Juni 1993, S. 3 und 29.
18. Laut einer neuen Roper-Umfrage glauben zwanzig Prozent der Amerikaner, daß der Holocaust nie geschehen wäre (wie aus dem Bericht von James Carroll namens »The Barriers Obliterated by the Holocaust« im *Boston Globe* vom 20. Juli 1993 hervorgeht). Eine Untersuchung an 3321 Männern im Alter zwischen zwanzig und neununddreißig, durchgeführt von dem Battelle Human Affairs Research Center in Seattle, am 15. April 1993 im Alan Guttmacher Institute's Journal *Family Planning Perspectives* publiziert, ergab, daß ein Prozent sich selbst als schwul einstufte (im Vergleich zu der lange gültigen Kinsey-Zahl von zehn Prozent). Die Battelle-Untersuchung wurde von wissenschaftlichen und schwulen Einrichtungen gleichermaßen wegen ihrer Methodik, die manipulativ und naiv ist, kritisiert.
19. Clarissa Pinkola Estés: *Die Wolfsfrau. Die Kraft der weiblichen Urinstinkte* (München, 1991).

Anhang A

Fragen, die den Frauen in den Interviews gestellt wurden

Fragebogen der Dissertationsstudie: »Wahrnehmung von Berührungen während sexueller Höhepunkte bei Frauen, die leicht zum Orgasmus kommen«

Diese Fragen wurden fünfzig Frauen, die von sich selbst sagen, sie kämen leicht zum Orgasmus, in Gesprächen unter vier Augen gestellt. Anzumerken ist, daß viele dieser Fragen ausführliche Beschreibungen erlaubten (jedes Interview dauerte zwischen einer und zwei Stunden) und daß keine Fragen über Safer Sex, sexuellen Mißbrauch und Einnahme verbotener Substanzen gestellt wurden. Die Studie wurde 1981 abgeschlossen, ehe die Gefahr von AIDS bekannt wurde und ehe eine umfangreiche Forschung über sexuellen Mißbrauch und Einnahme verbotener Substanzen stattfand.

I. DEMOGRAPHIE

Wie alt sind Sie?

Was arbeiten Sie?

Haben Sie Kinder? Wenn ja, wie viele? Alter und Geschlecht?

Wie oft waren Sie schwanger? Bitte geben Sie Auskunft über eventuelle Unfruchtbarkeit oder Fehlgeburten.

Sind Sie im Moment verheiratet, ober haben Sie eine feste Beziehung?

Wie oft waren Sie verheiratet oder hatten eine feste Beziehung?

Wie viele männliche Sexualpartner haben Sie gehabt? Wie viele weibliche?

Wie oft waren Sie in Männer verliebt? Wie oft in Frauen?

II. ORGASMUS

Bitte beschreiben Sie Ihre Erlebnisse beim Orgasmus mit einem Partner. Wie spüren Sie Ihren Orgasmus?

Wenn Sie Partner beiderlei Geschlechts hatten, gab es unterschiedliche Erfahrungen mit männlichen und weiblichen Partnern?

Wie viele Orgasmen haben Sie normalerweise während jedes Geschlechtsverkehrs mit einem Partner? Haben Sie eine unterschiedliche Anzahl von Orgasmen bei männlichen und weiblichen Partnern?

Bitte beschreiben Sie Ihre Erfahrung beim Orgasmus mit sich selbst, d. h. durch Masturbation.

Wie viele Orgasmen haben Sie normalerweise mit sich selbst? Jedesmal wenn Sie masturbieren?

Wie viele Sekunden (Minuten, Stunden) brauchen Sie, um Ihren ersten Orgasmus während der Masturbation zu haben?

Was ist Ihr sicherster Weg, um allein einen Orgasmus zu haben?

Was ist Ihr sicherster Weg, um einen Orgasmus mit einem Partner zu haben?

Was ist Ihr lustvollster Weg, um allein einen Orgasmus zu haben?

Was ist Ihr lustvollster Weg, um mit einem Partner einen Orgasmus zu haben?

Verwenden Sie irgendeine Art von Erotika oder Pornographie,

um allein oder mit einem Partner einen Orgasmus zu erreichen?

Wie wichtig ist Ihrer Erfahrung nach beim Orgasmus Ihre Stimmung? Bitte beschreiben Sie diese.

Haben Sie jemals einen Orgasmus nur durch extragenitale Stimulation bekommen, d. h. durch Berührung verschiedener Körperteile außer den Genitalien? Bitte beschreiben Sie.

Haben Sie jemals einen Orgasmus spontan bekommen, d. h., ohne Ihren Körper zu berühren?

Haben diese spontanen Erlebnisse während des Schlafes stattgefunden, während Sie wach waren (durch Phantasien) oder anders? Bitte beschreiben Sie.

Was verstehen Sie unter orgasmusfähig? Beschreiben Sie, warum Sie sich selbst als eine Frau bezeichnen, die leicht den sexuellen Höhepunkt erreicht.

III. DER HÖHEPUNKT SEXUELLER ERFAHRUNG – WAHRNEHMUNG VON UMGEBUNG UND ANDERE EXTERNE FAKTOREN UND BEDINGUNGEN

Anmerkung: Die Fragen der Abschnitte III, IV und V wurden je nach den Erfahrungen der Befragten wiederholt gestellt. Jede Frau wurde angehalten, wenigstens zwei besonders eindringliche Erlebnisse zu schildern, eines mit sich selbst (bei Masturbation) und eines mit einem Partner. Sechsundzwanzig Prozent der Frauen haben sexuelle Erfahrungen mit Männern und Frauen gehabt; diese Frauen wurden gebeten, einen sexuellen Höhepunkt mit einem Mann, einer Frau und mit sich selbst zu beschreiben. Sechzehn Prozent der Frauen hatten Gruppensex-Erfahrung; sie wurden gebeten, sowohl einen Höhepunkt in einer Gruppe von sexuellen Partnern als auch einen mit sich selbst und einem einzigen Partner zu beschreiben.

Denken Sie bitte eine Minute nach und erinnern Sie sich an ein ekstatisches sexuelles Erlebnis in Ihrem Leben, eine Begegnung, die Sie einen Höhepunkt der sexuellen Erfahrung nennen würden. Die könnte weit in Ihrer Erinnerung zurückliegen oder ganz nahe an der Gegenwart sein. Wann immer es geschah, bitte gestatten Sie sich, es wieder zu erleben, so, als würde es jetzt gerade passieren. Sie können, wenn Sie wollen, Ihre Augen schließen und es einfach wiedererleben, während ich Ihnen ein paar Fragen dazu stelle.

Ist diese Erfahrung, an die Sie sich erinnern, ein sexuelles Erlebnis mit Ihnen selbst, einem Partner oder einer Gruppe? (Wenn Partner): Ist es ein Mann oder eine Frau? Liebhaber oder Ehemann? Ein festes oder eher flüchtiges Verhältnis? (Wenn Gruppe): Ist dies eine bekannte und vertraute Gruppe oder eine neue und unerprobte?

Wo findet das Ganze statt?

Wie alt sind Sie zu diesem Zeitpunkt?

Ist es Tag oder Nacht?

Ist es hell oder dunkel?

Ist es kalt oder warm?

Welche Geräusche hören Sie?

Welche Materialien spüren Sie?

Welchen Geschmack und Geruch?

Ist an diesem Erlebnis auch Nahrung beteiligt?

Getränke?

Drogen irgendwelcher Art?

Benützen Sie ein Verhütungsmittel?

Wie lange dauert dieses Erlebnis insgesamt?

IV. HÖHEPUNKT SEXUELLEN ERLEBENS – WAHRNEHMUNG VON BERÜHRUNG

Jetzt werde ich Ihnen einige spezifische Fragen dazu stellen, wie Sie Berührungen während dieses ekstatischen Erlebnisses wahrnehmen. Ich werde Sie bitten, sich der Reihe nach auf Ihre einzelnen Körperteile zu konzentrieren, während Sie sich daran erinnern, wie Sie von den Händen Ihres Partners berührt wurden: Waren diese Berührungen sanft, bestimmt oder grob? Wurde gestreichelt, gerieben, geschlagen oder gezwickt? Wie war das mit dem Mund Ihres Partners – saugen, blasen, lecken, nippen? Hat Ihr Partner irgend etwas anderes benutzt, um Sie zu erregen – Haare, Füße, Genitalien, Sexspielzeuge? Oder etwas anderes? Gestatten Sie sich, das alles jetzt zu fühlen, während ich die Details erfrage.

Die Frauen wurden gebeten, ihre Lust an den verschiedenen Formen der Berührung auf einer Skala von 0 bis 7 zu bewerten (wobei 7 der Orgasmus ist). Die folgende Matrix wurde dazu verwendet, die Befragung zu steuern und um Notizen zu machen. Am Ende des Interviews hatten einige Frauen ihre Matrix ganz gefüllt; andere sprachen nur von Berührungen an entscheidenden Stellen wie den Genitalien, Brüsten und Lippen. Einige Frauen berichteten davon, daß sie am ganzen Körper eher bei Erlebnissen mit anderen Frauen oder beim Gruppensex berührt werden.

AUSSERGENITALE MATRIX
KÖRPERZONEN UND ART DER STIMULIERUNG

	Haare	Gesicht	Augen	Nase	Lippen	Zunge	Ohren	Ohrläppchen	Hals	Kehle	Schulter	Brüste	Brustwarzen	Achseln	Oberarm	Armbeugen	Unterarm	Handgelenke	Hände
Hand streicheln																			
Hand zwicken																			
Hand schlagen																			
Lippen saugen																			
Lippen kalt pusten																			
Lippen warm pusten																			
Zunge lecken																			
Zunge tupfen																			
Zähne																			
Haare																			
Füße																			
Genitalien																			
anderes																			
Spielzeug																			

Finger														
Brustbein														
Magen														
Bauch														
Rücken														
Becken														
Steißbein														
Gesäß														
Venushügel														
Klitoris														
gr. Labiae														
kl. Labiae														
Harnröhre														
Damm														
Scheideneingang														
Vagina														
G-Punkt														
After														
Außenschenkel														
Innenschenkel														
Kniebeugen														
Waden														
Knöchel														
Füße														
Zehen														
ganzer Körper														
anderes														

V. SEXUELLER HÖHEPUNKT – WAHRNEHMUNG VON GEFÜHLEN UND ANDEREN ABSTRAKTEN FAKTOREN

Wenn Sie alle Elemente in Betracht ziehen, was ist dann Ihrer Meinung nach das wichtigste Moment bei diesem Höhepunkt sexueller Erfahrung?

Bekommen Sie einen Orgasmus während dieser Erfahrung? Auf einer Skala von 0–7 bewerten Sie bitte die Bedeutung Ihres Orgasmus.

Haben Sie und Ihr Partner abgesehen davon ein festes Verhältnis? Schätzen Sie bitte auf einer Skala von 0–7 den Grad Ihres Engagements ein.

Haben Sie während eines solchen Erlebnisses Phantasien? Auf einer Skala von 0–7 bewerten Sie bitte die Wichtigkeit der Phantasie bei dieser Erfahrung.

Lieben Sie und Ihr Partner sich? Bewerten Sie bitte auf einer Skala von 0–7 die Bedeutung von Liebe bei diesem Erlebnis.

Spielt Romantik eine Rolle bei diesem Erlebnis? Auf einer Skala von 0–7 bewerten Sie bitte die Bedeutung von Romantik bei diesem Erlebnis.

Was können Sie beim Sex überhaupt nicht leiden?

Was war das außergewöhnlichste sexuelle Erlebnis, das Sie je hatten?

Anhang B

Der Text des Tonbandes zur Steuerung der sexuellen Phantasie

Die Niederschrift eines Bandes für die Laborstudie: »Physiologische Wechselbeziehung von Orgasmen durch das Betrachten von Bildern bei Frauen«

Diese zehnminütige Aufnahme wurde während der Laborstudien über Orgasmen bei Frauen, die nur durch Phantasien, ohne Berührung des Körpers, zum Orgasmus kommen konnten, abgespielt (siehe Kapitel 5 »Sich einen abdenken und andere Gedanken zu sexuellen Phantasien«).

Zuallererst achten Sie auf Ihren Atem …

Atmen Sie tief ein … und wieder aus … im Bewußtsein, daß Sie beim Einatmen Ihr Leben kontrollieren. Und beim Ausatmen lassen Sie sich gehen – der Atem des Genusses, der Atem des Orgasmus, der Atem der Ekstase.

Also, atmen Sie ganz bewußt, finden Sie Ihren eigenen Rhythmus. Und während Sie atmen, gehen Sie in Ihrem Inneren spazieren, führen Sie sich zu den Bildern Ihrer Phantasie – dorthin, wo Ihre Einbildungskraft und Ihre Erinnerungen sind.

Fühlen Sie, wie es ist an diesem Ort der Bilder. Was sehen Sie? Was hören Sie? Wie ist dieser Raum? Wie fühlt er sich an? Wie ist das Licht? Ist er groß und weit oder klein und intim? Was immer da auf Sie wartet, lassen Sie es jetzt einfach auf sich zukommen. Und wenn Sie etwas stört, atmen Sie die Störungen einfach aus. *(Bitte beachten Sie, daß sich während des Labortests die Blutdruckmanschette ständig ausdehnt und zusammenzieht. Auch werde ich die Frau zweimal unterbrechen, um Fingerschmerztests und Pupillenmessungen am Pupillometer zu machen.)*

Und jetzt, während Sie in diesem imaginierten Raum ruhig atmen, gehen Sie darin spazieren und werden Sie vertrauter mit ihm. Und wenn Sie bereit sind, nähern Sie sich den Imaginationen, die Sie erregen, an.

Fangen Sie jetzt an, auf die Imaginationen zu reagieren, die Sie erregen. Es kann ein Bild sein. Es kann ein Geräusch oder ein Gefühl sein. Es kann eine besondere Erinnerung sein. Oder ein körperliches Empfinden. Was immer es ist, atmen Sie es ein. Ganz tief. Und atmen Sie es aus. So, als ob Sie diese Vorstellung durch sich hindurchgleiten lassen könnten.

Und während Sie atmen, lassen Sie sich gehen ... geben Sie sich ganz dieser lustvollen Vorstellung hin. Bleiben Sie sich Ihres Atmens bewußt. Und denken Sie daran: dieser Ort in Ihrem Inneren gehört für immer Ihnen.

Hier liegt alles in Ihrer Hand und doch sind Sie vollkommen offen, vollkommen bewußt ... Geben Sie sich der Erregung hin, die Sie in jeder Zelle Ihres Körpers spüren, geben Sie sich der Erregung hin, wenn Sie in Ihre Phantasie abtauchen ... Während Sie einatmen und ausatmen. Und gestatten Sie sich jetzt, in Ihrem Körper, Ihrem Verstand und in Ihrer Seele, in jedem Teil von Ihnen zu spüren, was geschieht, wenn Sie sich der Imaginationen in Ihrem Inneren bewußt werden, die Sie erregen. Und geben Sie dem Gefühl nach, erregt zu sein, während Sie die Bilder sehen und hören und fühlen, die Sie erregen.

Sie fühlen sich wie eine sich öffnende Blume. Sie sind das Meer, das über den Sand wogt. Wie die Sonne, die ihre Arme öffnet und die grüne Erde umarmt. Und Sie wissen, während Sie all das spüren, daß Sie *gut* sind. Spüren Sie Ihren Atem. Während Sie einatmen ... und während Sie ausatmen.

Gestatten Sie sich, ein wenig länger an diesem Ort zu verweilen. Sich dieses Ortes und Ihres Atems bewußt zu sein. Und wenn Sie bereit sind, gestatten Sie sich einen letzten Blick und bereiten Sie sich darauf vor, wieder in die Gegenwart, in die Außenwelt zurückzukehren.

Tun Sie alles, was Sie tun müssen, um diesen Bildern Lebewohl zu sagen, auch wenn Sie wissen, daß Sie jederzeit wieder zurückkehren können. Und wenn Sie soweit sind, kommen Sie wieder in die Außenwelt, erfrischt, bewußt und im Einklang mit sich selbst.

Ausgewählte Literatur

Anand, Margo: *Tantra oder die Kunst der sexuellen Ekstase.* München, 1990.

Barbach, Lonnie: ... *und mein Verlangen ist grenzenlos.* Stuttgart, München, 1989.

– : *Für einander.* Stuttgart, München, 1988.

Capra, Fritjof: *Wendezeit, Bausteine für ein neues Weltbild.* München, 1991.

Chang, Jolan: *Das Tao der Liebe. Unterweisungen in altchinesischer Liebeskunst.* Reinbek bei Hamburg, 1986.

Daly, Mary: *Gyn/Ökologie. Eine Metaethik des radikalen Feminismus.* München, 1985.

Dodson, Betty: *Sex for One. Die Lust am eigenen Körper.* München, 1989.

Estés, Clarissa P.: *Die Wolfsfrau. Die Kraft der weiblichen Urinstinkte.* München, 1991.

Faludi, Susan: *Die Männer schlagen zurück. Wie die Siege des Feminismus sich in Niederlagen verwandeln und was Frauen dagegen tun können.* Reinbek bei Hamburg, 1993.

Fox, Jonathan: *Psychodrama und Soziometrie. Essentielle Schriften von J. L. Moreno.* Köln, 1989.

French, Marilyn: *Der Krieg gegen die Frauen.* München, 1993.

Friday, Nancy: *Befreiung zur Lust. Frauen und ihre sexuellen Phantasien.* München, 1992.

Greer, Germaine: *Die unsichtbare Kastration.* Frankfurt/Main, 1984.

Herman, Judith L.: *Die Narben der Gewalt. Traumatische Erfahrungen verstehen und überwinden.* München, 1994.

Heyn, Dalma: *Die heimliche Lust. Der Mythos von der weiblichen Treue.* München, 1993.

Hite, Shere: *Hite–Report.* München, 1977 (unter dem gleichen Titel ist 1994 die neue Fassung erschienen).

Kaminer, Wendy: *Ich bin k.o., du bist k.o. Das Geschäft mit der Selbstverwirklichung.* München, 1993.

Kaplan, Helen Singer: *Sexualtherapie. Ein neuer Weg für die Praxis.* Stuttgart, 1983.

– : *Hemmungen der Lust.* Stuttgart, 1981.

Ladas, Alice K., Beverly Whipple und John Perry: *Der G-Punkt. Das stärkste erotische Zentrum der Frauen.* München, 1987.

Loulan, JoAnn (Hg.): *Lesben, Liebe, Leidenschaft. Texte zur feministischen Psychologie.* Berlin, 1992.

Masters, William H., und Virginia E. Johnson: *Die sexuelle Reaktion.* Reinbek bei Hamburg, 1970.

– : *Impotenz und Anorgasmie. Zur Therapie sexueller Störungen.* Frankfurt/Main, 1970.

Maslow, Abraham H.: *Psychologie des Seins.* München, 1973.

Mies, Maria: *Patriarchat und Kapital. Frauen in der internationalen Arbeitsteilung.* Zürich, 1982.

Montagu, Ashley: *Körperkontakt. Die Bedeutung der Haut für die Entwicklung des Menschen.* Stuttgart, 1987.

Morgan, Robin: *Anatomie der Freiheit. Feminismus, Physik und Weltpolitik.* München, 1985.

Norwood, Robin: *Wenn Frauen zu sehr lieben.* Reinbek bei Hamburg, 1987.

Steinem, Gloria: *Was heißt schon emanzipiert. Meine Suche nach einem neuen Feminismus.* Hamburg, 1993.

Tennov, Dorothy: *Über die romantische Liebe.* München, 1987.

Walker, Alice: *Im Tempel meines Herzens.* Stuttgart, München, 1990.

–: *Sie hüten das Geheimnis des Glücks.* Reinbek bei Hamburg, 1993.

Register

Abenteuer 76
– extragenitale 152
Abgestumpftheit im Zusammenhang mit Sexualität 57
Abhängigkeit, gegenseitige 236
Abtreibung 103, 258
– legale 260
Abwehr 229
Adrenalin 109, 189, 249
Affäre 35, 100, 254
AIDS 12, 18, 29, 39, 41, 82, 104, 133, 143, 152, 225, 259
Alkoholmißbrauch 122, 195, 225, 232, 235
Altruismus 40, 176, 206, 218–222
– Paradox 219
Androgenpegel 173
Angst 109, 180, 195, 229, 240f., 265
– vor Ablehnung 210
– vor Emotionen 99, 151
– vor der Lust *s.a.* Lustangst 41, 98f., 101f., 121, 210
– vor Nähe 68, 101
– sexuelle Bilder als Auslöser 19
– sich gut zu fühlen 98f., 210
– vor Unterwerfung 151
– vor Verschmelzung 150
Anima/Animus 150
Anspannung 170
Antibabypille 258
Anus 152
Anziehungskraft, emotionale 52
Aufmerksamkeit, Hunger nach 234
Augenkontakt 190
Ausdrucksmöglichkeit, sexuelle 14
Austausch von Gefühlen 243
Austausch von Verletzlichkeiten 246–250

Backlash 259, 261
Barbach, Lonnie 24, 258
Bauch 147
Bauchtanz 142
Bedürfnisse, sexuelle 217
Befriedigung 40, 42, 70, 88, 198, 205, 215f., 249
– Betrachtungsweisen zur sexuellen 14, 38f., 85
– extragenitale 134
– und Wachstum 215–217
Begegnungen, extragenitale 148
Begegnungen, sexuelle 148
Begehren 67, 74, 77–83
– sexuelles 44, 100, 198
Beherrschung 245
Belästigung, sexuelle 12, 103, 259
Benachteiligung, sexuelle 212
Berührung 28, 47, 96f., 148, 152, 223, 227
– Bedeutung der 146–155
– Bedürfnis nach 204
– emotionale 227
– extragenitale 133, 138, 146, 152f.
– genitale 81
Beschwerden, sexuelle 183
Besitzansprüche, sexuelle 55
Bewußtsein der eigenen Geschichte 214
Beziehung 46, 77–83, 229
– sexuelle, Recht auf 266
– Bedürfnis nach 66
– intime 234

– positive sexuelle 25
Beziehungs-Ich 19
Beziehungsjunkie 211
Beziehungsschwierigkeit 209
– sexuelle 179
Bilder
– erotische 184
– sexistische 184
Bindung 33, 100, 205, 231, 250
– emotionale 262
– sexuelle 213
Bindungsfähigkeit 101, 206, 240, 245
Bioenergie 58
Boulding, Elise 55
Bright, Susie 179, 261
Brust 47
Brustwarze 47, 138

Capra, Fritjof 125
Chakra-Orgasmus 159f., 169f., 176f.
Chang, Jolan 135f.
Tao der Liebe 135f.
Chlamydia 104, 152
Clinton, Hillary 259
Clinton, Kate 216
Corinne, Tee 179

Daly, Mary 86, 117, 122
Depression 126f.
Dildo 145
Diskrepanzen, sexuelle *s.a.* Störungen, sexuelle 54
Dodson, Betty 24, 130, 179, 237, 258
Dominanz, männliche 13
Dominanzrolle 111
Dorris, Michael 223, 227
Drogen 122
– Mißbrauch 225, 259, 261

Ehe 250
Ehrlichkeit 246
Eigenverantwortung 103
Einfluß, kultureller 54
Einstellung, sexuelle 17
Ejakulation
– im Schlaf 172
– verfrühte 172
Ekstase 42, 82, 84–90, 115–127, 152, 196, 205, 262
– Auslöser 113
– Definition 116
– Ekstase-Kick 89–94, 124
– Orgasmus und Erleben sexueller Ekstase 113, 206
– Recht auf sexuelle Ekstase 266
– religiöse 118
– sexuelle 33, 41, 81, 87f., 118, 123, 126, 143, 173, 227, 255
– Sprache der 92, 116f., 123, 126
Elend, sexuelles 246
Emotionen 151, 184
– und Muskelanspannung 60
– positive 196
Empathie 219, 232
– empathisches Kennen 54
– Entwicklung von 62–77
Energie 25, 90f., 101, 265
– Austausch von 182
– erotische 244, 262
– Mangel an sexueller 21
– Negierung der erotischen Energie 262
– sexuelle 12f., 16, 55, 94, 155, 262
– spirituelle 177
Entfremdung 44
– im Zusammenhang mit Sexualität 57
Entladung 114
– emotionale 108
Entspannung, vollkommene 115
Erektion 244f.
Erektionsprobleme 67f.
Erfahrung
– ekstatische 71, 120

– klitorale 130
– vaginale 131
– vulvale 131
Ergeben als Möglichkeit der Selbstwahrnehmung 254
Erinnerung 58f., 69, 80f., 83, 94, 182, 185, 188, 194, 196, 208, 212
– an Angst und Erniedrigung 182
– Beeinflussung der Sexualität 19
– Freisetzung begrabener 62
– sexuelle Reaktion aufgrund von 185
Erotik 37, 126, 138, 168
Erotika 180, 182
– religiöse 119
– weibliche 179
Erregung 40, 63, 67, 75, 81, 92, 95, 198
Erregungsphase 81
Erwartung 115
Erziehung 99, 231
– sexuelle 40f.

Faludi, Susan 259
Familiengeschichte 31, 241, 245, 259
Feedback, körperliches 143
The Female Eunuch 258
Feminismus 27f., 112, 260
– politisch korrekter 157
Feuchtigkeit, Feuchtwerden s. Lubrikation, vaginale
Finger 39, 47
Fingernägel 144
Flashback, negatives 63
Forschungsprotokolle, Geschlechterkluft 21f.
Fragebogen zur Wahrnehmung sexueller Höhepunkte 288–295
Frauen
– die leicht zum Orgasmus kommen 29, 31, 36, 38, 41, 43, 54, 111, 128, 147
– die zu sehr lieben 147, 242
– sexuelle orientierte 56
Frauenbewegung 34
Frauenbild, klassisches 56, 260
Fremdbestimmung 92
Freud, Sigmund 25, 105, 112f., 130
Freundschaft 64
Friday, Nancy 178f., 258
Frieden, sexueller 221
Frigidität 36
Frustration, sexuelle 215
Fülle des Selbst 218
Funktionieren, sexuelles 42, 81
Fürsorge 190, 196, 201, 203, 216, 218f., 221
– Rolle der 198
– sexuelle 193f., 204–207, 222
– Sprache der sexuellen 197
Fürsorgeverhalten 220
Fürsorgezyklus, sexueller 204–208, 212, 215, 221
– Balance des 208
– Zusammenbruch des 219f.

G-Punkt 39, 112, 129f., 157
– Theorie 105
Geben 192–222
– Bedürfnis nach 40
Geben und Nehmen 219f., 222
– Balance von 209–215
Geborgenheit 70
Gedanken, sexuelle Beeinflussung der 19
Gefahr 37
– Lust an der 122
Gefühle 35
– eingefrorene 56–61
– und Energien 143
– für schützende Grenzen 211
– sexuelle Beeinflussung der 19
– Sprechen über 50
– Zügeln der 213
Gefühlshaushalt, Chaos im 51

Gefühlswahrnehmung 64, 247
Gegenwart, sexuelle Beeinflussung der 19
Genitalien 39, 129f.
– Berührung der 140
Geruch 81
Gesäßmuskeln 59
Geschlechtermythos 178
Geschlechterunterschiede 249
Geschlechtsverkehr 26, 46f.
Gesellschaft, lustfeindliche 102
Gespräche *s.a.* Kommunikation, Zuhören 49
Gesundheit 82
Gewalt 122, 184, 236
– häusliche 100
Gewaltdebatte 13
Gleichberechtigung, sexuelle 251
Gottgläubigkeit und Wollust 120
Grahn, Judy 174
Gray, Elizabeth Dodson 102
Grenzen
– familiäre 249
– soziale 249

Haar 138–140
Hals 39
Halten und Gehaltenwerden 138
Hände 140
Harmonie 107
Haut 146
Hautempfindlichkeit 161f., 171
Herpes 104, 143, 152
Heterosexualität 25, 27
Heyn, Dalma 17
Hilflosigkeit 195, 221
Hill, Anita 12
Hingabe 83, 107
– an das Leben 255
Hite, Shere 24, 158, 171, 258
Hite Report 35, 40
HIV-Virus s. AIDS
Hochzeitsnacht 48, 65
Homosexualität 258
– männliche 152
Hüften 39
Hustler 135f., 186

Ich, sexuelles 26, 50, 85, 177, 220, 224
Ich-Bewußtsein 83, 151, 232, 237
Ich-Verlust 122
Idealbild der Frau 56, 260
Impotenz 68
Initiationsritus 66, 77
Interaktion, sexuelle 38
Intimität 14, 38, 108, 223, 228, 235f., 238, 246, 250
– Abwürgen der 236
– Aussicht auf 213
– als Bestandteil der Befriedigung 226
– und Bindung 228
– Definition der 227–233
– des Küssens 143
– Schlüssel zur sexuellen 232
– sexuelle 41, 223, 227f., 232f., 247f., 255
– Umwege zur 223–257
– und Verpflichtung 228
– Verständnis von 229
– Wege zur 223–257
Introjektion 181f.
Inzest 12, 63, 77, 103, 184, 190, 259
Isolation 236

Jadepforte 128, 136
– jenseits der 151
The Janus Report on Sexual Behaviour 35
Jetlag, emotionaler 63
Johnson, Virginia 35, 38, 89, 93, 158, 249, 258
Jordan, Judith 44, 53f.
The Joy of Sex 135, 258
Jung, Carl Gustav 150

Kensington Ladies Erotica 179, 188
Kick, sexueller 98
Kilbourne, Jean 184
Kindheit 54, 234, 241
– Mißbrauch in der 195
– und sexuelle Traumatisierung 53, 63, 75, 189
Kindheitsmuster 230f.
Kindliche Seite 214f.
Kinsey, Alfred 29, 42, 105, 171
Kinsey Report 29, 40, 135, 158
Kitzinger, Sheila 24
Klitoris 39, 47, 129f., 136, 237
Klitorale Manipulation 112
Kodependenz, sexuelle 220
Komisaruk, Barry 165
Kommunikation 49, 216, 232
Konditionierung
– gesellschaftliche 213, 250
– kulturelle 209
– sexuelle 244
Kondom 18
Kontinuum
– der Befriedigung 129
– von Lust, Orgasmus und Ekstase 86, 93, 182, 204
Kontrolle 37, 70, 76, 111f., 145, 150, 202, 213, 254
Konzentration auf das, was wohltut 82
Körper 141–145
– und Respekt 142
– sexuelle Beeinflussung des 19
Körper-Image 142
Körper-Seele-Geist-Einheit 14, 19, 26, 39f., 61, 102, 162–169, 205
Körperberührungen 135
Körperbewußtsein 95, 114
Körperempfinden und Emotionalität 151
Körpererinnerung 58f., 107, 120f., 185
Körperintelligenz 33
Körpersprache 193
Krankheit 210
Kreativität 137, 217
Kulturelle Muster 43, 82, 183
Kunst, sich wohlzufühlen 222
Kuscheln 190
Küssen 95, 143

Laborforschung 159f., 171
– orgasmusbezogene 161f.
Lebensänderung 126
Leidenschaft 69, 89
– Bedingungen der 223
– sexuelle Bilder als Auslöser 19
Lesbierinnen 24f., 52, 112, 131, 198f., 205, 210, 216, 260
«Lesbischer Bettod» 216
Liebe 64, 232, 249
Liebe
– romantische 250
– zerstörerische Phantasien 242
Liebeskrankheit 250
Liebesspiel, Verhaltensweisen beim 194
Lippen 39, 47, 139
Lorde, Audre 126
Loslassen 24, 114–116, 124, 170, 221, 238
Loulan, Jo Ann 24
Lubrikation, vaginale 14, 45, 63, 79, 95
Lust 38, 42, 44–51, 64, 84–89, 91, 93, 95–104, 106, 120, 152, 196, 262
– Heilkraft der 77, 96
– Hinausdenken aus 190
– Hineindenken in 190
– Kontrolle der 99
– körperliche 52
– an der Lust 98
– Mangel an sexueller 58
– männliche 136
– Rückkehr zur 77

– sexuelle 37, 60, 94, 262
– Spektrum der 51
– Sprache der 88
– Umfeld der 51–56
– durch Schmerz 187
– und Schmerz, Unterscheidung zwischen 104
– und Sicherheit 111
– und Verbundenheit 54, 80
– Verantwortung für 103
– als Verschmelzung 61
– Vorstellung von 229
Lustangst 99, 102
Lustbereiche jenseits der Genitalien 152
Lusterfahrung 254
Lustmodell
– gesellschaftlich etabliertes 54
– sexuelles 54
Lustprobleme 45f., 65
– Beziehungsmodell zur Bewältigung 77
Lustreaktionen 101
Lustrezept 66
«Luststörung» 20, 78

Macht
– Bedürfnis nach 66
– erotische 34
– sexuelle 263
Madonna 34
Sex 34
Manipulation
– klitorale 112
– sexuelle 37
Masken 145
– Ablegen der 245
Maslow, Abraham 125
Massage 96, 199, 203f., 206, 214, 228
– Gruppenmassage 140
– mit den Haaren 140
– des ganzen Körpers 140
– telepathische 176
Massage-Workshop 32
Masters, William 35, 38, 89, 93, 158, 249, 258
Masturbation 30, 35, 78, 160, 165f., 237, 253, 259
Meditation 96, 174, 238
Meßbarkeit der sexuellen Reaktion bei Frauen 157
Miller, Jean Baker 82, 260
Minderwertigkeitsgefühl 244
Missionarsstellung 79, 105, 244
Mißbrauch 12, 37, 57, 65, 75, 77, 83, 103, 108, 110, 133, 175, 183, 186, 208, 210, 212, 242, 255, 261
– und Angst 77
– und dissoziative Störung 79
– und sexuelle Phantasien 186
– Verletzlichkeit mißbrauchter Frauen 75
Mitgefühl 50, 68
Monroe, Marilyn 261
Montagu, Ashley 97
Morgan, Robin 117, 156
Mund 140
Muskelentspannung und Emotionen 60

Nachgeben 83
Nähe 81, 190, 213, 223, 234
– Angst vor 68, 101
– Bedürfnis nach 148
– Definition der 247
– emotionale 47
– Sehnsucht nach 230
– sexuelle 226
Nehmen 192–222
– Bedürfnis nach 40
– und Geben 111
Nichtberührungstechnik 176
Nippel *s.* Brustwarze
Normalität, Definition der sexuellen 41–43
Normen

– klitorale 112
– vaginale 112

Offenheit 81
– Bereitschaft zur 254
Ohren 140
Ohrläppchen 39, 47, 138, 140, 144
Olds, Sharon 53
Operation Rescue 260
Opferrolle der Frau, aufgezwungene 12
Opferverhalten als Stimulation 110
Organenergie 59
Orgasmische Erlebnisse 106
Orgasmus 24, 29, 42, 78, 80f., 84–89, 91f., 105–115, 120, 128, 152, 160, 164, 169, 196, 221, 253, 262
– Beziehung zu Ekstase und Lust 113
– Dauer 112
– dunkle Seite des 109
– Ekstase als Teil des 106, 108
– emotionale Entladung 115
– Empfindungen 112
– Erreichen des 23
– extragenitaler 39, 129, 154, 202
– Formulierung des 107
– Fragen zum 105
– genitaler 80, 168
– Häufigkeit 105, 112
– herbeigedachter 171, 174f.
– klitoraler 105
– körperliche Entladung 115
– Lust als Teil des 106, 108
– Meßbarkeit 159f.
– Mythos des vaginalen 130
– Parameter 32
– Phantomorgasmus 172f.
– physiologischer 42
– Reaktion 169
– Schlaforgasmus 173f.
– Schmerzunempfindlichkeit 165, 167, 170, 190
– spirituelles Erlebnis 107
– Steuerung 159f.
– tranzendentaler 179
– Urknall-Theorie 108
– vaginaler 105
– als Vorbedingung für extragenitale Sensibilität 147
– Vortäuschung des 213
Orgasmus, spontaner 32, 39f., 156, 158f., 163, 171, 173
– bei Männern 172
– unter Laborbedingungen 171
Orgasmusfähigkeit *s.a.* Frauen, die Sex lieben 29f., 111f.
Orgasmusreaktion, Meßbarkeit 159f., 162
«Orgasmusstandard» 106
Orgasmusverweigerung 113
Orientierung, sexuelle 84
Originalität 92
Our Body Our Selves 130

Paartherapie 24, 62–77
Partner, Erregung des 190
Patriarchalische Gleichung 244
Patriarchat 27, 37, 102
«Peer Bonding» 251
Penetration 79, 131
Penis 134f., 137
Penis-Vagina-Version der Sexualität, männliche 134
Perl, Fritz 247
Perspektiven, sexuelle 15
Phallokratie 129
Phantasie 28, 32, 79, 107, 145, 158, 160, 168, 173f., 176, 180, 182, 185
– erotische 119, 168, 175
– als Erregungsinstrument 176
– sexuelle 156–191, 259

Phantasiesteuerung, Tonband zur 161, 164, 180
– (Text) 296–298
Phantomorgasmus 172f.
Pinkola Estés, Clarissa 258, 264
Playboy 135f., 261
Pomeroy, Wardell 29
Por-No-Debatte 178f.
Pornographie 13, 28, 180, 184
Posttraumatisches Streßsyndrom 63
Potenz 68
Projektion 181f.
Psychosexuelle Botschaften, verzerrte 236

Qual der Seligkeit 119
Quantentheorie der Sexualität 115–127

Reaktionen
– extragenitale 131
– genitale 68
– körperliche 28
– sexuelle 11, 85, 92, 154, 180
– auf sexuelle Phantasiebilder 183
Reaktionsspektrum, Erweiterung des 105–115
Reaktionszyklus
– alternativer sexueller 93
– konventioneller sexueller 92f.
– sexueller 14, 35, 264
Reich, Wilhelm 59, 99
Religion 117f.
Repressionsmechanismus, unterschwelliger 262
Respekt 141–145
«retrofeministisches Posieren» 261
Revolution, sexuelle 36, 258f., 262, 267
Rituale, religiöse 118, 120
Rollenspiel 235
– psychobiologisches 148
Rollentausch 62
Romantik 117f., 228, 239f.
Romantische Liebe, Mythos der 117
Rücken 139
Rule, Jane 179

Sadomasochismus 109, 145, 167
– Alarmwort 110
– Phantasieelemente des 110
– Verteilung der Machtrollen 110
Safe Encounters 157
Safer Sex 41, 152, 178
Sarton, May 222
Scham 151, 195, 265
Scheidung 100
Schlaforgasmus 173f.
Schmerz 50, 63, 68, 122, 188–191, 212, 229f.
– Auffassung von sexuellem Schmerz 189
– und Lust, Gleichgewicht von 111
– als Stimulanz 109f., 189
Schubladendenken 25
Schuldgefühle 65, 248
– männliche 48
– sexuelle 33f.
Sehnsucht 14, 244
– sexuelle Bilder als Auslöser 19
Seitensprung *s.a.* Affäre 100
Sekten, religiöse 118, 260
Selbstachtung 194f., 214, 225, 248
– verlorengegangene 183
Selbstanalyse 236
Selbstaufgabe 126
Selbstbezichtigung 57
Selbsterfreuung *s.a.* Masturbation 78
Selbstfürsorge, Urinstinkt der 196
Selbstgenügsamkeit 126
Selbsthilfe 13

Selbstlosigkeit 219
Selbststimulation, genitale *s.a.* Masturbation 165
Selbstverleugnung 127, 211
Selbstverlust *s.a.* Ich-Verlust 117, 122
Selbstvertrauen 201, 250–257
Selbstwahrnehmung 191, 193
Sensibilität 104
– extragenitale 147
Sexjunkie 211
Sexmodell
– männliches 41
– medizinisches 41
Sexspielzeuge 145
Sexsüchtige 211
Sexualforschung 29
– Glaubenssatz der 157
– männliche Normen 22
– quantitative 158
– weibliche 23
Sexualität 35, 163
– abgeblockte 37, 163
– als Auslöser zur Lebensänderung 12
– als Energiequelle 37
– als Geisteszustand 52
– als gesellschaftliches Kontrollinstrument 12
– als Jagd nach dem Orgasmus 48
– als Lebensqualität 12, 15, 37
– als spirituelle Reife 52, 128
– anonyme 225f., 235
– beziehungsbedinge Aspekte der 220
– Charakteristiken einer negativen Einstellung zur 28
– Definition 14, 79, 82, 93, 134
– Denken an 68
– Einstellung zur 36
– Empfindung von 68
– Forschungsprotokolle zur 21f.
– Geschichte der weiblichen 55
– gesunde 14f.
– glückliche 87
– holistische Aspekte 80, 113, 124
– Kontrolle 262
– kranke 235
– Lust auf 66, 69
– männliche 17
– Normalitätsbegriff der 154
– Sprache der 13
– Sprechen über 47, 49
– Theorie der 13–15, 34–41
– und Beziehungen 79
– und Geist, Verhältnis 119
– und Orgasmus, Begriff von 113
– unverdrängte 153
– Verlust der 262
– Verständnis der 266
– weibliche 17
– wissenschaftliche Auffassung der 23, 194
– zielorientierte 263
Sexualitätsmodell, männliches 262
Sexualtherapie 17, 21, 23
– die Frauen verändert 79
– technische Aspekte der 78
– und ungleiche Partnerdynamik 79
Sexualwissenschaft, männerbezogene 173
Sexuelle Aktivität, männliche 145
Sexuelle Bilder
– äußere 180f., 183
– innere 180f., 183, 188
Sexuelle Ekstase *s.a.* Ekstase 24
– Auswirkungen 123
Sexuelle Erfahrungen, erfüllte 46
Sexuelle Gefühle, Wahrnehmung 173
Sexuelle Phantasien als Abbild gesellschaftlicher Konstruktion 187
Sexuelle Probleme 179
Sexuelle Reaktionsweise
– Sozialisation der 55

– Theorien über 258
Sexuelle Übergriffe, Schutz vor 260
Sexuelle Wunschbilder, Filter für 185
Sexuelles Empfinden, Wiederfindung 64
Shange, Ntozake 196, 200
Sicherheit
– Bedürfnis nach 66
– emotionale 41
– geistige 41
Sichgehenlassen *s.* Loslassen
Sinnesfilter 185
Sinnhaftigkeit 223
Sinnlichkeit 19, 99, 254
Sorgen, sexuelle 21
Spasmen
– genitale 108f.
– vaginale 78, 81, 106
Spender, Dale 261
Spiel, erotisches 137
Spielen, Fähigkeit 214
Spiritualität 33
Spontanität 77
Stillen 97, 261
Stimulation 79, 111, 121, 140, 146f., 152
– außergewöhnliche 145
– extragenitale 39, 42, 128, 133, 146, 173
– genitale 166
– klitorale 139, 166f.
– körperliche 107, 157
– des Partners 40
– Reaktionen auf sexuelle 31, 131, 153
Stone Center, Wellesley College 53
Störung
– dissoziative 79
– sexuelle 22f., 54, 179, 244
Streicheln 139f.
Struktur, soziale 260
Suggestivbilder 182

Tabus 47f.
– kulturelle 118
Tennov, Dorothy 250
Therapie 188
Therapiemodell, beziehungsbetontes 53f.
hl. Theresia von Avila 119, 126, 179, 255
Timpanelli, Gioia 101
Tränen, sexuelle Bilder als Auslöser 19
Transzendenz 120
Traumata
– kindheitsbezogene 57
– sexuelle 58, 62f.
– und sexuelle Reaktionen 63
Träume 174, 185
– «feuchte» 40
– erotische 174
Trost 237

Überfluten der Sinne 146
Überlebensmechanismus 211
Umarmung 139
Unschuld
– kindliche 46
– sexuelle 73
Unterdrückung 27, 37
– kulturelle 82
– sexuelle 21
– Umgehung der 163
– weibliche 262
Unterschiede, sexuelle 247
Unterwerfung 245, 253
Unterwerfungsrollen 111
Unzufriedenheit 216
Urknall-Modell, sexuelles 35

Vagina 47, 129, 152
Veränderung
– gesellschaftliche 222, 263–267
– paradigmatische 125

– soziale 218–222, 265f.
Verantwortung 102
Verbindung 53
– zwischenpersönliche 53
Verbundenheit 38, 41, 44–51, 54, 139, 212, 233–246
– Bedürfnis nach 66
– Gefühl der 24, 115, 218
– und Lust 80
– Mechanismus der 213
– sexuelle 255
Verdrängung 83
Verehrung, Dynamik der 117
Vereinigung, ekstatische 262
Vergangenheit 63, 196, 241
– sexuelle Beeinflussung 19
Vergewaltigung 12, 77, 103, 108f., 175, 184, 190, 195
Vergnügen, sinnliches 19
Verhaltensänderung 78
Verhaltensweisen 14
– eingefahrene 247
– kulturelle 43
– sexuelle 17, 42, 69
Verklemmtheit, sexuelle 34
Verlassenheitsgefühl 210, 224
Verletzlichkeit 232
– Austausch von 246–250
Verliebtheit, Merkmale der 250
Verpflichtung, gegenseitige 223
Versagensängste 55
Verschmelzung 120, 236
Verstand als Erregungsinstrument 176, 178
Verständnis 223
Verstümmelung, klitorale 130
Vertrauen 107, 111, 141–145, 196, 202, 205f., 248
– gegenseitiges 250–257
– kindliches 194
Verwirrung über sexuelle Beziehungen 20
Vibrator 78, 140, 144f., 161, 167
– extragenitale Berührungen 144
Vielfalt, sexuelle 182f.
Vitalität 102
Vollständigkeitsgefühl 205
Vorbildsuche 231
Vorspiel 23
Vorstellungen
– gesellschaftliche 178–187
– sexuelle *s.a.* Phantasie, sexuelle 14, 178, 180, 184
Vorstellungswelt, eigene 188
Vorurteile, männliche 21, 78
Vulva 42, 135

Wachstum 217
– persönliches 239
Wahrnehmungsverschiebung 63
Walker, Alice 130
Sie hüten das Geheimnis des Glücks 130
Wechseljahre 260
Weiblichkeit 262
West, Mae 128, 155
Whipple, Beverly 157–159, 161f., 165f., 168, 170f.
Whipple-Komisaruk-Studien 167
Wirbelsäule 138
Wissen, was gut tut 153
Wohlgefühl 95–104
– Heiligkeit des 104
Wollust und Gottgläubigkeit 120
Woolf, Virginia 268
Ein Zimmer für sich allein 268
Wunschbilder
– Entmachtung sexueller 189
– negativ besetzte 183
– positiv besetzte 183
– projizierte 187
– sexuelle 13, 178, 183
Wünsche, Äußerung von 69
Wut 56f., 59f., 109, 229f., 232, 247, 265
– sexuelle Bilder als Auslöser 19

Yeats, William Butler 223

Zärtlichkeit 50, 64, 81, 99, 104, 223, 226, 249
– intime 38
Zehen 39, 47
Zeitalter der sexuellen Möglichkeiten 259
Zeitalter des Backlash 259
«Zielbereiche», genitale 14
Zielgebietstheorie des Orgasmus 128f., 135f., 154, 263
Zugehörigkeitsgefühl 13, 115
Zuhören 15, 49, 242, 246f., 267
Zukunft, sexuelle Beeinflussung der 19
Zukunftsphantasien 94
Zuneigung 40, 95–104, 146, 212
– Hunger nach 234
Zusammenspiel von Geist und Körper *s.a.* Körper-Seele-Geist-Einheit 38

Angelika Aliti

Der weise Leichtsinn

Frauen auf der Höhe ihres Lebens

1996. 260 Seiten, gebunden.

»Nie zuvor habe ich so gern gelebt.
Und nie zuvor war ich so stark und so frei.«

Angelika Aliti gewinnt den sieben mal sieben Lebensjahren eine magische Bedeutung ab – sie sieht die Frauen ab fünfzig auf der Höhe ihres Lebens: Nachdem sie durch einen »Wald der Wichtigkeiten« gegangen sind, blicken sie jetzt souverän auf ihr bisheriges Leben und loten die noch nicht gelebten Möglichkeiten aus.

Ein Buch voll warmer Spiritualität und witziger Energie, das Mut macht, die jetzt kommenden Lebensjahre voll auszuleben und mit weisem Leichtsinn zu nutzen.